Editorial
NUN

Fray Luis García y Guillén (1763-1834)

Una mirada al alto clero chiapaneco en tiempos de transición

Ficha bibliográfica

Mayagoitia, Alejandro

Fray Luis García y Guillén (1763-1834)
Una mirada al alto clero chiapaneco en tiempos de transición
1a. edición, 2022

ISBN: 978-607-59310-5-0

Editorial Notas Universitarias, S.A. de C.V.
Colección Magistra Vitae

Impreso en la Ciudad de México, en diciembre de 2022
Formato: 15 × 21 cm

190 pp.

Editorial NUN, S.A. de C.V.
Es una marca de la Editorial Notas Universitarias, S.A. de C.V.

Xocotla 17, Tlalpan Centro II, alcaldía Tlalpan,
C.P. 14000, Ciudad de México

www.editorialnun.com.mx

Comentarios sobre la edición a contacto@editorialnotasuniversitarias.com.mx

Versión impresa ISBN: 978-607-59310-5-0
Versión digital ISBN: 978-607-59310-6-7

Los textos aquí presentados fueron arbitrados (doble-ciego) y dictaminados por especialistas nacionales. Posteriormente fueron revisados, corregidos y modificados por los autores antes de llegar a su versión final.

Dirección editorial y diseño de portada: Miryam D. Meza Robles
Cuidado de la edición: Felipe G. Sierra Beamonte
Diagramación: Carlos A. Vela Turcott

Impreso en México

Fray Luis García y Guillén

(1763-1834)

Una mirada al alto clero chiapaneco en tiempos de transición

Alejandro Mayagoitia

Índice

Prólogo

Este libro es sólo un ensayo. Fue ideado y confeccionado durante la pandemia de covid-19. Estaba ocupado en otros afanes que me obligaban a escribir pequeñas fichas biobibliográficas, entre ellas las correspondientes a algunos de los actores del presente libro. Al buscar material sobre ellos me percaté de que la parte dedicada al estado de Chiapas de la página Family Search de la Iglesia de Jesucristo de los Santos de los Últimos Días,[1] no sólo recoge registros sacramentales de distintas parroquias, sino que también incluye digitalizaciones de microfilmes del archivo de la antigua diócesis de Chiapas.[2] Con esto me di a la búsqueda de los datos que requería; fue tal la riqueza de lo que encontré que enseguida pensé que valdría la pena escribir alguna cosa sobre el más importante de los sujetos que me importaban: fray Luis García y Guillén.[3] Después, me solicitó mi querido amigo, el doctor Jaime del Arenal, que participara en el coloquio "El papel de la Iglesia en la consumación de la Independencia", organizado por el departamento de Historia Eclesiástica

---

1 En adelante sólo LDS. Casi todas las referencias a ella son al estado de Chiapas; en el caso de ser a otra entidad está claramente señalado. Unas indicaciones para el lector que no esté familiarizado con su uso. Debe ingresar en <https://www.familysearch.org/es/> e iniciar una sesión, después ir a "buscar registros históricos", picar en el mapamundi México y luego pedir las colecciones de documentos parroquiales de Chiapas; para llegar a cualquiera de los papeles que usé sólo debe seguir los pasos consignados en la cita.

2 Son los mismos documentos que se encuentran en el Archivo Histórico Diocesano de San Cristóbal de las Casas (AHDSC). Naturalmente, la pandemia me impidió su consulta.

3 Cuando se trata de personajes de segunda línea, o de plano desconocidos, empleo la conjunción "y" para distinguir su primer apellido del segundo, la hayan usado o no. Esto debido a que así es más fácil ubicarlos en el esquema de sus familias y se evitan confusiones.

de la Universidad Pontificia de México y la Sociedad Mexicana de Historia Eclesiástica, ambos dignísimamente representados por el doctor Juan Carlos Casas García del 8 al 10 de noviembre de 2021. El resultado fue una breve ponencia sobre fray Luis, la cual, muy ampliada, dio origen al presente libro.

La pandemia no cesaba; la consulta de otros acervos era, si no imposible, extremadamente difícil y peligrosa. Ciertamente, pude conseguir algunas fuentes impresas y los recursos electrónicos fueron sumamente útiles, pero sobre el obispo –no su época– existen solamente unas cuantas noticias esparcidas aquí y allá. Las biografías previas, realmente esbozos brevísimos, dependen de dos fuentes principales. Primeramente, la útil *Descripción geográfica del departamento de Chiapas y Soconusco*, de Emeterio Pineda;[4] en segundo lugar, las distintas versiones de la vida que el canónigo Vicente de P. Andrade publicó a lo largo de muchos años en forma de notas a las obras virreinales de Pareja y Sedano y como parte obligada de su episcopologio chiapaneco.[5] De estas fuentes, especialmente de Andrade, abrevan los textos del obispo Emeterio Valverde y Téllez,[6] monseñor Eduardo Flores Ruiz[7] y, en menor grado, de Manuel Bartolomé Trens.[8] En otras obras García y Guillén no merece más que unas líneas.[9] Al parecer, el único libro contemporáneo que aborda con alguna extensión y seriedad la etapa final de la vida de fray Luis es el de Amanda Úrsula Torres Freyermuth, pero ciertamente está lejos de ser una biografía.[10]

Así que, dadas las limitaciones dichas, la vida de fray Luis que hoy ve la luz pública sólo puede ser un ensayo al que le faltan muchísimas cosas. Se trata de un bosquejo ligero, unas cuantas teselas de un mosaico que debiera ser mucho más grande y rico. Por esto, también, es que sólo está emparentada lejanamente con trabajos como los llevados a cabo por Manuel Benavides Barquero, Berenise Bravo Rubio, Pablo Mijangos y González, Sergio Rosas

---

4 Pineda, 1845, p. 39.

5 Pareja, 1882, t. 2, pp. 659-662. Sedano, 1880, t. 2, pp. 18-20 (1ª foliación). Andrade, 1907, pp. 107-110.

6 Valverde, 1949, t. 1, pp. 321-323.

7 Flores, 1978, pp. 114-116.

8 Trens, 1957, pp. 251-258.

9 García, 1884, p. 25.

10 Torres, 2017, pp. 139-141.

Salas y otros, quienes exhaustivamente han abordado vidas o gestiones pastorales.[11] Sin embargo, no estoy lejos del intento de estos autores que han visto los conflictos entre la Iglesia y el Estado también desde las posiciones y preocupaciones de la primera.

He hecho un esfuerzo importante por tratar de ubicar a fray Luis y a otros personajes de la iglesia chiapaneca dentro de su contexto familiar. Me parece que es muy conveniente estudiar los personajes, especialmente del periodo que me ocupa, tomando en cuenta asuntos como su etnicidad, el prestigio de sus familias y sus redes. El resultado ha sido imperfecto porque, además de la cortedad de fuentes que ya he mencionado, mi quehacer se topó con sustanciales lagunas en los libros parroquiales de Comitán o al menos en la versión digitalizada que de ellos consulté. Sin embargo, lejos de lo que pudiera creerse, dejo en claro que, en la cima de la Iglesia chiapaneca, en general, se encontraron hombres más relevantes por sus prendas personales que por sus relaciones familiares o su extracción socioeconómica. Al menos para Chiapas, y sospecho que para otras diócesis de la otrora Nueva España, es un error pensar que las carreras clericales después de la independencia siguieron encuadradas en los esquemas más o menos rígidos del periodo anterior. Incluso para un obispado marginal, pobre y siempre ayuno de operarios, como el de Chiapas, el que se consideraran para la mitra a sujetos como algunos de los estudiados, parecería al menos muy extraño en, por ejemplo, 1700 o 1750.

Finalmente, debo señalar que en las citas he modernizado la ortografía y algunas veces la puntuación y he desatado las abreviaturas en todos los casos, menos las descripciones de impresos. Agradezco las conversaciones con Jaime del Arenal Fenochio, algunos punteros bibliográficos de Pablo Mijangos y González y la inestimable ayuda de Mara Ramos Masseto, María Reyes, canciller de la diócesis de San Cristóbal y del reverendo padre José del Carmen Castelán. Gracias a los tres últimos se ha reproducido el retrato de mi biografiado. Este trabajo habría sido del todo imposible sin el generoso apoyo del Centro de Estudios Interdisciplinares (CEID) y del licenciado José Alberto Medina Flores.

11 Benavides, 2013; Bravo, 2013; Mijangos, 2015; Rosas, 2015.

I
Antecedentes familiares

Fray Luis García y Guillén nació en Comitán, hoy de Domínguez, en el estado de Chiapas. Este poblado se hallaba lejos, muy lejos de los dos centros políticos, culturales, religiosos y económicos de la región. La capital de la intendencia de Chiapas, Ciudad Real,[1] hoy está a 93 kilómetros por la carretera Internacional; la metrópoli de la entonces capitanía general de Guatemala, la ciudad de Nueva Guatemala de la Asunción, a unos 422 kilómetros por la Pan American Highway. Es de imaginarse la dificultad que suponía recorrer tales distancias, entonces seguramente mayores, por los intransitables caminos de fines del periodo hispánico y principios del independiente.[2] Pero las distancias entre Comitán, por una parte, y Ciudad Real y Nueva Guatemala por otra, no sólo eran físicas. En Ciudad Real, fundada en el siglo XVI, había un obispo, sufragáneo del arzobispo de Guatemala, un ayuntamiento importante cuyos destinos eran vendibles y renunciables[3] y un intendente que dependía de Guatemala y que tenía bajo su mando 11 subdelegaciones; luego de la independencia la primera constitución local dividió al estado en nueve partidos, cada uno con su prefecto, ayuntamiento y juez de primera instancia.[4] Existía en Ciudad Real un seminario bajo la advocación de la Limpia

1 En 1829 cambió su nombre a Ciudad de San Cristóbal y, en 1848, a San Cristóbal de las Casas.

2 Acerca de este punto, véase Pineda, 1845, pp. 117-118. Refiere, entre otras cosas, que en su tiempo existían nueve caminos de San Cristóbal a San Juan Bautista de Tabasco y todos eran intransitables.

3 Pineda, 1845, p. 45.

4 Pineda, 1845, pp. 45-46.

Concepción fundado en el siglo XVII.[5] Era más bien modesto, aunque desde 1772 ocupó el extinto colegio de los jesuitas y sus rentas.[6] En él existió una escuela de primeras letras para niños[7] y se estableció la Universidad Literaria de Chiapas (1826).[8] En Ciudad Real también funcionó una escuela básica para niñas.[9] Además, los dominicos, al menos en I/1844, tenían cuatro escuelas de primeras letras y el ayuntamiento una fundada con 4000 pesos donados por Nicolás de Velasco Campo en 1800.[10]

Ciudad Real poseía algunas casas de regulares de ambos sexos: conventos de frailes dominicos, mercedarios y franciscanos –todos establecidos desde el siglo XVI–[11] y uno de monjas concepcionistas fundada en el XVII.[12] Como se ha insinuado, hasta 1767 en Ciudad Real existió un colegio y casa de la Compañía de Jesús. Tenía un soberbio templo de gusto antiguo y, lo más importante, una espléndida colección de libros que, al decir de los contemporáneos, rivalizaba con las guatemaltecas. Sus más de 1 500 tomos fueron aplicados al referido Seminario tras la expulsión.[13] Ciudad Real sufrió una inundación en VIII-IX/1785 y aunque no fue totalmente devastadora, sí la afectó demasiado.[14] Otro establecimiento útil en Ciudad Real era el hospital que estuvo en manos de los juaninos. En tiempos del obispo Francisco Polanco Carrera Cevallos y Bustillos (1717-1784) se hallaba tan arruinado que hubo necesidad de reedificarlo del todo.[15] Finalmente, en Ciudad Real existió una Sociedad Económica de Amigos del País que impulsaba, como las de otras partes, el progreso y las ciencias útiles; en Chiapas introdujo la

[5] Orozco, 1906, pp. 156-208. Pineda, 1845, p. 107.

[6] Pineda, 1845, p. 107.

[7] Trens, 1957, p. 86.

[8] Véanse Cruz, 1976 y Cruz, 1977.

[9] Trens, 1957, p. 86.

[10] Pineda, 1845, p. 106.

[11] Pineda, 1845, pp. 129-130. El de Santo Domingo era cabeza de provincia.

[12] La Encarnación. Pineda, 1845, p. 131; Trens, 1957, p. 181.

[13] Cruz, 1977, pp. 66-69 y 76-78. Un inventario y otros documentos sobre los bienes de los jesuitas en Orozco, 1906, pp. 1-30 y 209-213.

[14] Pineda, 1845, p. 49.

[15] Orozco, 1906, pp. 37-82; Trens, 1957, pp. 138-143.

imprenta y estimuló la explotación de la grana. Fue fundada en IV/1819; su primer director fue el obispo Salvador San Martín y Cuevas (1816-1821) y su primer subdirector el ilustrado fray Matías de Córdova (1766-1828).[16]

En cambio, la Nueva Guatemala tenía todos los atributos de una gran capital indiana. Estaba adornada con un seminario, universidad, varios colegios, bibliotecas, imprenta centenaria, múltiples monasterios de ambos sexos, arzobispo, audiencia, sociedad económica, etcétera. Era una población nueva; después de que un terremoto arruinara la Antigua Guatemala, se ordenó el traslado de la metrópoli de la capitanía al valle de la Ermita a fines de 1775. La Nueva Guatemala tenía una economía muy importante y era, por mucho, la cabeza de toda la región. Hablar más es inútil.[17]

Comitán, en términos relativos, podía presumir una numerosa población. El segundo intendente de Chiapas, Agustín de las Cuentas Zayas (1742-¿?), en X/1791, decía que entre españoles, ladinos e indígenas era tanta como la de Ciudad Real. Un censo de 1777-1778, ordenado por el obispo Polanco, arrojó que Comitán tenía 4324 almas y Ciudad Real, con el vecino pueblo de San Felipe, 4531.[18] En 1838, poco tiempo después de la muerte de fray Luis, la población de Comitán era de 5 056 personas y San Cristóbal tenía 6912;[19] en Comitán era básicamente indígena y ladina.[20]

---

16 Gutiérrez, 2013, pp. 27-28; Pineda, 1845, p. 116; Trens, 1957, pp. 241-245. Algunos de sus trabajos en *El Amigo*, 1820, t. 2, pp. 27-32 (sobre un camino nuevo entre Bachajón y Palenque).

17 Para darse una idea de la importancia del traslado y las tensiones entre los poderes civil y eclesiástico a que dio lugar: Zilbermann, 1987. Una lectura realmente divertida e instructiva acerca de la ciudad de Guatemala, en Juarros, 1808, t. 1, pp. 134-249.

18 Ruz, 1989, p. 163, Pineda, 1845, p. 50, da para San Cristóbal, según el mismo censo, 3855 personas. Trens, 1957, p. 169, dice que Ciudad Real, según el censo de Polanco, tenía 5394 almas. Es de notar que Mariano Nicolás Robles Domínguez de Mazariegos, en su *Memoria* de 1813 afirma que Ciudad Real contaba con unas 6 000 personas y que en su mayoría eran españolas –al menos esto era una grosera exageración–. Trens, 1957, p. 170.
La vida de fray Luis transcurrió en la etapa de la historia demográfica chiapaneca que Viqueira llama "el siglo de las haciendas", para sus características, véase Viqueira, 2011, pp. 18-27.

19 Pineda, 1845, pp. 51 y 58.

20 Pineda, 1845, p. 58. El término ladino se refiere originalmente a un sujeto no español que podía hablar castellano. Pero como sustantivo usado para designar un grupo de población es difícil de conceptualizar. Un intento ideológico, orientado a Guatemala y construido de espaldas a los archivos, en Gallegos, 2003, pp. 8-11. Es asunto que no he estudiado especialmente, pero me parece que, a partir de los muchos documentos parroquiales chiapanecos consultados para este trabajo, que los límites entre las calidades de ladino y español

Comitán era cabecera de partido; era y es frontera con lo que hoy conocemos como Centroamérica. Gozaba de un clima templado y los comitecos tenían fama de industriosos. Había ganadería, de vacunos en su mayoría, pero especialmente eran apreciados los caballos y las mulas criados en sus tierras.[21] En 1845 su distrito, que se llamaba del Sur o de la Frontera, tenía 184 ranchos y haciendas dedicados a la ganadería, algunos trapiches de azúcar y tres molinos. Ocho fincas pertenecían al clero y una solamente a una cofradía.[22] El ramo del comercio se hallaba bien establecido con dos ferias anuales –San Nicolás y Santo Domingo– y, al menos en la década de los 40 del siglo XIX, con el giro del contrabando.[23] Existían manufacturas de alguna importancia; por ejemplo, tejidos de lana y un aguardiente de pulque muy famoso en la región.[24] Sin embargo, su entramado institucional era escaso. Pueblo piadoso, presumía una parroquia, seis o siete iglesias titulares y 64 ermitas visitadas anualmente por el párroco.[25] En 1830 era de los

eran muy imprecisos. Al mismo tiempo, se antoja que había menos ambigüedad en la distinción entre indígenas y ladinos. Un buen ejemplo de lo primero –entre muchos– está en una partida bautismal de Santo Domingo de Comitán, levantada el 11 de dicembre de 1785, que corresponde a una niña española cuyos padres, en el mismo acto, figuraron como ladinos. LDS, Comitán de Domínguez, Santo Domingo, bautismos 1752-1768 y 1784-1792, 706108, 438/669. Una visión de su condición, a través de las antiparras del entusiasmo por la recién conquistada independencia y refutada por las páginas de esta biografía: "Los ladinos también debían vivir alejados de las otras clases. No podían entrar en las carreras del honor; no podían pisar las universidades y colegios, unirse en las aulas con los jóvenes de otras clases, ni haber fuera de ellas las relaciones que estrechan a los funcionarios" (Valle, 1820, p. 143).
El ladino no sólo hablaba castellano, también poseía cierto número de atributos, cualidades y bienes que le permitían, como no español, alejarse de lo indígena y acercarse a lo español. Que en la época de fray Luis no era raro echar a ladinos y españoles en el mismo saco, véase *El Amigo*, 1820, t. 2, pp. 12-13. Aunque es claro que su realidad era fluida y dinámica, el ladino siempre es un no español puro –mestizo o castizo– que funciona socialmente en la lógica de lo español y no de lo indígena, incluso puede oponerse a ésta. Sin embargo, se ha sostenido que no por esto carece de características culturales propias. La dimensión geográfica del ladino parece ser más bien rural y en ese contexto suele formar parte, con los españoles, de la élite y, a diferencia de aquéllos, se halla en un proceso de tensión y hasta de disociación territorial. Genealógicamente, el ladino frecuentemente desciende de un linaje español considerado fundacional y hasta perteneciente al grupo de los llamados beneméritos de Indias. Aunque relacionado con una región no chiapaneca, es muy sugerente Rodas, 2004, especialmente 182-183, 185-186, 188 y 190-193.

[21] Pineda, 1845, pp. 58.

[22] Pineda, 1845, p. 94.

[23] Pineda, 1845, pp. 58 y 146.

[24] Pineda, 1845, pp. 58 y 116.

[25] Pineda, 1845, p. 133.

pocos poblados del estado que tenía una escuela de primeras letras municipal.[26] Contaba con un convento dominico[27] y un pequeño hospital, único establecimiento de su tipo en el pueblo, fundado gracias a la munificencia de Ignacia Gandulfo y Olivera, muerta en VI/1791.[28] Con todo, la creciente importancia de Comitán y su fidelidad a la Corona, expresada en donativos importantes, explica que las Cortes de España le dieran la jerarquía de ciudad, con el nombre de Santa María, el 29/X/1813.[29]

El futuro mitrado recibió el bautismo, el 3/IX/1763, en la parroquia de Santo Domingo de la dicha Comitán.[30] Fue categorizado como español. Sus padrinos fueron Francisco de Santiago y Juana Albores (también De la Fuente y Albores), españoles. Éstos recibieron el tratamiento de don y doña en este documento, pero no consistentemente en otros.[31]

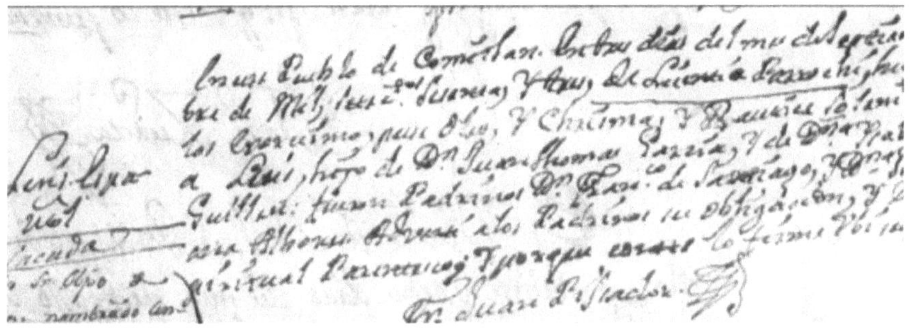

[26] Pineda, 1845, p. 124.

[27] Pineda, 1845, p. 129.

[28] Orozco, 1906, pp. 83-85; Ruz, 1989, pp. 141-228.

[29] Colección, 1820, p. 14.

[30] LDS, Comitán de Domínguez, Santo Domingo, bautismos 1752-1768 y 1784-1792, 706108, 251/669. Andrade, 1907, p. 107.

[31] Por ejemplo, no en el bautismo de su hijo, Florencio de Santiago; ella sí, y él no, en el de su hijo Victoriano. LDS, Comitán de Domínguez, Santo Domingo, bautismos 1752-1768 y 1784-1792, 706108, 74/669 (23/XI/1755) y 300/669 (13/III/1765). Por otra parte, apunta a una relación más o menos estrecha entre las familias De Santiago y Guillén el matrimonio entre Félix de Santiago y María Guillén, del cual nacieron, al menos, los hijos siguientes:

1. Félix de Santiago y Guillén. Español, mellizo del siguiente, bautizado, el 30/XI/1730, en Santo Domingo de Comitán. Sus madrinas fueron "doña" Manuela de Anchieta y María Guillén. LDS, Comitán de Domínguez, Santo Domingo, bautismos 1729-1752, 706107, 58/458.

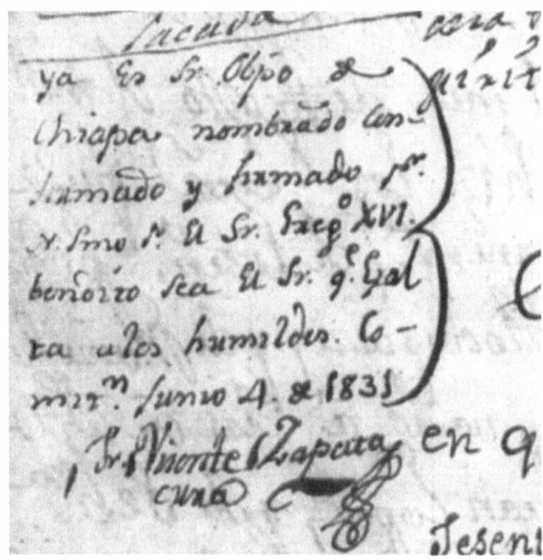

Partida bautismal de Luis García y Guillén.

Los padres del futuro prelado se llamaron Juan Tomás García e Isabel Guillén –también don y doña–. Éstos se habían casado en el referido templo el 7/XI/1754. Según la correspondiente partida matrimonial, ambos eran mozos solteros, él era hijo de Juan García y de Rosa de Ordóñez –dones–; ella, a la que ahora se le negó el tratamiento de doña, de José Guillén y de Gertrudis Gómez Coronado.[32] Los testigos del enlace fueron Francisco Xavier de Figueroa, Gregorio de Solís, Lucas Antonio de Puente y José Gómez.

---

2. Juan de Santiago y Guillén. Español, mellizo del anterior, bautizado, el 30/XI/1730, en Santo Domingo de Comitán. Sus madrinas fueron "doña" Manuela de Anchieta y María Guillén. LDS, Comitán de Domínguez, Santo Domingo, bautismos 1729-1752, 706107, 58/458.
3. Petrona de Santiago y Guillén. Española, bautizada, el 17/VII/1734, en Santo Domingo de Comitán. Su madrina fue Catarina Gordillo. LDS, Comitán de Domínguez, Santo Domingo, bautismos 1729-1752, 706107, 115/458.

También hay enlaces entre los Guillén y los Santiago de Ciudad Real desde principios del siglo XVIII. LDS, Diócesis de Chiapas, San Cristóbal de las Casas, bautismos 1704-1725, 89/392.

32 LDS, Comitán de Domínguez, Santo Domingo, matrimonios 1719, 1732 y 1743-1765, 722932, 441/562. La referida Gertrudis Gómez Coronado aún vivía en 8/II/1739. Entonces sacó de la pila a un hijo de Jacinto Guillén y de Manuela Gordillo, vecinos de Comitán y sin calidad conocida. LDS, Comitán de Domínguez, Santo Domingo, bautismos 1729-1752, 706107, 174/458.

Los apellidos García y Guillén son muy comunes en Comitán y sus alrededores. También existen combinaciones de Guillén, como Ochoa Guillén y Guillén Serrano; en cambio, son bastante menos frecuentes los Ordóñez y los Gómez Coronado.[33] La posición de la familia inmediata de García

[33] Además del famoso deán de Chiapas, Mariano Nicolás Robles Domínguez de Mazariegos, muy posiblemente fueron deudos de nuestro prelado:

1. José Gómez Coronado, esposo de "doña" Luisa Gordillo Farfán, españoles y los parientes de ella siempre figuran como don y doña. De este enlace nació:
   1.1. María Nicolasa Gómez Coronado y Gordillo Farfán. Española, bautizada, el 11/III/1741, en Santo Domingo de Comitán. Su madrina fue Nicolasa de Olivera. LDS, Comitán de Domínguez, Santo Domingo, bautismos 1729-1752, 706107, 199/458. Es de notar que Nicolasa de Olivera era esposa de Francisco Guillén, con la que tuvo, al menos, una hija, bautizada en la iglesia referida. LDS, Comitán de Domínguez, Santo Domingo, bautismos 1729-1752, 706107, 223/458.
2. Cristóbal de Villatoro, esposo de María Manuela Gómez Coronado, españoles, padres de:
   2.1. Juan de Villatoro y Gómez Coronado. Español, bautizado, el 29/VI/1731, en Santo Domingo de Comitán. Su padrino fue el bachiller "don" Vicente Bustamante. Es de notar que pocos bautizados en Comitán en esta época recibieron padrinos investidos en dignidad. LDS, Comitán de Domínguez, Santo Domingo, bautismos 1729-1752, 706107, 66/458.

Aunque al parecer los Villatoro eran originarios de Ciudad Real, en Comitán tuvieron relieve, lo cual queda claro gracias a que consta que Nicolás de Villatoro y Guillén, hijo del capitán Manuel de Villatoro y de Catarina Guillén, nieto materno de Pedro Guillén y Sebastiana Solís y Pinto, bautizado el 26/II/1766 en Comitán, fue colegial del Seminario de Ciudad Real (1781-1787) y subdiácono a título de administración. Es de notar que don Nicolás contaba con colaterales sacerdotes por ambas líneas –cosa invocada como prueba de limpieza y distinción–. Fue capellán de coro de la catedral de San Cristóbal, cura propietario de Chicomuselo y se opuso a otros beneficios, como el de Acala y Tila. LDS, Diócesis de Chiapas, San Cristóbal de las Casas, becas y órdenes 1780-1782, 733783, 51-58/164 y becas y órdenes 1782-1790, 733784, 128 y 288-298/658; Tuxtla Gutiérrez, Arquidiócesis de Tuxtla Gutiérrez, capellanías y providencias 1796-1798, 733673, 95-96/301. Orozco, 1906, p. 205. Un nieto de los dichos Manuel de Villatoro y Catarina Guillén, llamado Agustín José de Solórzano y Villatoro, bautizado en Comitán el 5/IX/1792, fue fraile dominico de la provincia de San José de Chiapas. LDS, Diócesis de Chiapas, San Cristóbal de las Casas, becas y órdenes 1812-1815, 733042, 526-539/655. Esta línea de los Villatoro mantuvo relación con los Guillén que tenían posición distinguida en Comitán. Así lo prueba que una hermana del referido Nicolás de Villatoro casara con Eduardo Guillén y Gordillo -hijo de Agustín y Juana, a quienes se les daba el tratamiento de don y doña. De este enlace, al menos, nacieron los hijos siguientes:

1. Buenaventura Guillén y Villatoro. Nació en Comitán el 14/VII/1801. Fue bautizado, como ladino, en la parroquia de Santo Domingo de dicha población el 19/VII/1801. Su madrina fue Catarina de Villalonga. LDS, Comitán de Domínguez, Santo Domingo, bautismos 1770-1810, 736708, 57/621; todos con el tratamiento de don/doña.
2. Juan Guillermo Guillén y Villatoro. Nació en Comitán el 25/VI/1804. Fue bautizado, como ladino, en la parroquia de Santo Domingo de dicha población el 4/VII/1804. Su madrina fue Catarina Guillén. LDS, Comitán de Domínguez, Santo Domingo, bautismos 1770-1810, 736708, 224/621; todos con el tratamiento de don/doña.

Ahora bien, el referido Eduardo Guillén y Gordillo debe de haber tenido negocios de cierta importancia porque, en 1805, era el comiteco que más debía a la consolidación de Chiapas y Soconusco: la nada despreciable cantidad de 2 700 pesos a censo redimible. Guillén, 2018, p. 269.

Guillén es difícil de precisar.[34] Distintos sujetos de estos apellidos, residentes en Comitán a principios del siglo XIX, fueron tejedores y labradores. Así se desprende del "pie de lista" de la segunda compañía de milicias de infantería de Ciudad Real de Chiapa en Comitán y Tuxtla, hecha por el capitán de granaderos y comandante Joaquín Fuero en VIII/1801.[35] En vida de fray Luis –VII/1827– figuró Martín Nicolás Guillén como juez de primera instancia del partido de los Llanos con residencia en Comitán. Era hijo de Antonio Guillén y de Petrona Gordillio, a los cuales se daba el tratamiento de don y doña desde fines del siglo XVIII.[36] El mismo Martín Nicolás había servido como alcalde ordinario del ayuntamiento de Comitán –lo era en VII/1803.[37]

Ahora bien, consta que fray Luis tuvo un tío carnal materno, llamado Alejandro Guillén, quien fue vecino de Comitán. Pasó a Ciudad Real para contraer nupcias; allá se le negó el tratamiento de don. Sabía escribir. La ceremonia se celebró el 19/VII/1765 y la novia se llamaba Juana Antonia de Rodas. Ella era vecina de Ciudad Real y "criatura" de Antonia de Rodas y San Juan –es decir expuesta y criada en casa de dicha señora o, quizás, su hija natural–. El matrimonio se llevó a cabo previa dispensa de proclamas derivada de que la contrayente había celebrado esponsales con otro y que éstos fueron disueltos judicialmente; ocurrió en su domicilio ante Ciriaco de Zepeda, José de Balcázar, Carlos Martínez y su esposa Bárbara de Torres; todos dones y algunos integrantes de la élite local. El documento en cuestión no aclara la

34 Es menester tener presente que el 10/X/1784 un incendio en la sacristía de la parroquia de Santo Domingo de Comitán consumió libros sacramentales, entre ellos los bautismales desde XI/1768. LDS, Comitán de Domínguez, Santo Domingo, proclamas y dispensas matrimoniales 1671-1816, 739049, 68/292.

35 Eran tejedores el tambor voluntario Manuel Guillén Solís (39 años, casado), soldados comitecos Felipe Guillén (22 años, soltero), Manuel Guillén Albores (24 años, casado) y Nazario Guillén (20 años, soltero) y soldados supernumerarios, también comitecos, Mariano Guillén (19 años, soltero) y Rafael Guillén (27 años, casado). Los labradores eran el cabo primero Juan de Dios García (25 años, casado) y soldados comitecos Francisco García (21, casado), Gregorio García (15 años, soltero), Enrique Guillén (29 años, casado), José Matilde Guillén (26 años, soltero), Zeferino Guillén (20 años, casado) y Simón Guillén (36 años, casado). Además, era carpintero en Comitán el soldado Felipe García (30 años, casado). LDS, Diócesis de Chiapas, San Cristóbal de las Casas, becas y órdenes 1797-1799, 733787, 415-420/472.

36 LDS, Tuxtla Gutiérrez, Arquidiócesis de Tuxtla Gutiérrez, testamentos 1833-1834, 733126, 474/710; Comitán de Domínguez, Santo Domingo, matrimonios 1787-1804, 722934, 532-533/698.

37 Ruz, 1989, p. 191.

etnicidad de los involucrados.[38] En cualquier caso, nada de lo dicho apunta a que Alejandro Guillén y su esposa gozaran de una brillante posición.

El futuro obispo de Chiapas tuvo otro tío, éste paterno, llamado "don" Vicente García y Ordóñez, español. Casó, el 14/VI/1750, en la parroquia de San Jacinto de Polonia del pueblo de Ocosingo –hoy estado de Chiapas–, con "doña" Juana de Ordóñez, española e hija de la Iglesia.[39] Ésta, dado el tratamiento de doña y la condición de española, debía tener cierta posición social, seguramente vinculada con el haber sido criada en casa de los Ordóñez –apellido que llevaban algunas personas de lustre–. Sea de esto lo que fuere, del matrimonio García-Ordóñez hubo progenie.[40]

Por otra parte, en Comitán vivían diversas familias apellidadas Guillén que, en tiempos de fray Luis, estaban adscritas a distintos grupos sociales. Aquí no puedo explayarme en cuáles factores, amén de los étnicos, explicaban la asignación de una familia a un sector determinado de la sociedad –español, mestizo, mulato, ladino, etcétera–. Sin embargo, debe tenerse en cuenta que era un conjunto variopinto de circunstancias entre las cuales se hallaban las económicas y culturales, que eran capaces de otorgar una mayor o menor cercanía al ideal de lo español. Ahora bien, otra cosa que es menester considerar es el tratamiento de don y doña. Claramente no equivalía, a fines del siglo XVIII y principios del XIX, al reconocimiento de un estatus nobiliario, pero sí al de una jerarquía superior a la de los blancos comunes y, a veces, también, de los mestizos mejor colocados. Era discernido, sino por

---

38 LDS, Diócesis de Chiapas, San Cristóbal de las Casas, informaciones matrimoniales 1765-1767, 72581, 65-67/254.

39 LDS, Ocosingo, San Jacinto de Polonia, matrimonios 1719-1814 y 1919-1921, 725970, 115/378. Este documento da tratamientos de don y doña a los padres del novio.

40 Los padres tratados con don y doña y los bautizados españoles; a saber:

1. Domingo Mariano García y Ordóñez. Bautizado, el 9/X/1752, en la parroquia de San Jacinto de Polonia, Ocosingo. Su padrino fue "don" Juan Tomás García, futuro padre del obispo García y Guillén. LDS, Ocosingo, San Jacinto de Polonia, bautismos 1737-1768, 725965, 123/361.
2. Juan Tomás García y Ordóñez. Bautizado, el 8/I/1756, en la parroquia de San Jacinto de Polonia, Ocosingo. Su padrino fue "don" Marcial de Castellanos. LDS, Ocosingo, San Jacinto de Polonia, bautismos 1737-1768, 725965, 172/361.3.
3. Teodoro García y Ordóñez. Bautizado, el 26/XI/1758, en la parroquia de Santo Domingo, Comitán. Su madrina fue Isabel María Guillén. LDS, Comitán de Domínguez, Santo Domingo, bautismos 1752-1768 y 1784-1792, 706108, 134/669.

toda la sociedad, sí en general por el resto de los dones y de las doñas y, especialmente, por parte de aquellos individuos investidos de prestigio y poder que eran las autoridades en lo espiritual y temporal. Creo que los elementos que cristalizaban en que alguien recibiera este tratamiento tienen una fuerte dimensión local y temporal, por lo que no me atrevo a decir más hasta no contar con estudios personales o ajenos más amplios sobre el tema.[41] Una última consideración la merece el raro caso en el que se otorgaba el tratamiento de señor don o señora doña. Claramente se daba sólo al grupo más elevado de la comunidad de dones y doñas y, casi siempre lo he visto asociado a un importante estatus público en lo espiritual o en lo temporal; por ejemplo, a fray Luis siempre se le dio después de ser exaltado al episcopado.

Para regresar a los Guillenes de Comitán, recibieron el don, aunque no se les asignó la calidad de español, que en mi opinión se sobrentendía en este caso, a Enrique Guillén, natural y vecino de dicho pueblo e hijo de Agustín Guillén y de Pascuala Méndez, al realizar, el 18/V/1795, las diligencias matrimoniales para casar con Fulgencia López, viuda de Mariano Ordóñez –se escatimó el don a ambos–.[42] A Francisco Guillén y a su prometida Tomasa Pinto, de calidad mestizos, naturalmente se les negó el don y el doña, pero el primero era "crianza" –expuesto y criado en una casa– del "señor don" Fernando Guillén; acaso el mismo "don Fernando Guillén" que apadrinó al niño Matías Villatoro y Albores, nacido a principios de 1767 en Comitán.[43] Por otra parte, fueron ladinos, grupo de límites imprecisos entre los mestizos y los españoles, Simón Guillén, hijo de José Guillén y de Manuela Guillén, ninguno

---

41 He observado poca consistencia –cosa no extraña– en el uso de don/doña en los libros parroquiales de los siglos XVIII y XIX chiapanecos. Para el caso que ahora me ocupa, por ejemplo, Pablo García, al ser padrino del matrimonio de Cayetano de Olivera y de Rodas con Catarina de Abarca y Silva, el 7/V/1788, en Comitán, recibió el don. Pero, años después, el 7/I/1811, se le negó al casar su hijo Gregorio con Luisa Figueroa y Gordillo en la misma parroquia de Santo Domingo. LDS, Comitán de Domínguez, Santo Domingo, matrimonios 1787-1804, 739075, 33/648 y matrimonios 1804-1830, 739075, 106/550. Este Pablo García es el padre de Lino García y Olivera, personaje del cual hablo extensamente en el apartado noveno.

42 LDS, Comitán de Domínguez, Santo Domingo, proclamas y dispensas matrimoniales 1671-1816, 739049, 61/292.

43 LDS, Comitán de Domínguez, Santo Domingo, matrimonios 1787-1804, 739075, 38/698; proclamas y dispensas matrimoniales 1671-1816, 739049, 87-90/292.

con don o doña, en unas diligencias matrimoniales de 6/XI/1787.[44] Sin calidad conocida, en una información matrimonial de IV/1806, donde la pretensa era Margarita Guillén, hija de Alberto Guillén y nieta paterna de Agustín Guillén y de Pascuala Méndez, unos Guillenes recibieron el don y otros no.[45] Finalmente, en las diligencias matrimoniales levantadas en VII/1807 de Esteban Gordillo y Guillén y Petrona Abadío y Bocarando, los padres de estos señores figuraron con don y doña y los hijos no.[46]

Familias apellidadas Guillén también abundaban en Ciudad Real y estaban adscritas a muy diferentes grupos. Españoles con don fueron Julián Guillén y Ochoa y su esposa María Antonia de Ayánegui y Cadenas, el primero hijo de Julián Guillén y Ochoa y de María Morales; bautizaron a una hija el 13/II/1788 en el Sagrario.[47] En la misma condición estaban Cristóbal Guillén, su esposa María Efigenia Donosteaga y Sarnatea, su hija Manuela Guillén y su nieto Juan José Suárez y Guillén. Éste fue bautizado el 29/III/1800 en el Sagrario de Ciudad Real; su información de limpieza para vestir el manto y la beca de pensionista del Seminario de Ciudad Real se aprobó el 7/IV/1819.[48] Sin el don, pero aún españoles, fueron Nicolás Guillén, hijo de Félix Guillén y de Manuela Ochoa, y esposo de María de Flores y Cabrera; bautizaron una hija en la misma iglesia el 26/XII/1784.[49] Igual fue el caso de Eusebio Guillén, cuya hija Ignacia de Jesús fue bautizada el 14/VIII/1785.[50] Mestizos fueron María Nicolasa Lazos y Guillén, hija de

44 LDS, Comitán de Domínguez, Santo Domingo, matrimonios 1787-1804, 739075, 21/698.

45 LDS, Comitán de Domínguez, Santo Domingo, proclamas y dispensas matrimoniales 1671-1816, 739049, 87-90/292.

46 LDS, Comitán de Domínguez, Santo Domingo, proclamas y dispensas matrimoniales 1671-1816, 739049, 230-234/292.

47 LDS, Diócesis de Chiapas, San Cristóbal de las Casas, bautismos 1771-1786, 725792, 445/485. Quizá perteneció a la misma familia el subdiácono Juan Francisco Guillén y Morales, domiciliario de Chiapas que pidió dimisorias en XI/1812 para ordenarse de diácono y presbítero en Oaxaca. LDS, San Cristóbal de las Casas, San Cristóbal de las Casas, documentos del Seminario Conciliar 1817-1839, 733208, 198-213/387.

48 LDS, San Cristóbal de las Casas, San Cristóbal de las Casas, documentos del Seminario Conciliar 1817-1839, 733208, 160-164/387. Es de notar que el padre del dicho Juan José Suárez, llamado Cristóbal Suárez, era español, hijo expuesto y también recibía el tratamiento de don.

49 LDS, Diócesis de Chiapas, San Cristóbal de las Casas, bautismos 1771-1786, 725792, 440/485. Sobre su familia algo se dice en el apartado noveno.

50 LDS, Diócesis de Chiapas, San Cristóbal de las Casas, bautismos 1771-1786, 725792, 463/485.

Juan y Petrona, bautizada el 18/IX/1785[51] y Mariano de los Dolores Guillén y Zavaleta, hijo de Antonio Guillén y Ancheita, bautizado el 20/IV/1783.[52] Finalmente, fueron asentados como mulatos Ciriaca Guillén y Vera, hija de Florencio Guillén y Alvarado, y Pedro José Guillén y Blanco, bautizados el 23/VI/ 1785 y el 9/V/1786, en la parroquia mayor de Ciudad Real.[53] La abundancia relativa del apellido García hace natural que esté representado por multitud de personas de todos los grupos.

Casi nada se sabe acerca de los hermanos de García y Guillén. Consta que tuvo, al menos, los siguientes:[54]

1. Juana García y Guillén. Fue bautizada, como española, el 22/I/1758, en Santo Domingo, Comitán. Su madrina fue "doña" Juana Ordóñez.[55] Una cruz marginal colocada en su partida bautismal puede hacer pensar que murió poco tiempo después de nacer. Por otra parte, quizá es una de las hermanas de fray Luis que vivían con él en IV/1834.[56]

2. Ramón Bernardino García y Guillén. Fue bautizado, sin que se precisara su calidad, el 10/VI/1759, en Santo Domingo, Comitán. Su madrina fue "doña" Juana Ordóñez. Al parecer murió poco tiempo después de nacer.[57]

3. Esteban García y Guillén. Fue bautizado, como español, el 20/IX/1761, en Santo Domingo, Comitán. Su madrina fue Juana de Albores.[58]

---

51 LDS, Diócesis de Chiapas, San Cristóbal de las Casas, bautismos 1771-1786, 725792, 465/485.

52 LDS, Diócesis de Chiapas, San Cristóbal de las Casas, bautismos 1771-1786, 725792, 392/485.

53 LDS, Diócesis de Chiapas, San Cristóbal de las Casas, bautismos 1771-1786, 725792, 459 y 481/485.

54 Revisé los libros parroquiales de Comitán hasta 23/X/1768.

55 LDS, Comitán de Domínguez, Santo Domingo, bautismos 1752-1768 y 1784-1792, 706108, 118/669. Se negó el tratamiento de don/doña a los padres.

56 LDS, San Cristóbal de las Casas, San Cristóbal de las Casas, cofradías y cordilleras 1811-1838, 734877, 442/599.

57 LDS, Comitán de Domínguez, Santo Domingo, bautismos 1752-1768 y 1784-1792, 706108, 146/669. Se negó el tratamiento de don/doña a los padres.

58 LDS, Comitán de Domínguez, Santo Domingo, bautismos 1752-1768 y 1784-1792, 706108, 202/669. Se negó el tratamiento de don/doña a los padres.

4. Feliciano García y Guillén. Fue bautizado, como español, el 10/VII/1766, en Santo Domingo, Comitán. Su padrino fue fray Eugenio de Saldívar.[59]

5. Casi seguro lo fue el presbítero Francisco García Guillén. Nació hacia 1768; los libros de bautismos en Santo Domingo de Comitán se cortan en X/1768 y continúan muchos años después. Era, en 1803 y 1804, capellán del ayuntamiento de Guatemala y,[60] en 1828, sochantre de la catedral de Guatemala –entonces tenía 60 años.[61]

6. Quizá fray Buenaventura García, mercedario que recibió el grado de bachiller en Artes de la Universidad de Guatemala en 1785 y del cual existe un impreso idéntico al que fray Luis empleó para el mismo grado.[62] Fray Buenaventura sostuvo una tesis muy moderna: las cosas naturales no deben ser estudiadas a través de la Revelación, sino por la razón natural.[63]

---

59 LDS, Comitán de Domínguez, Santo Domingo, bautismos 1752-1768 y 1784-1792, 706108, 345/669. Se dio el tratamiento de don/doña a los padres.

60 Archivo Histórico de Centro América, fichero Pardo, en línea en <http://www.ficheropardo.agcadocs.org/index.aspx> (consultado en VIII/2019).

61 Lista, 1828.

62 Medina-Valenzuela-Taracena, 1960, t. 2, vol. 1, 505.

63 Mata, 1948, p. 11.

2
Educación y carrera hasta su exaltación al obispado

Luis García y Guillén estudió en la ciudad de Guatemala, a la cual también se trasladaron sus padres.[1] Cuando tenía unos 16 años vistió el hábito de la Merced, en el convento grande de dicha ciudad; profesó en la misma casa. Su carrera literaria la hizo en su orden y en la Universidad de San Carlos. Aquí obtuvo los bachilleratos en Artes (28/II/1784)[2] y Teología. Es de notar que por entonces la filosofía moderna ocupaba un lugar destacado en el saber universitario guatemalteco.[3] También allá llevó a cabo el acto previo y el necesario para recibir la licenciatura en Teología (7/XI/1793).[4] El doctorado en esta facultad lo recibió el 17/VIII/1794 con una tesis dedicada al arzobispo

---

1 Casi toda la información acerca de sus primeros años proviene de una certificación dada por el cabildo sede vacante acerca de las cualidades de fray Luis, seguramente como parte de su propuesta para la mitra, fechada el 24/X/1829. LDS, San Cristóbal de las Casas, San Cristóbal de las Casas, cofradías y cordilleras 1813-1831, 734869, 465-466/628.

2 La fecha, que supongo es la del grado, corresponde al siguiente impreso: *Admirabilis nempe Maria Anna a Iesu Redemptorum Familiae inclita proles cui Fr. Ludovicus Garcia ipsius Religionis alumnus sequentes Philosophicas Theses. O. C. D.* [Al pie:] Apud Vid. D. Sebast. de Arebalo. Medina-Valenzuela-Taracena, 1960, t. 2, vol. 1, 505.

3 Introducida por el franciscano fray José Antonio Goicoechea en 1769. Es el tema de Mata, 1948, especialmente pp. 22-27.

4 El acto previo fue el 15/IX/1793. El impreso: ... *B. P. Fr. Ludovicus Garcia Ordinis Bmae. V. M. Mercede Redemptionis Captivorum in praevia oratione ad Licentiaturae gradum in Sacra Theologia promerendum...* [Al pie:] In Typographia Viduae D. Sebast. de Arebalo. Medina-Valenzuela-Taracena, 1960, t. 2, vol. 1, 726. El impreso para el acto del grado: *Pro examiner subeundo ad Licentiaturae gradum in Sacra Theologia obtinendum.* [Al pie:] In Typographia Viduae D. Sebast. Arevalo. Medina-Valenzuela-Taracena, 1960, t. 2, vol. 1, 727.

de Guatemala, Juan Félix de Villegas (1737-1800).[5] Además, fue elegido consiliario de su Universidad (10/XI/1808).[6]

Estuvo vinculado con la Real Sociedad Económica de Amigos del País de Guatemala, fundada en 1794 y que recibió respaldo oficial en 1796. Como es bien sabido, ésta era una reunión de hombres patriotas ocupados en llevar a la práctica reformas sociales, culturales y económicas útiles para el progreso general de la población. Por ejemplo, incentivó el cultivo del cacao y del lino, la industria de la seda, de los hilados y la hechura de pañetes, fundó escuelas de matemáticas y dibujo y un gabinete de historia natural. Quién mejor que el propio fray Luis, uno de sus socios natos, para dar una idea de lo que era:

> Un cuerpo ilustre que se dedica todo al bien de nuestra patria: que se fatiga para dar ocupación a tantas manos ociosas que causan los principales disturbios en la república: que proyecta incesantemente para remediar o a lo menos aliviar las miserias de nuestros ciudadanos desvalidos: que dirige todas las luces y habilidad para introducir entre nosotros la industria de la que pende la felicidad temporal de los pueblos.[7]

Este texto proviene de un discurso, pronunciado el 20/XII/1797, en el que fray Luis habló extensamente acerca de la utilidad que traería consigo la reforma a los gremios de artesanos del reino de Guatemala, asunto al que él y la Real Sociedad habían dedicado mucha reflexión. Expuso que una de

---

5 El impreso: ...*suscipit Licent. Fr. Ludovicus Garcia Ordinis Beatissimae Virginis Mariae de Mercede Redemptionis Captivorum, pro Doctoratus Laurea in Sacra Theologia obtinenda...* [Al pie:] In Typographia Viduae D. Sebast. de Arevalo.
Medina-Valenzuela-Taracena, 1960, t. 2, vol. 1, 773.
Valverde, 1949, t. 1, p. 322, dice que fue doctor en Filosofía y Teología de la Universidad de Guatemala; sigue de cerca al canónigo Vicente de P. Andrade en sus anotaciones a Sedano (Sedano, 1880, t. 2, pp. 18-20 (1ª foliación).

6 Andrade, 1907, p. 107. Valverde, 1949, t. 1, p. 322, dice equivocadamente que fue cancelario.

7 El infatigable canónigo Beristain de Souza intitula este texto *Discurso gratulatorio pronunciado en la tercera junta pública de la Real Sociedad de Guatemala* y lo publica aparte del acta respectiva de dicha junta. Medina lo corrige en este punto, consigna que fue autorizado por Sebastián Melón y Codes (1763-*circa* 1817) y proporciona la portada siguiente: *Tercera junta pública de la Real Sociedad Económica de Amantes de la Patria de Guatemala celebrada el 9 de diciembre de 1797.* Nueva Guatemala por Don Ignacio Beteta. 1798.
Beristain, 1947, t. 1, p. 351. Medina-Valenzuela-Taracena, 1960, t. 2, vol. 1, pp. 325-326. Cito de la transcripción de Luque, 1962, pp. 196-203, el entrecomillado en la p. 196.

las consecuencias principales sería traer honor a los artes y a sus creadores –tema muy caro a los ilustrados–. Pensaba que, incluso la platería y la escultura, que en Guatemala habían alcanzado gran perfección, ganarían mucho con una "enseñanza más metódica" por maestros realmente acreditados.[8] Incrementar la laboriosidad de los artesanos, cosa que subrayaba la reforma, tendría efectos de largo alcance: eliminaría importaciones, aumentaría la riqueza interior y combatiría los "desarreglos y escándalos",[9] contra los cuales declamó fray Luis y que atribuía a la ociosidad y a la falta de "educación popular":[10] un guiño al *Discurso sobre la educación popular de los artesanos y su fomento* (Madrid, Antonio Sancha, 1775), de Pedro Rodríguez Campomanes (1723-1803). Y es que la reforma que se intentaba produciría un trabajo mejor ejecutado y remunerado y, además, fomentaría el honor de los artesanos por medio de crear espacios donde se reconociera su mérito y en los que pudieran servir a sus colegas. Todo esto acabaría con la reputación de las artes como oficios viles y mecánicos –otro tema muy del gusto ilustrado–. Finalmente, la mayor prosperidad de los artesanos se complementaría con una faceta especial de la reforma: una caja de socorros mutuos que ayudaría a desterrar la mendicidad. Fray Luis en este texto se muestra como un ilustrado reformista de tono francamente católico. La Real Sociedad alcanzó importancia regional y, en V/1799, en vísperas de la orden que mandó el cierre de sus puertas, contaba con más de 150 socios, de los cuales 86 eran asistentes. Ignoro cuál fue la reacción de fray Luis ante su disolución y si volvió a integrarse a ella después de su restablecimiento en 1810.

Fray Luis, enseñó en su orden Filosofía y Teología, por lo cual fue condecorado por ella con el grado de maestro (antes de XI/1807). Su vida era sumamente arreglada y apegada a las reglas de su instituto. Fue definidor, regente de estudios de su convento y tres veces encabezó su provincia de la Presentación de Guatemala –una de ellas antes de XI/1807 y lo era en III/1810–.[11]

8 Luque, 1962, p. 197.

9 Luque, 1962, p. 198

10 Luque, 1962, p. 199.

11 LDS, Diócesis de Chiapas, San Cristóbal de las Casas, becas y órdenes 1810-1812, 733041, 70/231.

Firmó (20/XI/1807) una aprobación para imprimir el *Testamento* del entonces venerable Pedro de San José Betancurt (1626-1667), fundador de los betlemitas.[12] Se ha dicho que fue gran predicador.[13] En III/1810 era examinador sinodal del arzobispado de Guatemala y del obispado de León de Nicaragua.[14]

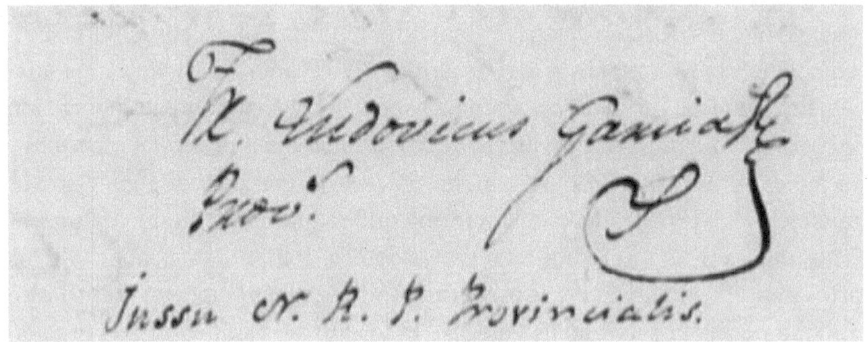

Firma de fray Luis García. LDS. Diócesis de Chiapas, San Cristóbal de las Casas, becas y órdenes 1810-1812, 733041, 72/231.

Si fray Luis pasó a Ciudad Real o no, lo cierto es que el 26/VI/1810 recibió muchos votos para ser diputado por Chiapas en las Cortes de Cádiz. Su no elegibilidad, por ser regular, no fue óbice para que fuera reconocido por uno de los detractores de la elección, el teniente letrado y asesor ordinario José Mariano Valero, como "el más digno y más sabio de todos los nombrados".[15]

En 1821 se hallaba fray Luis en la ciudad de Guatemala. Entonces ocupaba una cátedra universitaria de Retórica, para la cual dio a la imprenta un manual de su autoría.[16] Consta que fue adicto a la causa de la independencia y

[12] En los preliminares de Betancurt, 1808. Ver también LDS, San Cristóbal de las Casas, San Cristóbal de las Casas, cofradías y cordilleras 1813-1831, 734869, 465-466/628.

[13] El canónigo Vicente de P. Andrade, en Sedano, 1880, t. 2, p. 19 (1ª foliación). Andrade, 1907, p. 107.

[14] LDS, Diócesis de Chiapas, San Cristóbal de las Casas, becas y órdenes 1810-1812, 733041, 72/231.

[15] Valero, citado en Gutiérrez, 2009, p. 77.

[16] Aquí la ficha: *Instituciones de retórica que ha dispuesto, el Dr. Fr. Luis García del Orden de la Merced, catedrático de la facultad para instrucción de los jóvenes de la Universidad de Guatemala.* Por D. Ignacio Beteta. Año de 1821, en Medina-Valenzuela-Taracena, 1960, t. 2, vol. 2, 2395.

que gozaba de fama de patriota; amén de que sus virtudes eran conocidas por toda Centroamérica.[17]

La alusión al patriotismo de fray Luis, que proviene de una fuente mexicana, me lleva a hablar, someramente, de los acontecimientos que llevaron a la formación del estado de Chiapas. Allá el proceso de la independencia fue complicado. Era una intendencia, formada por los partidos de Ciudad Real, Tuxtla y Soconusco, que dependía de la capitanía general de Guatemala y, al mismo tiempo, tenía contactos importantes con la Nueva España. Sin conflictos armados, se firmó el Acta de Independencia de Centro América, el 15/IX/1821. Poco después la antigua capitanía de Guatemala –menos El Salvador– se incorporó al Imperio mexicano. Esta situación se mantuvo hasta el 1/VII/1823, fecha en la que las Provincias Unidas del Centro de América se separaron de México y, al mismo tiempo, reiteraron su independencia respecto de España. Pues bien, en 1821 Chiapas estaba en vilo y terminó por integrarse al Imperio mexicano (16/I/1822). Fruto amargo de la caída de Agustín I (1783-1824) fue su pérdida (7/VI/1823). Entonces se formó en la antigua intendencia una Junta Suprema Provisional que debía dilucidar cuál sería el destino político de los chiapanecos. Los caminos eran tres: la independencia, Guatemala o México. El 31/VII/1823 la Junta publicó un bando en que declaró que Chiapas era soberana y que se estudiaría con cuidado qué hacer. La presencia en San Cristóbal de armas mexicanas que debían implantar un gobierno favorable a México y disolver la Junta, ocasionó una revuelta. En Comitán, tierra de fray Luis, se dio a conocer el Plan de Chiapas Libre (26/X/1823). Éste estuvo sostenido por importantes integrantes del clero, especialmente fray Matías de Córdova (1766-1828). El 28 se levantó en armas Comitán, Tuxtla el día siguiente. Los mexicanos tuvieron que retirarse y fue reinstalada la Junta Suprema. El 22/III/1824 se convocó al plebiscito que debía decidir el futuro político del territorio, formado por 104 pueblos con poco menos de 173 000 habitantes. Los votantes en su mayoría quisieron incorporarse a México, pero

[17] LDS, San Cristóbal de las Casas, San Cristóbal de las Casas, cofradías y cordilleras 1813-1831, 734869, 466/628.

los que estaban a favor de hacerlo a Guatemala fueron algo más de la tercera parte, mientras que los independentistas no llegaron al diez por ciento. Chiapas, el 14/IX/1824, se convirtió en un estado de la Federación mexicana. Sin embargo, no lo hizo por completo porque el estatus del Soconusco fue más bien ambiguo: en VIII/1825 México y Centroamérica decidieron que se dilucidara su situación en el Congreso de Panamá –salvo Tonalá, Pijijiapan y Mapastepec, que se anexaron a Chiapas–. Así que, en principio, el resto del Soconusco era un territorio neutral. Con todo, fue invadida por Guatemala con ocasión de desavenencias internas a principios de 1831.[18] Fue incorporada a Chiapas hasta VIII-IX/1842. Es de notar que, durante los años del episcopado de fray Luis, formaba parte de su diócesis.[19] Ya reunida Chiapas a la Federación mexicana, la Junta Suprema Provisional convocó a que los concejos eligieran diputados locales y federales.

Estos acontecimientos permiten, al menos en parte, explicar que luego se halle a fray Luis en San Cristóbal, nombrado comendador del convento de la Merced por fray Salvador Barrios en el definitorio y capítulo de su provincia de la Presentación de Guatemala, Chiapa, Honduras y Nicaragua (10/I/1827).[20] Con esta calidad contribuyó con diez pesos para el subsidio voluntario eclesiástico de 1827.[21] Aún era comendador en X/1829[22] y VIII/1830.[23] Se ha dicho que permanecía al frente de su comunidad en San Cristóbal al tiempo en que fue preconizado obispo.[24]

El 5/V/1830 fue nombrado, con el doctor Mariano Nicolás Robles Domínguez de Mazariegos[25] y otros eclesiásticos de nota, examinador

18 Fenner, 2020, pp. 53-57.

19 Pineda, 1845, pp. 86-87.

20 LDS, San Cristóbal de las Casas, San Cristóbal de las Casas, cofradías y cordilleras 1813-1831, 734869, 383-384/628.

21 LDS, San Cristóbal de las Casas, San Cristóbal de las Casas, cofradías y cordilleras 1813-1831, 734869, 378/628.

22 LDS, San Cristóbal de las Casas, San Cristóbal de las Casas, cofradías y cordilleras 1813-1831, 734869, 455/628.

23 LDS, San Cristóbal de las Casas, San Cristóbal de las Casas, documentos del Seminario Conciliar 1817-1839, 733208, 245-246/387.

24 Andrade, 1907, p. 107.

25 Véase su biografía en el capítuo noveno.

sinodal del obispado. Es de notar que éste estaba en manos del vicario capitular, provisor y gobernador en sede vacante, Lino García.[26] El único empleo con que se le mencionó en el consistorio que lo llevó a la mitra fue el de lector de Teología.

[26] LDS, San Cristóbal de las Casas, San Cristóbal de las Casas, cofradías y cordilleras 1821-1839, 734841, 294-295/635. Valverde, 1949, t. 1, p. 322, dice que al tiempo de ser elevado al episcopado fray Luis era vicario capitular, cosa que no parece ser acertada.

3
La mitra y el báculo

Se decía que fray Luis nada había hecho para convertirse en obispo.[1] Pero existe un dato muy interesante que ayuda a explicar su llegada a la mitra. Proviene de un artículo del *Redactor Oaxaqueño* del 23/XII/1831, publicado en los *Avisos al Público* de San Cristóbal del 22/I/1832. Dice la nota:

> Cuando el Congreso de Costa Rica, uno de los estados de Centroamérica, imitando los delirios que en otro tiempo tuvieron los de San Salvador erigió un obispado de aquel territorio y nombró al señor García por su primer obispo, éste sin faltar a la caridad ni a la gratitud, despreció tan imprudente y ridículo paso, cuya conducta se puede asegurar influyó mucho para que en aquel estado no hubiese cundido el vértigo revolucionario ni propagádose las ideas anticanónicas que fundaron la guerra y causaron la desolación del país de San Salvador.[2]

En efecto, la Asamblea de Costa Rica (6/IX/1825) discutió la erección de un obispado en el territorio de aquel estado, separándolo de la mitra de León de Nicaragua. Se aprobó y, al mismo tiempo, determinó que se pediría a la Santa Sede la confirmación de todo e incluso de la elección del

---

1 LDS, San Cristóbal de las Casas, San Cristóbal de las Casas, cofradías y cordilleras 1813-1831, 734869, 490/628.

2 LDS, San Cristóbal de las Casas, San Cristóbal de las Casas, cofradías y cordilleras 1813-1831, 734869, 490/628.

primer obispo. Éste fue fray Luis por nombramiento del 29/IX/1825 hecho por la referida Asamblea. Inspirados por ideas regalistas, los costarricenses pidieron al cabildo eclesiástico de León que delegara facultades a su "obispo". Naturalmente, los capitulares se negaron a ello; tenían a la vista el ejemplo de San Salvador, cuya Asamblea Provincial había hecho algo semejante (30/III/1822).[3] Fray Luis, en una carta de 7/XII/1825, pidió tiempo para pensar.[4] Después, como quedó ya asentado, rechazó la oferta. Se ha dicho que fundó su decisión en que la erección no había sido canónicamente hecha y en su calidad de mercedario;[5] lo primero está clarísimo, lo segundo no representaba un obstáculo insuperable para su ascenso. Algunos historiadores han opinado que la negativa de fray Luis salvó a Costa Rica del cisma.[6] El tema merece investigación más detallada que ahora no puedo llevar a cabo, pero, claramente, remite a que fray Luis gozaba de prestigio regional, que éste aumentó dentro de los círculos romanistas centroamericanos y a que, seguramente, su conducta le otorgó relieve en la corte pontificia.[7] Sea de ello lo que fuere, el cabildo del obispado de Chiapas y el gobierno mexicano lo propusieron en primer lugar para esa mitra, vacante desde la muerte del obispo Salvador San Martín y Cuevas, ocurrida el 17 de febrero de 1821 en Tuxtla. Los demás propuestos fueron, en orden, Lino García y Olivera, el franciscano tuxtleco Ramón Pérez y Pimentel, Luciano Figueroa y Archila, José Llauger y Alcocer y Castilla y Francisco Guillén y Flores.[8]

---

3 En El Salvador sí ocurrió un cisma, se despachó un fraile a Roma para negociar y, a la postre, se fulminaron excomuniones. Un espléndido trabajo sobre el tema: Ayala, 2007.

4 Rivas, 2002, pp. 245-247. Dice que la Asamblea de Costa Rica quizá obró ignorante de los procedimientos que debían hacerse para la erección.

5 Flores, 1978, p. 115.

6 Velázquez, 2004, p. 275.

7 Seguramente a este episodio alude un breve papal de 7/IX/1825 sobre la erección del obispado de San Salvador. En él se condenaba la pretensión de las autoridades temporales de conducirse como si el patronato eclesiástico naciera de la soberanía temporal y no de la concesión de la Iglesia. Fue citado por el cabildo chiapaneco y fray Luis en su exposición contra la ley del patronato nacional al que me refiero más adelante. LDS, San Cristóbal de las Casas, San Cristóbal de las Casas, cofradías y cordilleras 1831-1839, 734870, 439/600.

8 Flores, 1978, p. 115. Véase las biografías de García, Llauger y Guillén en el capítulo noveno.

La acción del gobierno estaba fundada en el artículo 1° de la ley de 17/II/1830.[9] En una nota oficial el nombre de fray Luis figuró con los de Francisco Pablo Vázquez y Sánchez Vizcaíno (1769-1847), Luciano Becerra y Jiménez (1784-1854), Miguel Gordoa y Barrios (1777-1832), Juan Cayetano Gómez de Portugal y Solís (1783-1850) y fray José María de Jesús Belaunzarán y Ureña (1772-1857); el primero propuesto para la vacante del arzobispado de México o si no para la de Puebla,[10] el segundo para la mitra de Puebla en el caso de que Vázquez obtuviera la de México, el tercero para Guadalajara, el cuarto para Valladolid de Michoacán y el último para Nuevo León.[11]

Mientras, en Roma, transcurrían los últimos meses de la vida del papa Pío VIII (1761-1830). Éste nombró a fray Luis obispo *in partibus infidelium* de Rosalía el 19/X/1830; esto terminó en agua de borrajas como otros nombramientos de obispos de esta clase para México.[12] Pío VIII murió el 1/XII/1830, sin que la cuestión mexicana hubiese llegado a feliz término; se ha dicho que por miramientos con Fernando VII (1784-1833) y la Santa Alianza dejó a la Iglesia mexicana en una especie de orfandad por

---

9 Aquí el texto completo:
"Artículo 1. Por esta vez y sin perjuicio de que se active el arreglo del ejercicio del patronato, para cada obispado vacante en la república, propondrá el gobierno a su santidad un individuo de los propuestos por los respectivos cabildos, y aceptados ya por los gobernadores, que sea mexicano por nacimiento.
"Artículo 2. Se encargará al enviado cerca de la corte de Roma, negocie con la mayor eficacia el pronto despacho de las bulas *cum honore divisionis*, y que en la provisión se incluyan el arzobispado de México y el obispado de Oaxaca.
"Artículo 3. El gobierno oyendo para la exclusiva a los gobernadores de Sonora, de Yucatán y Tabasco, propondrá a su santidad dos eclesiásticos para obispos de esas diócesis.
"Artículo 4. El gobierno tomará las más prontas y eficaces providencias para el cumplimiento del artículo 6 del decreto de 19 de julio de 1823", en Dublán-Lozano, 1876, p. 226.

10 Téngase presente que el arzobispo Fonte aún vivía y era menester que renunciara a su mitra para que ésta vacara.

11 Publicada en el *Registro Oficial del Gobierno de los Estados Unidos Mexicanos*, año 1, núm. 102, p. 403, correspondiente al miércoles 28/IV/1830, en LDS, San Cristóbal de las Casas, San Cristóbal de las Casas, cofradías y cordilleras 1830-1833, 734919, 26/487.

12 <http://www.catholic-hierarchy.org/bishop/bgarcgu.html> (consultado en II/2021). No mencionado en Fort, 1879, pp. 245-246. Sin embargo, en 1834 fueron preconizados obispos *in partibus* Antonio María Campos y Moreno (1770-1851) y Joaquín Fernández de Madrid y de la Canal (1801-1861), el primero de Resina y el segundo de Tenagra.

meras consideraciones políticas. Consta, sin embargo, su intención de colmar el vacío episcopal con obispos *in partibus*.

Después de un difícil conclave, en el que pesó el poderoso influjo del rey español, el 2/II/1831, fue elegido papa el cardenal Cappellari (1765-1846). Tomó el nombre de Gregorio XVI. De todo ello avisó al gobierno mexicano el mismo día el ministro plenipotenciario cerca de la corte pontificia, Francisco Pablo Vázquez. El flamante pontífice, sin pérdida de tiempo, en consistorio de 28/II/1831, preconizó a fray Luis obispo de Chiapas.[13] Sus compañeros mexicanos elevados a la plenitud sacerdotal fueron los antedichos –menos Becerra, porque Vázquez fue para la mitra de Puebla– y a éstos se sumó José Antonio Laureano López de Zubiría y Escalante (1791-1863) para la de Durango. La noticia de los nuevos mitrados se dio a conocer en México el 26/V/1831.

Los antecedentes de esta promoción episcopal son muy conocidos y acerca de ellos existe una copiosa bibliografía.[14] Así que aquí sólo ofrezco unas cuantas pinceladas que permitan dar una idea de lo ocurrido en las relaciones entre la Iglesia y un Estado mexicano aún en pañales. La Independencia de la Nueva España había planteado un problema sumamente grave para un país en el que la gran mayoría no sólo deseaba conservar ilesa su religión, sino que pensaba que había ganado su recién conquistada libertad por motivos entre los cuales uno, no menor, era la conservación de la ortodoxia y el esplendor del culto. La Independencia había significado separarse de una España que se percibía como presa de sociedades secretas, jansenistas, espíritus fuertes, filósofos al estilo del patriarca de Ferney, ateístas y otros, que deseaban reformar la Iglesia a su gusto o, de plano, deshacerse de ella. Por lo pronto, entre otras cosas, los novadores pensaban extinguir o reformar las órdenes religiosas y alzarse con sus bienes, controlar desde la autoridad civil la disciplina eclesiástica sin la opinión de Roma y desdibujar las relaciones entre ésta y la Iglesia hispánica. Todo quería justificarse como un regreso a una ideal primitiva disciplina eclesiástica, anterior

[13] *Registro Oficial del Gobierno de los Estados Unidos Mexicanos*, año 2, t. 5, núm. 28, pp. 109-110, correspondiente al sábado 28/V/1831, con el texto del consistorio, en LDS, San Cristóbal de las Casas, San Cristóbal de las Casas, cofradías y cordilleras 1830-1833, 734919, 55-56/487.

[14] Por ejemplo: Connaughton, 2010-1; Connaughton, 2010-2; Cruz, 2013; Díaz, 2006; García, 2010, t. 1, pp. 45-97.

a supuestas usurpaciones pontificias en detrimento de la autoridad de los obispos, de las costumbres locales y de los príncipes temporales. La palabra "cisma" se volvió común en las discusiones políticas y religiosas, ora en los cafés, ora en los locutorios, ora en las plazas públicas. No es del caso averiguar si realmente estos novadores conspiraban en logias o si eran los culpables de la impiedad que triunfó en la otrora cristianísima Francia, una vez que la Revolución de 1789 se hubiera saciado con la sangre de miles y miles de inocentes. Al menos del lado católico, incluso entre muchos que eran ilustrados y eclécticos, todos eran fidelísimos lectores del abate Augustin Barruel (1741-1820) y tenían perfectamente resuelto lo que había pasado.[15] Los reformadores contaban con el importante auxilio de la vertiente más radical de la ilustración, la flexibilidad y capacidad de adecuación a las circunstancias que les daba el no profesar otro credo que el del racionalismo –tan dogmático, pero en forma distinta, como el de las ortodoxias religiosas– y el prestigio que encontraron con sus brillantes alianzas políticas, especialmente con Napoleón. La larga sombra de éste, y de la Revolución de la cual emergió, es parte esencial del telón que sirve de fondo a la historia que se cuenta en estas páginas. Los revolucionarios en el territorio hispánico, a quienes fácil y acríticamente se les ha llamado "liberales", contaban con una larga tradición jurídica de la cual echar mano para conseguir sus fines. Desde la Edad Media se había desarrollado una institución,

[15] No puede exagerarse la enorme influencia que en la mentalidad católica de tiempos de fray Luis tuvo la obra del abate Augustin Barruel, exjesuita francés y furibundo opositor a la constitución civil del clero que votó la Asamblea Constituyente revolucionaria francesa en 1790. Su *Historia del clero en el tiempo de la Revolución Francesa*, que tuvo varias impresiones mexicanas (por ejemplo, México, Mariano José de Zúñiga y Ontiveros, 1800), fue importante, pero mucho más lo fueron sus exitosísimas *Memorias para servir a la historia del jacobinismo*, cuyos primeros tomos fueron publicados originalmente en 1797. Las *Memorias* se convirtieron en la piedra angular del imaginario católico y tradicionalista acerca de la existencia de una conspiración de *philosophes*, francmasones e *illuminati* contra, a la postre, todas las religiones y todos los gobiernos. Barruel las compendió en 1798 y esta versión alcanzó también gran popularidad. Roberts, 2008, pp. 199-213. Por otra parte, una buena noticia de los desórdenes franceses podía obtenerse fácilmente. Una obra que circuló bastante, al menos así parece por el número de ejemplares que de ella se encuentran, fue la de Jean Nativité Costa (1751-1796), cura de la Alta Haya y administrador papal de la diócesis de Tulles, *Manual de misioneros o ensayo sobre la conducta que pueden proponerse observar los sacerdotes llamados al restablecimiento de la religión en Francia*, de la cual existen un par de ediciones mexicanas, la primera de tiempos de fray Luis (México, Imprenta de Galván, 1829).

el patronato, y alrededor de ella un conjunto de doctrinas que sueltamente se conocen como regalistas. En Indias el patronato era universal y permitía, entre otras cosas, controlar administrativa y políticamente a las iglesias americanas a través del derecho de presentación –que casi equivalía al nombramiento del clero–, supervisar todas sus comunicaciones con Roma y de una importante injerencia en sus finanzas. Tras 1821 el Estado mexicano se planteó cómo conseguir la continuación del patronato. Al año siguiente se celebraron en la Ciudad de México juntas de eclesiásticos representantes de las mitras del país y en ellas se estableció que, para lograr su cometido, el Estado debía celebrar un concordato, toda vez que el patronato, lejos de ser un derecho inherente a la soberanía, era una concesión papal. Esto era contrario a lo sostenido por los más radicales regalistas, cuyos argumentos ya eran esgrimidos por algunos políticos mexicanos. Con todo, las juntas aceptaron que el poder temporal podía tener alguna injerencia en el nombramiento de quienes debían ocupar las piezas eclesiásticas. Es de notar que entonces muchas estaban vacantes y que, mientras más pasaba el tiempo, esta situación se agravaba, lo que sólo conducía al desprestigio del gobierno y al descontento popular. La primera Constitución federal (1824) declaró al catolicismo como la única religión del país, enarboló la intolerancia religiosa y facultó al Congreso federal para legislar en asuntos eclesiásticos. Con esto, en su seno, se discutió cuál era la naturaleza del patronato para poder poner en claro qué cosa se pediría al pontífice y en qué términos. Pasaron los años y la acefalia en la que quedaba la Iglesia nacional hacía muy urgente algún tipo de arreglo, aunque éste sólo tuviera el efecto de proveer mitrados para las diócesis vacantes. Por otra parte, debe tenerse en cuenta que por entonces el derecho canónico era parte del orden positivo mexicano, que en éste la materia patronal era de las más controvertidas entre los doctores y que recientemente la Iglesia había solemnemente condenado a algunos de los regalistas más famosos, amén de haber fulminado censuras gravísimas contra los revolucionarios franceses que habían, entre otras cosas, intentado cercenar la Iglesia francesa de Roma. Finalmente, no pueden dejar de ponderarse las dificultades que el Estado mexicano, sin experiencia diplomática ninguna, debía vencer para cualquier acercamiento a una corte pontificia que aún no reconocía su existencia política. Ésta, por su lado, tenía que atender a los asuntos de la Iglesia mexicana, y también a los de las demás hispanoamericanas que estaban en una situación análoga, ignoraba si sus independencias se consolidarían y, además, debía lidiar con una política europea no siempre amigable. El diálogo entre la Santa Sede y el Estado mexicano era sumamente difícil.

Para 1829 la situación de la Iglesia mexicana era desesperada: no existían obispos, los números del clero habían disminuido dramáticamente y los debates acerca del patronato no parecían tener fin. El presidente Vicente Guerrero (1782-1831), pragmáticamente, en ejercicio de facultades extraordinarias, inició el proceso de obtener prelados sin entrar en el fondo del debatido problema del patronato. En este contexto se realizaron las preconizaciones de fray Luis y los demás sujetos que se han mencionado. La concesión papal fue interpretada, por unos, como reconocimiento, al menos tácito, del patronato mexicano; otros, aseguraban que fue un acto formalmente nacido de la potestad pontificia –aunque las bulas fueron despachadas sin la cláusula *motu proprio*–, de modo que el haber nombrado obispos a los presentados por el gobierno no era suficiente para dejar "declarado el patronato".[16] Y es que muchos pensaban que cualquier acción pública en materia patronal carecía de valor porque no existía un concordato.[17]

La noticia del ascenso de fray Luis causó gran regocijo en Chiapas. El Congreso ordenó la celebración de una misa (bando 3/VI/1831).[18] El cabildo eclesiástico chiapaneco, a pesar de que fray Luis aún no había recibido sus bulas, al tenor de las antiguas prácticas del patronato y puesto que estaba seguro de su nombramiento, resolvió entregarle la jurisdicción y el gobierno de la diócesis (25/VI/1831). Fray Luis aceptó enseguida (27/VI/1831).[19] El canónigo Andrade informa acerca de las solemnidades que siguieron a esto:

16 Bustamante, 1833, p. 5.

17 Arrillaga, 1835-1, pp. 83-94. *El Patronato*, 1833, pp. 17-21 y 27-30.

18 Trens, 1957, p. 251.

19 LDS, San Cristóbal de las Casas, San Cristóbal de las Casas, cofradías y cordilleras 1813-1831, 734869, 607-612/628.

> Se vistió de morado en la Merced, pasó públicamente a la catedral a una misa en acción de gracias. El doctor Robles [don Mariano Nicolás] maestrescuelas y presidente del cabildo, concluida le presentó el bastón, pasó después al palacio y luego a su convento donde hubo una espléndida comida.[20]

El siguiente mes fray Luis llevó a cabo el juramento civil previo a su toma de posesión. Este requisito estaba en el antiguo derecho hispano indiano y su fórmula se había ajustado a las circunstancias de una república, independiente y federal, que esperaba un acuerdo con la Santa Sede que le permitiera ejercer un control sobre la Iglesia semejante al que había adornado a la Corona española:

> En la ciudad de San Cristóbal, capital del estado libre y soberano de las Chiapas, a las once de la mañana de hoy, domingo 31 de julio de 1831: hallándose en la sala del despacho del Poder Ejecutivo, el excelentísmo señor gobernador y comandante general, coronel don José Ignacio Gutiérrez, asistido de mí el secretario interino; en concurrencia de la junta consultiva, e ilustre ayuntamiento de la capital, que fueron citados al efecto: y también a presencia de la junta general de funcionarios y ciudadanos particulares, que se hallaban convocados para comenzar a disponer lo conducente a la función cívica del 16 de septiembre: habiéndose comunicado oportunamente al ilustrísimo señor obispo electo de esta diócesis don fray Luis García, la circular del Ministerio de Justicia y Negocios Eclesiásticos de 2 del que expira, que inserta la orden del supremo gobierno general, relativa al juramento civil que antes de tomar posesión, deben prestar los nuevos señores obispos electos por el mismo gobierno nacional, y confirmados por su santidad el señor Gregorio 16, supremo pontífice de la Iglesia católica: el ilustrísimo señor doctor don fray Luis García Guillén, acompañado del venerable cabildo eclesiástico, clero secular y regular, claustro de la Universidad

[20] Andrade, 1907, p. 107.

y colegio seminario, se presentó en el salón arriba dicho, en donde su excelencia el señor gobernador lo colocó a su derecha, bajo del dosel, dando a la respetable comitiva del prelado, sus correspondientes lugares y asientos. Inmediatamente yo el secretario leí en alta voz la orden circular de que se ha hecho mérito: la junta toda se puso en pie; y su excelencia a nombre del supremo gobierno general, recibió el juramento al señor obispo, en estos términos: "¿Juráis guardar y hacer guardar la constitución y leyes generales de los Estados Unidos Mexicanos, sujetándoos desde ahora a las que arreglen el patronato en toda la Federación? ¿Juráis guardar y hacer guardar la constitución y leyes de este estado? ¿Os sujetaréis a las divisiones que se tenga a bien hacer de vuestra diócesis, de acuerdo con la Silla Apostólica?". El señor obispo teniendo puesta su mano derecha sobre el libro de los santos evangelios, y ante una imagen de nuestro señor Jesucristo en la cruz; contestó a cada una de estas tres preguntas: *Sí juro*. Su excelencia repuso entonces: *Si así lo hiciereis, Dios os premie, y si no, os lo demande*. Con lo cual se dio por concluido el acto: se leyó públicamente por mí el secretario esta diligencia; y firmaron el señor gobernador y señor obispo. En este estado, su excelencia presentó y entregó a su señoría ilustrísima las bulas de su nombramiento y facultades, expedidas por su santidad, y dirigidas al efecto con el pase por el supremo gobierno general: el prelado se retiró con su comitiva; y su excelencia mandó que se saque copia de esta acta para elevarla al supremo Poder Ejecutivo general. Dispuso igualmente su excelencia que se dé aviso al venerable cabildo eclesiástico y vicario capitular, de estar expedito el nuevo prelado para tomar posesión de su dignidad y alto ministerio. De todo lo que yo el secretario certifico. José Ignacio Gutiérrez. Luis, obispo de Chiapas. Salvador Piñeyro, oficial mayor.[21]

21 *Avisos al Público*, t. 2, núm. 62, San Cristóbal, domingo 11/IX/1831, pp. 99 y 100, en LDS, San Cristóbal de las Casas, San Cristóbal de las Casas, cofradías y cordilleras 1813-1831, 734869, 485-486 y 615-621/628. Trens, 1957, pp. 252-253.

Las bulas de fray Luis, con el pase del gobierno mexicano, otorgado sin problema ninguno, fueron puestas en manos del cabildo el 12/VIII/1831. Tomó posesión de su obispado el 15/VIII/1831, día de "María en el misterio de su Asunción", patrona de la diócesis.[22] Casi enseguida, el 23/VIII, el mitrado dio a las prensas su primera pastoral.[23] Impreso rarísimo, en él saludó a sus diocesanos y les informó que había nombrado al bachiller Lino García provisor y vicario general –tenía diez años como gobernador de la sede vacante– y, como secretario de la mitra, a su hermano de hábito, el doctor y maestro fray Tomás Suazo.[24] También anunció una próxima visita.

Ahora bien, expedidas sus bulas, era necesario que de ellas tomara conocimiento el metropolitano de Chiapas. Éste era el distinguido eclesiástico español, arzobispo de Guatemala, fray Ramón de Casaus y Torres (1765-1845). A la sazón se hallaba en el exilio en La Habana, proscrito de Guatemala.[25] Además, Cuba era posesión de un país enemigo de México. Así que fray Luis, en vez de enviárselas a él o al cabildo guatemalteco, las despachó al Ministerio de Justicia y Negocios Eclesiásticos mexicano para que éste lo hiciera. Sin embargo, en oficio de 29/X/1831, los rescriptos le fueron devueltos

[22] LDS, San Cristóbal de las Casas, San Cristóbal de las Casas, cofradías y cordilleras 1813-1831, 734869, 495, 499 y 623/628; cofradías y cordilleras 1831-1839, 734870, 7-13 y 20-27/600, con la bula –realmente un breve– original en latín.

[23] Aquí su descripción:
[Sin portada:] Nos el doctor y maestro D. Fr. Luis García, por la gracia de Dios y de la Santa Sede Apostólica de Chiapas. A los señores curas y ministros encargados de las parroquias, y a todos nuestros amados diocesanos, salud en nuestro señor Jesucristo. Cuando la Divina Providencia, sin mérito alguno nuestro, nos ha encargado el cuidado de esta iglesia; y cuando confiados en los soberanos auxilios, nos resolvimos a tomar un destino [Al fin:] Dado en nuestro Palacio Episcopal de la ciudad de San Cristóbal de Chiapas, a 23 de agosto de 1831 [firma autógrafa de García]. Por mandado de S. S. Ilma. [firma autógrafa del secretario, maestro y doctor fray Tomás Suazo]. LDS, San Cristóbal de las Casas, San Cristóbal de las Casas, cofradías y cordilleras 1813-1831, 734869, 499-500/628; cofradías y cordilleras 1831-1839, 734870, 14-17/600. Andrade, 1914, p. 77.

[24] Suazo era centroamericano, lector en su orden y doctor en Teología de la Universidad de San Carlos de Guatemala (12/II/1820). Dio a la imprenta unos *Elementos de aritmética extractados de los autores que han escrito con más claridad y brevedad*, impresos en la Nueva Guatemala, en las prensas de Manuel Arévalo, en 1817. Sobrevivió muchos años al obispo. Era comendador de la Merced de San Cristóbal en I/1853. LDS, Tuxtla Gutiérrez, Arquidiócesis de Tuxtla Gutiérrez, testamentos 1833-1834, 733126, 617-618/710. Medina-Valenzuela-Taracena, 1960, t. 2, vol. 2, 2062 y 2185.

[25] Sobre él y su situación se hablará más adelante.

Ramón Casaus y Torres (fragmento). Anónimo, siglo XIX, óleo sobre tela, INAH-Museo Nacional del Virreinato, Tepotzotlán, México, en línea ‹https://www.lugares.inah.gob.mx/en/museos-inah/museo/museo-piezas/8299-8299-10-13676-ram%C3%B3n-casaus-torres-y-las-plazas.html› (consultado I/2022).

porque no siendo necesario recurrir al mismo arzobispo debe vuestra señoría ilustrísima entenderse con la persona o corporación que se halle actualmente ejerciendo en Guatemala las funciones y gobierno metropolitano, así como lo han practicado aquí los demás obispos sufragáneos de este arzobispado.[26]

Mientras todo esto sucedía, fray Luis se ocupó en cumplir con un paso esencial: la consagración episcopal. La plenitud del orden sacerdotal sólo podía otorgársela un obispo, pero ¿quién? El arzobispo de Guatemala, el ya mencionado Casaus, se hallaba en territorio enemigo; el obispado de Oaxaca había sido abandonado en 1827 por Manuel Isidoro Pérez (1776-1840). El prelado más a propósito era el obispo de Puebla, Francisco Pablo Vázquez y, sin duda, para ambos el lugar más conveniente para llevar a cabo la ceremonia era la catedral oaxaqueña. García salió de San Cristóbal el 22/XI/1831;[27] nombró gobernador de la mitra al chantre Manuel José Solano,[28] sin perjuicio de la jurisdicción del provisor y vicario general, Lino García.[29] Llegó a las afueras de la ciudad de la cantera verde unos días antes de la Navidad de 1831. Se alojó en el pueblo de Santa Lucía en espera de hacer una gran entrada. Vázquez todavía no había arribado, pero a García ya lo festejaban y agasajaban. Cuando por fin se dirigió al convento de la Merced de Oaxaca, lo hizo en medio del regocijo popular, custodiado por vistosa caballería, y entre cohetes, gallardetes, flores y arcos de triunfo. Al final, cómo no, hubo un "refresco".[30] Recibió la consagración el domingo 29/I/1832 en el magnífico templo de Santo Domingo. En esta ceremonia, en manos del obispo de Puebla, llevó a cabo el juramento episcopal y la profesión de fe. Puso a su Dios como testigo de su fidelidad y obediencia al papa, de su sumisión a la Iglesia, cuyos dogmas y disciplina defendería contra cualquiera y de que no

---

26 LDS, San Cristóbal de las Casas, San Cristóbal de las Casas, cofradías y cordilleras 1830-1833, 734919, 64/487.

27 La cordillera que lo anunció en LDS, San Cristóbal de las Casas, San Cristóbal de las Casas, cofradías y cordilleras 1831-1840, 734770, 20-23/617.

28 Su biografía se verá en el noveno capítulo.

29 LDS, San Cristóbal de las Casas, San Cristóbal de las Casas, cofradías y cordilleras 1830-1831, 734769, 71-72/92.

30 LDS, San Cristóbal de las Casas, San Cristóbal de las Casas, cofradías y cordilleras 1813-1831, 734869, 485-490/628; cofradías y cordilleras 1831-1839, 734870, 18-19/600.

comprometería los derechos ni el patrimonio de la Iglesia.[31] Asistieron a la ceremonia el licenciado Juan José de Guerra y Larrea (¿?-¿?), deán y gobernador del obispado de Oaxaca, y el doctor Mariano Nicolás Robles Domínguez de Mazariegos, deán de Chiapas. Los testigos de la ceremonia fueron el coronel José María de Ortigosa (¿?-¿?), gobernador del estado de Oaxaca, el célebre chantre de Oaxaca, Florencio del Castillo (1778-1834), y el tesorero del cabildo eclesiástico oaxaqueño, licenciado Francisco Ramírez (¿?-¿?). Los padrinos fueron el dicho gobernador y el cabildo –supongo que el eclesiástico– de Oaxaca.[32]

Fray Luis entró a San Cristóbal el 29/III/1832; hubo un solemne *Te Deum* con asistencia de autoridades de todas las líneas y un banquete servido en el convento de la Merced. En la noche se iluminaron plazas y calles, se tiraron fuegos artificiales y el ayuntamiento costeó un lucido concierto.[33] Al novel obispo no se le ocultaba la precaria situación de su diócesis. Después de algo más de 10 años de sede vacante tenía pocos operarios[34] y el cabildo, de por sí escasamente dotado, se hallaba reducido a su mínima expresión.[35] Los pueblos padecían verdadero ayuno espiritual, urgía una visita –la anunció fray Luis para después de su consagración–. La grey era numerosa[36]

31 Las fórmulas del juramento y de la profesión de fe y su remisión a Roma en LDS, San Cristóbal de las Casas, San Cristóbal de las Casas, cofradías y cordilleras 1831-1839, 734870, 350-356 y 362-364/600.

32 LDS, San Cristóbal de las Casas, San Cristóbal de las Casas, cofradías y cordilleras 1831-1839, 734870, 150-156 y 259/600, con la copia del acta de consagración (31/I/1832). También en línea: ‹http://www.catholic-hierarchy.org/bishop/bgarcgu.html› (consultado en II/2021).

33 Andrade, 1907, p. 108, dice que el 29/IV. Trens, 1957, pp. 255-256, quien seguramente seguía una noticia periodística, describe la recepción que se dio a fray Luis en el pueblo de Zinacantán el 28/III/1832. Fueron a su encuentro autoridades políticas estatales y municipales, universitarias, judiciales, eclesiásticas y militares, fue escoltado por caballería y una multitud de fieles hasta San Cristóbal.

34 Más adelante, al hablar de la expulsión de los religiosos centroamericanos refugiados en Chiapas, citaré un documento que pone en claro cuáles eran las necesidades mínimas de la diócesis en cuanto a operarios. La diócesis, en 1845, estaba formada por cinco vicarías, 39 curatos y 279 cofradías, no debe de haber sido muy distinta en tiempos de fray Luis. Pineda, 1845, pp. 131-132

35 El obispado, fundado en 1583, contaba con una pequeña dotación capitular: deán, arcediano, chantre, maestrescuela y dos canónigos, uno de los cuales fue el de la Inquisición que se suprimió. Pineda, 1845, p. 128.

36 En 1838, poco después de la muerte de fray Luis, el departamento de Chiapas, menos el Soconusco, tenía 160083 almas. Pineda, 1845, p. 122.

y casi del todo carente de instrucción,[37] una parte muy importante hablaba sólo alguno de los once idiomas indígenas corrientes en la diócesis,[38] se hallaba dispersa y, como he dicho antes, los caminos eran malísimos. Para colmo, era de todos conocido que los ingresos de la mitra eran mínimos y que en sus arcas no había gran cosa.[39] Sobre este punto de la pobreza de la mitra existen muchos documentos. Algunos atestiguan las presiones que recibía de las autoridades locales y federales, las cuales pensaban que los fondos eclesiásticos eran una especie de alcancía siempre provista y abierta y a la que se podía acudir en todas las urgencias –un resabio más del regalismo hispánico–. Por ejemplo, el 27/VI/1832 la sección primera de la Secretaría de Hacienda comunicó a los gobernadores de los estados que podían recibir pasturas y semillas para la caballería de los diezmos y que debían llevar a cabo esta operación con el acuerdo de los cabildos eclesiásticos.[40] Ahora bien, un extenso expediente sobre un préstamo exigido por la Comandancia General de Chiapas –encabezada por Gregorio de Ortega (¿?-¿?)– a distintos particulares para remediar las necesidades de la guarnición permite, al menos parcialmente, calibrar la situación financiera del obispado.[41] El 16/XI/1832 se le notificó que la comisión reunida para el efecto dicho fijó al cabildo eclesiástico una contribución de 1 000 pesos, cantidad importante. La respuesta, demasiado agria, fue contundente: nada hay en las cajas capitulares, pero

[37] En 1830, de 107 pueblos que formaban el estado, sólo 15 tenían escuelas primarias municipales. Pineda, 1845, p. 124.

[38] Pineda, 1845, p. 123.

[39] La distribución de la gruesa decimal chiapaneca se hacía del modo siguiente. El total se dividía en cuatro partes iguales, una para la mitra y otra para la mesa capitular; las otras dos partes se dividían en novenos, dos a perpetuidad estaban destinadas a la fábrica catedralicia, uno y medio a la misma fábrica, uno y medio al hospital y los demás eran beneficiales, *i. e.*, se pagaban a "ministros de extra erección" y lo que sobraba se destinaba a la mesa capitular. LDS, San Cristóbal de las Casas, San Cristóbal de las Casas, cofradías y cordilleras 1831-1839, 734870, 368/600. El ramo decimal en Chiapas, en 1831, se hallaba en una situación desastrosa. Se ignoraba su monto preciso y las cuentas entre el estado y la mitra carecían de regularidad, de modo que aquél no sabía cuánto le adeudaba aquélla. Memoria, 1831, pp. 24-25. Los ingresos parroquiales estaban sujetos a un arancel reciente; fue elaborado por el cabildo sede vacante, fechado el 25/IV/1828 y aprobado –en el mejor estilo regalista– por el Congreso local chiapaneco el 22/VI/1828. Pineda, 1845, p. 132.

[40] LDS, San Cristóbal de las Casas, San Cristóbal de las Casas, cofradías y cordilleras 1830-1833, 734919, 402-403/487.

[41] LDS, San Cristóbal de las Casas, San Cristóbal de las Casas, cofradías y cordilleras 1830-1833, 734919, 425-447/487. Más adelante tendré ocasión de regresar a este episodio.

si la Comandancia sugería de qué ramo podían tomarse los 1 000 pesos, el cabildo lo estudiaría. La Comandancia insistió y el obispo con su cabildo representó que Chiapas era la mitra más pobre de la República, que lo prestado en otras ocasiones ya sumaba 50 000 pesos, cantidad inmensa para una diócesis donde existían ministros dotados con cinco, ocho y 12 pesos mensuales y en el que los prebendados ganaban menos que los escribientes de oficinas. Con todo, se ofrecieron 400 pesos, mismos que tendrían que conseguirse a través de préstamos y que los 600 restantes se tomarían de la liquidación de las cuentas decimales –es decir, de lo que después de ésta le tocaba a la diócesis– y esto una vez que la comisaría encargada de esta operación pasara las cuentas al cabildo.

La atención de fray Luis a su diócesis empezó enseguida. Cuando todavía era obispo electo, en el mismo acto de recibir la jurisdicción y el gobierno de la mitra, ratificó a Lino García como provisor y vicario capitular. Por VIII/1831, previo el pase del gobierno, recibió varios rescriptos papales, de II-IV/1831, que le otorgaron facultades interesantes para meter orden espiritual en su diócesis. Uno para que, durante la visita o fuera de ella, pudiera absolver a los poseedores de legados píos que adeudaban cantidades y que, de plano, no podían exhibirlas. Otro para que, de acuerdo con su cabildo, nombrara a doce examinadores sinodales para promover eclesiásticos a curas. Uno más que otorgaba a los misioneros que fueran a Chiapas indulgencia plenaria, por una vez, y aplicable a sus fieles en las misiones. Un último que concedía indulgencia plenaria a los fieles que visitaran la catedral u otra iglesia de las principales del obispado en los días en que en ella realizara su primera visita el obispo.[42] También fray Luis hizo imprimir un par de edictos, uno del 10/X y otro del 26/X/1831. No he podido dar con ellos, pero consta que el segundo era sobre las gracias de la Bula de la Cruzada.[43]

[42] LDS, San Cristóbal de las Casas, San Cristóbal de las Casas, cofradías y cordilleras 1811-1838, 734877, 217-220 y 307-310/599; cofradías y cordilleras 1813-1831, 734869, 594-605 y 624/628; cofradías y cordilleras 1831-1839, 734870, 40-43/600. Estas gracias pontificias debieron impetrarse al mismo tiempo que se tramitó la preconización de García. ¿Fueron sugeridas por él, por el cabildo eclesiástico chiapaneco, por ambos? ¿Cuál fue la extensión de la injerencia gubernamental en su concepción? Sea como fuere, fray Luis tenía consigo las bulas en el momento de presentar al cabildo las de su nombramiento.

[43] Andrade, 1914, p. 77.

Quizá se relacione con la labor pastoral de fray Luis el que se le dedicara, en 1832, un directorio latino para el rezo de los divinos oficios, impreso en San Cristóbal, por Mariano Sánchez.[44]

Fray Luis deseaba visitar su diócesis, pero otras ocupaciones lo impidieron. Entre ellas las relaciones con los gobiernos chiapaneco y general. Éstas me ocuparan en los capítulos siguientes.

44 Andrade, 1914, p. 77.

4
Notas sobre su gobierno

El obispo no se instaló en el palacio episcopal, sino que permaneció en su convento "continuando la vida religiosa como antes de su elevación al episcopado, no usaba colchón, caminaba siempre a pie, su celda respiraba pobreza".[1] Naturalmente se dedicó a la organización administrativa y al despacho de los asuntos normales de cualquier obispado. Lo relacionado con el cuidado de los inmuebles eclesiásticos,[2] ordenaciones, resolución de pleitos, intervención en asuntos de regulares,[3] mediación entre los fieles y sus ministros[4]

---

1 El canónigo Vicente de P. Andrade en Sedano, 1880, t. 2, p. 19 (1ª foliación). También: Andrade, 1907, p. 108. Trens, 1957, p. 123.

2 Por ejemplo, consta que edificó "cuatro cuartos" en el Seminario de San Cristóbal; el pueblo de Ocosingo representó la ruina material de su iglesia y aprovechó para solicitar que el curato se entregara a un clérigo digno porque los religiosos sólo estaban interesados en sus conventos. LDS, San Cristóbal de las Casas, San Cristóbal de las Casas, cofradías y cordilleras 1833-1839, 734856, 581/630; cofradías y cordilleras 1831-1840, 734770, 39-43/617.

3 Por ejemplo, en la reforma gubernativa que tuvo que sufrir el convento franciscano de San Antonio en San Cristóbal, único que quedó de la provincia del Dulce Nombre de Jesús de Guatemala tras la expulsión de los regulares de Centroamérica, ocurrida la noche del 10/VII/1829. El papa Pío VIII otorgó la gracia de que pudiera gobernarse como los colegios de Propaganda Fide (6/IX/1830) y esto generó algunas dudas entre los frailes porque también existía un provincial. LDS, San Cristóbal de las Casas, San Cristóbal de las Casas, cofradías y cordilleras 1830-1833, 734919, 174-183/487 y cofradías y cordilleras 1833-1839, 734856, 22-91/630.

4 Un expediente sumamente curioso es el que contiene la petición a fray Luis, del ayuntamiento de Comitán, mediante el gobernador del estado, para que consiguiera de los dominicos que tuvieran funcional la escuela de primeras letras de ese pueblo y que ayudaran a fundar una (7/IV/1832). LDS, San Cristóbal de las Casas, San Cristóbal de las Casas, cofradías y cordilleras 1830-1833, 734919, 174-183/487; es de notar que enseguida está importante documentación para la historia de la escuela de hilados y tejidos de Teopisca, fundada por el obispo Fermín José Fuero a su costa y confirmada en la real cédula de 30/I/1792 (183-272/487).

y la atención a temas financieros[5] eran lo previsible y ordinario y ocuparon una parte muy importante de su tiempo. Además, estaban las relaciones con las autoridades temporales, ya del centro, ya locales. A ellas dedicó mucho y, como se verá, a la postre fueron causa de desvelos y, quizás, de su muerte. Aquí sólo traeré a colación algunos ejemplos y no es que lo más común careciera de importancia, sino porque se trata de asuntos que tienen más efecto histórico.

Lo primero de relieve fue la organización del cabildo eclesiástico. El 5/IX/1831 éste elevó al gobierno chiapaneco una lista de candidatos para cubrir el arcedianato, la chantría, la maestrescolía y la canonjía de gracia. La potestad temporal, el mismo día, otorgó su beneplácito y autorizó a que el obispo y el cabildo procedieran a llevar a cabo los nombramientos.[6] Luego, en X/1831, el mismo gobierno invitó a fray Luis a formar parte de la Junta Protectora de la Agricultura, Industria y Comercio que se había instaurado para, entre otras cosas, informar sobre estos temas al naciente Banco del Avío, impulsado por el gobierno federal y en el que tan destacado papel jugaron Lucas Alamán y Escalada (1792-1853) y sus allegados. No sé cuál fue la respuesta de fray Luis, pero no parece que pudiera negarse.[7] Tampoco sé más acerca de cuáles fueron los resultados de la referida Junta. Sin embargo, la inclusión del prelado en una organización de este tipo claramente es una prolongación del modo de obrar propio del periodo hispánico, especialmente conspicuo en la segunda mitad del siglo XVIII e, igualmente, lo es de la íntima colaboración que el poder temporal, imbuido en las doctrinas

---

Otros casos de mediación: los indios de Moyos, Amatán y Sabanilla se quejan al obispo porque su cura, José María Solano, tiene mal genio; LDS, San Cristóbal de las Casas, San Cristóbal de las Casas, cofradías y cordilleras 1830-1833, 734919, 399-400/487. Fray Luis, en I/1834, entendió en un "tumulto popular" contra el cura Luciano Figueroa y su coadjutor, José Tomás Solórzano, en Tonalá. LDS, San Cristóbal de las Casas, San Cristóbal de las Casas, cofradías y cordilleras 1811-1838, 734877, 447-448/599.

[5] Un ejemplo entre muchos: el coronel del ejército retirado Manuel Zebadúa arrendaba, por quinquenios, desde XI/1818, la "haciendita" de Santo Domingo, propiedad de la parroquia de Tuxtla, y deseaba la renovación del contrato, cosa que obtuvo el 13/VII/1833. LDS, San Cristóbal de las Casas, San Cristóbal de las Casas, cofradías y cordilleras 1831-1840, 734770, 122-131/617.

[6] Trens, 1957, pp. 254-255.

[7] LDS, San Cristóbal de las Casas, San Cristóbal de las Casas, cofradías y cordilleras 1813-1831, 734869, 501-502/628.

regalistas, esperaba del eclesiástico. Esto asimismo explica que los vaivenes políticos le fueran comunicados, a veces por las autoridades locales, a veces por las federales. Estas noticias, de por sí inquietantes, casi siempre resultaban, a lo menos, en peticiones de dinero y exigencias de sumisión e interposición de su influencia para hacer cristalizar los fines del poder público. Los ejemplos son muchos: las autoridades locales le pidieron que informara acerca de quiénes eran adictos a la "anarquía" y que promoviera la paz y tranquilidad en el estado ante la sublevación del general Antonio López de Santa Anna (1794-1876) (XI/1831), los ministros de Anastasio de Bustamante (1780-1853) se defendieron de que se pidiera su remoción (I/1832), se le enteró del pronunciamiento de la guarnición de Veracruz encabezado por el dicho Santa Anna (II/1832), se le solicitó un préstamo porque éste había ocupado las aduanas (V/1832), se le dio parte de la muy plausible noticia de la paz entre los generales Santa Anna y Bustamante (I/1833) y del ascenso a la Presidencia de la República de Manuel Gómez Pedraza (1789-1851), cuyo ministro de Justicia fue Miguel Ramos Arizpe (1775-1843) (I/1833), se le impusieron los arbitrios que afectaban a las rentas eclesiásticas decretados por la Legislatura local para la guarnición estatal (I/1833), Santa Anna le participó su entrada en la Presidencia y le prometió proteger la religión católica (V/1833), se le envío la proclama lanzada en respuesta a la rebelión de Escalada contra las reformas de Valentín Gómez Farías (1781-1858) y se le solicitó llamar a la obediencia a las autoridades (V/1833).[8] Más adelante, al hablar del crucial año de 1833 habrá oportunidad de seguir revisando este tipo de cuestiones.

Los asuntos de la política interna chiapaneca también fueron, desde luego, del resorte de fray Luis. Uno de los más importantes ocurrió con ocasión del pronunciamiento de López de Santa Anna en Veracruz contra el gobierno del general Anastasio de Bustamante, el cual fue secundado por la guarnición militar de San Cristóbal el 14/VIII/1832. Esto condujo al

[8] Las fechas se refieren a la comunicación. LDS, San Cristóbal de las Casas, San Cristóbal de las Casas, autos episcopales 1831-1859, 732486, 47/534; cofradías y cordilleras 1813-1831, 734869, 508-509/628; cofradías y cordilleras 1830-1833, 734919, 89, 92-93, 95-97 y 110/487; cofradías y cordilleras 1831-1839, 734870, 46-48 y 102-105/600; cofradías y cordilleras 1831-1840, 734770, 31-38, 85-95 y 89-91/617.

derrocamiento del comandante general y gobernador del estado, José Ignacio Gutiérrez (1792-1851), y a la prisión de éste y de algunos de sus colaboradores, dizque para salvarlos de la ira popular.[9] Pues bien, el obispo fue notificado de lo que ocurría en la madrugada del mismo día. El siguiente, tras reunirse con su cabildo, fray Luis hizo saber a José de Cabrera (¿?-¿?), quien encabezaba a los rebeldes, que contribuiría dentro de sus facultades a la conservación de la tranquilidad pública. En la junta que se llevó a cabo el mismo 15 en San Cristóbal para, en la medida de lo posible, suavizar el tránsito al nuevo orden de cosas participaron los sujetos más conspicuos de la sociedad coleta, como el provisor y vicario Lino García, Bernabé Francisco Coello (¿?-1836) y Manuel de Esponda y González (1807-¿?). Además de haber derribado al Ejecutivo local, los rebeldes lograron que se repusiera el Congreso que funcionó en 1829-1830, a pesar de que era legítimo el que había sido elegido en VI-VII/1830 (decreto de 31/VIII/1832). El nuevo Congreso, tercero constitucional del estado, abrió sus sesiones el 1/IX/1832 y, entre otros asuntos, debía "arreglar la milicia cívica" y tomar las providencias necesarias para que el estado permaneciera adherido a México. El obispo recibió peticiones de apoyo del nuevo gobierno y Congreso. Su conducta fue sumamente circunspecta y, fuera de los parabienes de estilo, sólo ofreció cooperar en lo que condujera al bienestar general. El nuevo gobernador propietario, personaje principal en el drama de los últimos años de fray Luis, Joaquín Miguel Gutiérrez y Canales (1796-1838), llegó al poder el 15/IX/1832.[10] El día siguiente avisó de ello al obispo y al mismo tiempo hizo

---

9 Gutiérrez era **"jalapista"**. El Plan de Jalapa (4/XII/1829) hunde sus raíces en la negativa de Vicente Guerrero y sus seguidores yorkinos a aceptar la derrota de aquél en las elecciones federales de 1828. Se rebelaron y Manuel Gómez Pedraza (1789-1851), el candidato triunfante, renunció y huyó. Las entidades federativas no aceptaron esto, pero el Congreso federal de cualquier modo anuló la elección, lo cual permitió a Guerrero hacerse del poder; pero su vicepresidente, Anastasio de Bustamante, era su enemigo político. Esto generó conflictos e inestabilidad que desembocaron en el dicho Plan, el cual, entre otras cosas, defendía conservar el sistema federal y desconocer el régimen anticonstitucional e ilegítimo de Guerrero y llamó a encabezar el movimiento a Antonio López de Santa Anna y al referido Bustamante. En todas partes el Plan significó tensiones y reacomodos en las élites. Chiapas no fue la excepción; para todo este episodio allá: Torres, 2018.

10 Este ascenso de Gutiérrez fue muy complicado. Aquí no es lugar para hablar de él, por lo cual remito a Torres, 2017, pp. 115-132. También véase el folleto, rubricado por los diputados Manuel de Jesús Robles y Ponciano Solórzano, el 14/IX/1832, en el que se describe el desastre político en el que se hallaba Chiapas: *Dictamen de la Comisión de Puntos Constitucionales del H. Congreso del estado de Chiapas, de cuya orden se imprime*

profesión de católico obediente. Fray Luis le contestó que estaba dispuesto a ayudar al bien común y a la "buena armonía entre las autoridades".[11] Gutiérrez pronto se hizo notar por secundar la política antieclesiástica de Gómez Farías, cuyas repercusiones en Chiapas son tema de este libro.[12] Poco tiempo después, al obispo y a toda San Cristóbal, causó seria preocupación el rumor de una invasión guatemalteca al Soconusco y a Chiapas;[13] luego un correo secreto centroamericano fue apresado en San Cristóbal, traía cartas que fueron calificadas como insidiosas por el gobernador Gutiérrez (XI-XXII/1832).[14] Por entonces también le fue exigido a los chiapanecos un "préstamo" de 30 000 pesos, por el comandante de las armas estatales, Gregorio de Ortega, dizque para el alivio de la guarnición del estado –asunto al que he

para satisfacción de los pueblos, s. p. i. En LDS, San Cristóbal de las Casas, San Cristóbal de las Casas, cofradías y cordilleras 1831-1839, 734870, 120-127/600.
Gutiérrez ya había sido electo para el periodo 1830-1835 por una Legislatura que, paradójicamente, había abrazado en Plan de Jalapa; y es que Gutiérrez era un yorkino acusado de ser "esclavo de Guerrero" y contra su llegada a la gubernatura en 1830 hubo protestas de varios ayuntamientos. Torres, 2017, pp. 92-93.

11 LDS, San Cristóbal de las Casas, San Cristóbal de las Casas, cofradías y cordilleras 1831-1839, 734870, 50-90/600, las citas en la 66 y 90, respectivamente. Incluye el periódico de San Cristóbal *Avisos al Pueblo*, de 17/VIII/1832 (t. 3, núm. 78) y el rarísimo folleto intitulado *Viva la Libertad*, firmado por "Los Libres", el 6/IX/1832 y tirado por Pedro Quesada en la Imprenta de la Sociedad; en sus pp. 3 y 4 se dieron al público las contestaciones del obispo a las que me he referido.

12 Que los próceres Gutiérrez y Gómez Farías sostenían relaciones mucho más que cordiales y de afinidad ideológica, se desprende de un pasaje de una carta privada del primero dirigida a su deudo y agente en la Ciudad de México, Clemente Castillejo (Tuxtla, 3/III/1834). Dice que le remite "unos pesos que usted repartirá dando en mi nombre al señor Gómez Farías un millar y del resto tome los que guste y reparta entre sus amigos teniendo en consideración que mi objeto es extender la bondad del tabaco chiapaneco ". LDS, San Cristóbal de las Casas, San Cristóbal de las Casas, cofradías y cordilleras 1831-1839, 734870, 479/600.

13 La presencia de los centroamericanos en Chiapas y el Soconusco siempre hizo temer la intervención militar guatemalteca, especialmente en el Soconusco, ya que un atentado contra Chiapas habría podido tener desastrosas consecuencias. La inquietud aumentó cuando, en el otoño de 1831, el derrocado presidente de la República federal de Centroamérica, José Manuel de Arce y Fagoaga (1787-1847), llegó a San Cristóbal; luego estuvo en Comitán y pasó al Soconusco. Su intención era reunir armas y hombres para invadir Guatemala. Morazán, el año siguiente, ocupó el Soconusco y desbarató las fuerzas de Arce. Entonces éste y sus seguidores huyeron a Chiapas. Fenner, 2020, pp. 44, 45, 48 y 56.

14 En un curioso impreso, firmado por José Castro, el 17/XII/1832: *Al pueblo de la República, la secretaría de la Comandancia General de las Armas del estado de Chiapas*, San Cristóbal, Imprenta de la Sociedad, 1832. En LDS, San Cristóbal de las Casas, San Cristóbal de las Casas, cofradías y cordilleras 1831-1839, 734870, 109-117/600.

aludido antes–.[15] De los 7 500 pesos que debían cubrir los ciudadanos de San Cristóbal tocaron 1 000 al gobernador del obispado de los ramos de la Iglesia y 1 100 al convento de Santo Domingo.[16] No habían pasado dos meses cuando, en los últimos días de 1832 se solicitó un subsidio eclesiástico voluntario para, de nuevo, la guarnición de San Cristóbal. Se deseaba recabar 20 000 pesos.[17]

Por otra parte, como es bien sabido, las sociedades secretas de corte más o menos masónico proliferaron a lo largo y ancho del país en la época de fray Luis. Se creía, como en el resto del mundo occidental, que su influencia en todos los niveles de la política era relevante. Sin embargo, en el archivo episcopal chiapaneco, al menos durante el gobierno del personaje que me ocupa, hay poquísimos rastros de su existencia. El más importante es una denuncia anónima, sin fecha, pero entre papeles de mediados de 1833, dirigida a alguien que sólo mereció el tratamiento de "muy señor mío" y que por ende no debía ser fray Luis. Se realizó por mandato de un confesor y en ella se reveló la existencia en San Cristóbal de una "facción" nocturna de "tontos ignorantes". Tenía como "venerable maestre" al presbítero Manuel Robles y tuvo sus comienzos "desde que tuvo noticia de su venida de don Mariano Robles". Seguramente se refiere a Mariano Nicolás Robles Domínguez de Mazariegos y a su regreso de España tras participar en las Cortes, cosa que debió de ocurrir en 1815. Pues estos "tontos ignorantes" pretendían la libertad de cultos, deshacerse de los canónigos, desconocer las autoridades establecidas, ocupar los bienes de los regulares una vez

15 La guarnición fue establecida, tras la independencia, por el gobierno de la Ciudad de México, para custodiar la integridad del territorio nacional. Nunca contó con más de 800 plazas distribuidas en distintos puntos de Chiapas. Pineda, 1845, pp. 144-145

16 *Manifiesto de las causas que han compelido a la comandancia general a solicitar el préstamo de treinta mil pesos entre los pueblos del estado de acuerdo y conformidad con el Escmo.* [*sic*] *Sr. gobernador*, [San Cristóbal], Imprenta de la Sociedad, 1832, pp. 9-10. En LDS, San Cristóbal de las Casas, San Cristóbal de las Casas, cofradías y cordilleras 1831-1839, 734870, 146-147/600. Los seglares que más fueron afectados, como Rafael Coello y María Górriz, sólo debían entregar 300 pesos.

17 LDS, San Cristóbal de las Casas, San Cristóbal de las Casas, cofradías y cordilleras 1811-1838, 734877, 412-438/599. El obispo dijo que buscaría cobrar las deudas decimales a la brevedad posible y ofreció que la mitad de lo recaudado se destinara al préstamo y lo demás a la clavería catedralicia, porque ésta no tenía un centavo; además, que enviaría cordilleras excitando al clero a contribuir y sacar de las obras pías lo que fuera justo. El obispo enteró diversas cantidades; él dio 20 pesos y el clero de San Cristóbal más de 150.

que hubieran logrado su secularización y la apertura de la "correspondencia pública".[18] La realidad de esta reunión secreta y la extensión de sus actividades son cosas que ignoro, pero sin duda en aquella época se debió de creer que conspiraba para destruir a la religión y al Estado e instaurar un orden nuevo de cosas.

Un último asunto local que fue del interés de García y Guillén: él y su cabildo se opusieron a la derogación del beneficio de restitución *in integrum* que se ventilaba en el Congreso local (31/VII/1833).[19] Aún ignoró el contexto de esta medida. ¿Se refería a ciertos negocios celebrados por menores o indígenas que resultaban inequitativos en su detrimento? Como es sabido, estos grupos gozaban de la restitución en el orden jurídico hispano indiano.

Desde luego, no le fueron ajenos al obispo los acontecimientos ocurridos al sur del estado. Por ejemplo, tuvo que lidiar con distintos problemas ocasionados por la expulsión de regulares y la extinción de sus provincias en Centroamérica[20] y estuvo atento a los inquietantes desarrollos de la política eclesiástica en la República Federal de Centroamérica; así, en su archivo aparece un ejemplar del impreso que dio cuenta de que se había elevado (10/IV/1833) a ley constitucional la libertad de cultos decretada el 2/V/1832.[21]

Asuntos más amables también fueron puestos a la atención de fray Luis. Por ejemplo, en los primeros días de XII/1831 recibió las gracias del ministro Lucas Alamán por haber excitado al clero chiapaneco a contribuir

---

[18] LDS, San Cristóbal de las Casas, San Cristóbal de las Casas, cofradías y cordilleras 1831-1839, 734870, 369-370/600. Después del periodo que me ocupa, un decreto de Mariano Montes de Oca, gobernador del departamento de Chiapas, de 31/X/1835, intentó una especie de reforma autoritaria de las costumbres de tono muy católico y antiguo régimen en la que se prohibieron reuniones "de toda nocturna sociedad, logia o facción". LDS, San Cristóbal de las Casas, San Cristóbal de las Casas, cofradías y cordilleras 1831-1839, 734870, 515/600.

[19] LDS, San Cristóbal de las Casas, San Cristóbal de las Casas, cofradías y cordilleras 1813-1831, 734869, 544/628.

[20] Véase la nota 3 en este apartado y lo que se dice sobre el intento de echar de Chiapas a los regulares exiliados centroamericanos.

[21] LDS, San Cristóbal de las Casas, San Cristóbal de las Casas, cofradías y cordilleras 1833-1839, 734856, 97-102/630. Decía:
"Artículo 1º Los habitantes de la República pueden adorar a Dios según su conciencia. El gobierno general les protege en la libertad del culto religioso. Mas los estados cuidarán de la actual religión de sus pueblos, y mantendrán todo culto en armonía con las leyes.
"Artículo 2º El anterior artículo será substituido al undécimo de la Constitución federal".

con la suscripción destinada a financiar la obra de Jean Frédéric Waldeck (1766-1875). Éste era un anticuario europeo, llegado a México en V/1832, quien deseaba dibujar los restos mayas de Petén y Palenque para, entre otras cosas, compararlos con los de los egipcios.[22] Un grupo importante de distractores fue el formado por las peticiones de información de distinta naturaleza. A menudo nacían en la capital de la República y eran comunicadas a la mitra por las autoridades chiapanecas. Pero, sea cual fuere su origen, estaban relacionadas con la necesidad que tenía el naciente Estado mexicano de contar con información estadística, política y económica confiable. Unos cuantos ejemplos ilustrarán lo dicho. En XI/1831 las autoridades locales pidieron a fray Luis instruir a los párrocos a colaborar con el censo del estado por medio de franquear los libros a su cargo;[23] en XII/1832 el gobierno federal le solicitó excitase al clero a enviar un estado comprensivo de los nacimientos y defunciones de los años 1830 y 1831;[24] se le solicitó noticia sobre el número de prebendas, curatos, seminarios, capellanías y conventos y, en cuanto a las parroquias y vicarías fijas, acerca de quiénes las ocupaban como propietarios, interinos o meros encargados (XI/1831 y I/1832); también se le pidió informara acerca de cuántas religiosas, niñas y criadas había en los conventos, y sobre las fincas y rentas de éstos (II/1833); el ministro Ramos Arizpe pidió nuevas noticias sobre vicarías foráneas, prebendas, curatos, etcétera (IV y XII/1833);[25] el gobierno local volvió a solicitar la colaboración

---

22 Luego, en II/1832, Alamán pidió al clero chiapaneco ayudar a Waldeck mediante franquearle archivos. Consta que fray Luis dio 250 pesos por una acción del proyecto Waldeck y que la pobreza de la diócesis hizo imposible conseguir más numerario. El obispo también recomendó al anticuario con los curas de Palenque y Tumbalá. LDS, San Cristóbal de las Casas, San Cristóbal de las Casas, cofradías y cordilleras 1830-1831, 734769, 85-86/92; cofradías y cordilleras 1830-1833, 734919, 58, 71-72, 83-84 y 102/487; cofradías y cordilleras 1831-1840, 734770, 9-12/617. Sobre Waldeck en México existe buena bibliografía. De lo más reciente, Diener, 2017.

23 LDS, San Cristóbal de las Casas, San Cristóbal de las Casas, cofradías y cordilleras 1813-1831, 734869, 506-507/628; autos episcopales 1831-1859, 732486, 13/534.

24 LDS, San Cristóbal de las Casas, San Cristóbal de las Casas, cofradías y cordilleras 1830-1833, 734919, 60/487.

25 LDS, San Cristóbal de las Casas, San Cristóbal de las Casas, cofradías y cordilleras 1830-1833, 734919, 69, 85-87, 118, 150/487.

de la mitra y de los párrocos en la elaboración del censo (IX/1833)[26] y lo hizo también para combatir la embriaguez indígena (X/1833).[27]

Junto a la gran cantidad de reclamos y noticias perturbadoras o indiferentes, de vez en cuando se halla alguna francamente buena. Por ejemplo, en V/1833 el gobernador intervino para que el Congreso chiapaneco participara con 1 000 pesos en la reedificación del edificio del Seminario, donde estaba la universidad, creación del constituyente del estado.[28]

Entre la miríada de asuntos que ocuparon la atención del obispo se hallan dos que merecen un tratamiento algo más detallado. Ambos se relacionan con las vicisitudes de Centroamérica. La independencia de España y de México de lo que se llamó las Provincias Unidas del Centro de América (VII/1823) y la eventual promulgación de la Constitución de la República Federal de Centroamérica (XI/1824) fueron el telón de fondo de un periodo de grande y compleja inestabilidad –en la cual Chiapas, sin el Soconusco, se unió a México–. Las antiguas tensiones entre Guatemala y el resto de Centroamérica se exacerbaron, las rivalidades económicas y políticas llevaron a graves enfrentamientos entre las elites criollas –que la historiografía tradicional divide entre liberales y conservadores– y otros factores no menos importantes, que no pueden ser tratados aquí, produjeron una guerra civil. Tras la caída, en IV/1829, del gobierno conservador radicado en la ciudad de Nueva Guatemala, fuertemente centralista y de tono católico, y del breve gobierno interino de José Francisco Barrundia (1787-1854),

26 LDS, San Cristóbal de las Casas, San Cristóbal de las Casas, cofradías y cordilleras 1813-1831, 734869, 548-550/628; cofradías y cordilleras 1831-1840, 734770, 13-19 y 106-114/617.

27 LDS, San Cristóbal de las Casas, San Cristóbal de las Casas, cofradías y cordilleras 1813-1831, 734869, 563-566/628; cofradías y cordilleras 1830-1833, 734919, 168-169/487. Este tema había preocupado al gobierno y a la iglesia chiapanecas desde, al menos, IV/1831.

28 LDS, San Cristóbal de las Casas, San Cristóbal de las Casas, cofradías y cordilleras 1813-1831, 734869, 590-593/628. El canónigo Vicente de P. Andrade dice que de haber tenido tiempo fray Luis hubiera terminado la reedificación del Seminario. Sedano, 1880, t. 2, p. 19 (1ª foliación).
La Universidad Literaria de Chiapas se fundó en un decreto de la Legislatura chiapaneca de 8/II/1826. Se alojó en el Seminario con cinco facultades: Filosofía, Teología, Cánones, Leyes y Medicina. Para financiar todo el estado echó mano, entre otras cosas, de las rentas del propio Seminario y de toda la renta decimal del obispado mientras durara la sede vacante que concluyó con el advenimiento de fray Luis. La rectoría quedó incorporada a la dignidad de maestrescuela del cabildo eclesiástico. Cruz, 1976, pp. 12, 40 y 41.

tomó el poder el general hondureño Francisco Morazán (1792-1842). Éste gobernó de 1830 a 1839 y emprendió reformas liberales que trajeron como consecuencia un enfrentamiento frontal con la Iglesia. El arzobispo de Guatemala, Casaus y Torres, como se ha dicho antes, fue expulsado y también se echó a los regulares, salvo a los que se secularizaron. Naturalmente, algunos religiosos centroamericanos se refugiaron en Chiapas porque aquí existían casas que pertenecían a las provincias de sus órdenes –tal fue el caso de los franciscanos–. Pues bien, mientras que la expulsión del arzobispo causó graves dudas y problemas en el obispado sufragáneo de Chiapas, la llegada de frailes desterrados significó, de cierto modo, un alivio.

El tema del arzobispo de Guatemala ofrecía dos aspectos. Uno político y otro estrictamente eclesiástico, ambos imbricados. En cuanto al primero, por una parte, estaban las delicadas relaciones entre México y Guatemala y, por otra, el que el arzobispo Casaus era español y se hallaba desterrado en territorio enemigo de México. Ya se ha visto que fray Luis tenía claro cuáles eran los alcances de estos problemas y por ello mandó sus bulas al gobierno mexicano para que éste resolviera enviarlos o no a La Habana. Es seguro que a fray Luis se le advirtió evitar cualquier comunicación con Casaus. Sin embargo, al decir del ministro de Justicia y Negocios Eclesiásticos, Joaquín de Iturbide (¿?-¿?), el plenipotenciario de Guatemala en México había insinuado al gobierno federal que nuestro obispo estaba en contacto con Casaus. Esto produjo una nota incómoda, fechada el 30/V/1832, en la que se instruía a fray Luis cumplir con la incomunicación. La respuesta, que conozco sólo en borrador, deja en claro la distinción que hacía entre sus obligaciones como ciudadano y como pastor:

> Esta iglesia es sufragánea de la de Guatemala, reconoce al señor Casaus por su metropolitano, las relaciones entre los prelados de una y otra importarían mucho a los fieles, especialmente cuando se ha suscitado duda acerca de la legitimidad del que gobierna en lo eclesiástico aquella diócesis; con todo, respetando yo como debo las leyes de esta República, estoy en el firme concepto de que ellas sólo me permiten sentir las necesidades de la metrópoli, mas no remediarlas con

> detrimento de mi obediencia y fidelidad; y no se presentará documento alguno que acredite tener yo correspondencia con el metropolitano de Guatemala.[29]

El segundo aspecto mencionado del *affaire* Casaus es el eclesiástico. La respuesta que dio fray Luis a la recriminatoria nota del Ministerio de Justicia y Negocios Eclesiásticos, a la que se hizo referencia hace unas líneas, deja entrever el problema: existían dudas acerca de la legitimidad del gobierno eclesiástico guatemalteco. Éstas preocupaban a fray Luis desde que ascendió al episcopado.[30] Casaus fue expulsado y declarado enemigo público, pero aún vivía y al salir de Guatemala válidamente nombró vicario. Sin embargo, la autoridad temporal había ordenado al cabildo eclesiástico elegir uno, cosa que hizo en la persona del doctor Diego José de Batres y Nájera (1767-1838), quien estaba en el último lugar de la terna instituida por Casaus.[31] Batres, al comunicar lo ocurrido a fray Luis, dijo que había sido "canónicamente electo", pero ¡aún vivía Casaus y, por ende, su silla no estaba vacante! Fray Luis, en una carta dirigida al doctor Antonio de Larrazábal y Arrivillaga (1769-1853), penitenciario de la catedral guatemalteca, amigo suyo, fechada el 26/VII/1831, lo expresó del modo siguiente: "Se duda de su jurisdicción [la de Batres] a causa de ignorarse si funciona como un vicario del señor arzobispo y con las facultades que le dejó este prelado, o como un vicario capitular nombrado por ese venerable cabildo".[32] Además,

29 LDS, San Cristóbal de las Casas, San Cristóbal de las Casas, cofradías y cordilleras 1830-1833, 734919, 98-101/487 (la cita en 101).

30 LDS, San Cristóbal de las Casas, San Cristóbal de las Casas, cofradías y cordilleras 1831-1839, 734870, 307/600.

31 LDS, San Cristóbal de las Casas, San Cristóbal de las Casas, cofradías y cordilleras 1833-1839, 734856, 322 y 351-352/630.

32 LDS, San Cristóbal de las Casas, San Cristóbal de las Casas, cofradías y cordilleras 1831-1839, 734870, 263/600. Es un abultado expediente sobre este problema, abarca 262-340/600. Larrazábal era todo un personaje. Proveniente de una ilustre familia y descendiente de conquistadores, nació en la Antigua Guatemala. Fue doctor en Cánones y Teología de la Universidad de San Carlos, canónigo de la metropolitana de Guatemala y diputado por Guatemala a las Cortes españolas en Cádiz. Allá perteneció a la Comisión de Ultramar y participó activamente en las discusiones; por ejemplo, alrededor de la desigualdad de la representación indiana, la vida municipal, las penas, las diputaciones provinciales y distintos temas económicos. El regreso de

Antonio de Larrazábal y Arrivillaga, en ‹https://es.wikipedia.org/wiki/Antonio_de_Larraz%-C3%A1bal_y_Arrivillaga› (consultado I/2022).

era menester conocer cuáles fundamentos tomó en cuenta el cabildo guatemalteco para obrar de tal modo, toda vez que elegir vicario cuando vive el prelado y éste ha dejado el suyo tenía un desagradable y muy penetrante olor a cisma y, a lo menos, existía un serio peligro de nulidad de los actos jurisdiccionales de Batres. El obispo de Chiapas, como sufragáneo del metropolitano guatemalteco estaba lógicamente muy preocupado y, además, ignoraba los detalles de lo ocurrido en Guatemala.[33] Fray Luis confiaba en que su corresponsal, el dicho Larrazábal, pudiera disipar sus dudas y enviarle copia

Fernando VII lo puso en cadenas. Brilló en la política y en la Iglesia después de la independencia. Valladares, 1971, pp. 45-140.

33 LDS, San Cristóbal de las Casas, San Cristóbal de las Casas, cofradías y cordilleras 1831-1839, 734870, 263/600.

del acta capitular respectiva. Larrazábal escribió una larga y erudita respuesta fechada el 31/VIII/1831.[34] En ella relató que Casaus fue expulsado el 10/VII/1829 y entonces dejó nombramientos de vicarios y que un decreto posterior de la Asamblea Legislativa de 13/VI/1830 lo desterró perpetuamente y ordenó al cabildo elegir vicario. Larrazábal también informó a fray Luis que el gobierno guatemalteco hizo saber que no aceptaría al mismo vicario dejado por Casaus. Batres fue elegido el 2/VIII/1831 –antes el gobierno rechazó la del doctor Pedro Bustamante (¿?-¿?)–.[35] El cabildo guatemalteco obró sobre la premisa de que la jurisdicción del obispo y de su vicario eran idénticas, al menos en cuanto a que si cesaba la del primero, la del segundo corría la misma suerte. Además, se fundó en las opiniones de los canonistas que equiparaban el destierro perpetuo a la muerte civil y ésta a la natural; no otra cosa ocurría cuando el desterrado era declarado traidor y enemigo público, como lo fue Casaus. Cuando esto pasaba se volvía imposible ejercer jurisdicción alguna, entre otras razones porque el enemigo público y su vicario siempre eran recusables.[36] Y no importaba que la autoridad temporal

---

34 LDS, San Cristóbal de las Casas, San Cristóbal de las Casas, cofradías y cordilleras 1831-1839, 734870, 267-295/600.

35 LDS, San Cristóbal de las Casas, San Cristóbal de las Casas, cofradías y cordilleras 1831-1839, 734870, 310/600.

36 Entre los canonistas citados están Bignindelli (*sic*, ¿por Birindelli?), el cardenal Giovanni Battista de Luca (1614-1683), Jean Gallemart (¿?-1625), Carlo Pellegrino (1614-1673), Johann Georg Reiffenstuel (1641-1703), el obispo de Arequipa y Chile fray Gaspar de Villarroel (1587-1665), Agustinho Barbosa –el *Bartolus lusitanus*– (1590-1649), Francisco de Amaya (1585-*circa* 1640) y el franciscano Lucio Ferrari (¿1687?-1763) anotado por Francisco María de Vallarna (siglo XVIII). Es de notar la consulta de las regalistas y jansenistas *Observaciones pacíficas sobre la potestad eclesiástica*, del arzobispo Félix Amat de Palou (1750-1824), oculto tras el pseudónimo Macario Padua Melato. También el empleo de una obra altamente especializada como la *Praxis vicariorum*, de Pellegrino (Venecia, 1719).
Ya que aquí se dice algo acerca de la cultura jurídica, cabe mencionar que existen algunos documentos muy reveladores de cómo era en Chiapas en tiempos de fray Luis. Por ejemplo, un dictamen sobre si, una vez fenecidas las solitas otorgadas en el breve *Supremo Militantis Ecclesiae Solio* de Pío VII (15/V/1816) y en ausencia del obispo, el vicario capitular sede vacante podía dispensar ciertos impedimentos dirimentes del matrimonio. Está firmado por el promotor fiscal Francisco Guillén y fue extendido en XII/1829. En él cita a "Faguano" (Prospero Fagnani, ¿1598?-1687), Johann Georg Reiffenstuel, al Papa Benedicto XIV (1675-1758), fray Gaspar de Villarroel, al jesuita Tomás Sánchez (1550-1610) y a Juan de Solórzano y Pereyra (1575-1655). Por otra parte, a la muerte del cura de Tuxtla Chico, José Jerónimo Marciot y Ortega, quien gozó de fama de buen latinista, un inventario de sus bienes levantado en VI/1833 revela una casi absoluta falta de libros jurídicos dentro de una biblioteca realmente mediocre y destartalada valuada sólo en 206 pesos. Es de notar que Marciot no era precisamente pobre: sus activos ascendían a poco menos de 4 800 pesos. LDS, San Cristóbal de

actuara injustamente, como en efecto lo había hecho, porque finalmente obraba dentro de su competencia. En consecuencia, el vicario de Casaus perdió su jurisdicción una vez que ocurrió la muerte civil de aquél, por lo cual el cabildo pudo elegir válidamente uno capitular. Además, en contra de quienes alegaban que era necesario ocurrir a Roma y esperar su decisión, Larrazábal apuntó que estos autores referían casos en los que las distancias lo permitían. Ahora bien, Larrazábal no acompañó el acta capitular pedida por fray Luis porque juzgó que solicitarla en nada ayudaría, pero sí anexó el impreso del decreto de expulsión publicado el 1/VII/1830.[37] Larrazábal mandó una segunda misiva (17/IX/1831) en la que abundó en sus argumentos y acumuló más autoridades en abono de la conducta capitular.[38] Fray Luis, verdaderamente inquieto, le respondió (26/X/1831) que el tema era de tan gran momento, que no quería confiar en su propio criterio y que oiría a su cabildo y estaría al dictamen de éste.[39] La consulta la hizo el 21/XI/1831.[40] El lectoral Francisco Guillén opinó (24/III/1832), después de una larga reflexión, que a los guatemaltecos se les habían presentado cuatro caminos: dejar el vicario nombrado por su prelado, cosa imposible porque el gobierno lo prohibió; ocurrir a Roma y esperar, asunto demasiado dilatado; dejar su Iglesia sin gobierno, otra imposibilidad, o elegir vicario capitular. Pensaba que en Guatemala realmente no había vacante, pero que su prelado estaba imposibilitado para ejercer la jurisdicción. Terminó por pronunciarse por la legitimidad de lo hecho, siempre que no se probara que el cabildo hubiera procedido en connivencia con el gobierno guatemalteco, cosa en la que no

las Casas, San Cristóbal de las Casas, cofradías y cordilleras 1830-1833, 734919, 5-11/487; cofradías y cordilleras 1811-1838, 734877, 317-319/599.

37 LDS, San Cristóbal de las Casas, San Cristóbal de las Casas, cofradías y cordilleras 1831-1839, 734870, 296-298/600.

38 LDS, San Cristóbal de las Casas, San Cristóbal de las Casas, cofradías y cordilleras 1831-1839, 734870, 300-305/600. Cita, por ejemplo, el *Thesaurus Indicus*, de Diego de Avendaño y la edición veneciana de 1754 de la *Jurisprudentia canonico-civilis*, del benedictino Franz Schmeir.

39 LDS, San Cristóbal de las Casas, San Cristóbal de las Casas, cofradías y cordilleras 1831-1839, 734870, 309/600.

40 LDS, San Cristóbal de las Casas, San Cristóbal de las Casas, cofradías y cordilleras 1831-1839, 734870, 307-308/600.

creía.[41] Pero, ¿por qué esta duda? Con un poco de malicia podría pensarse que alguno o varios capitulares guatemaltecos que querían deshacerse del arzobispo peninsular y conservador Casaus, hubieran urdido con el gobierno de Morazán el decreto que lo desterró perpetuamente y lo hizo enemigo público, con lo cual podrían elegir vicario a su gusto. Sea de ello lo que fuere, el cabildo chiapaneco discutió el dictamen de Guillén y resolvió (12/V/1832) por mayoría que fray Luis suspendiera su comunicación con Guatemala y diera cuenta al Papa.[42] Es de notar que los canónigos tuvieron a la vista una vindicación impresa del cabildo guatemalteco fechada el 31/VIII/1831.[43] Fray Luis se tomó unos días, seguramente para pensar, y comunicó su resolución a Larrazábal (26/V/1832). Le dijo que avisaría al Papa y esperaría su decisión, mientras suspendería su comunicación con Guatemala. También le informó que no se manifestaría oficialmente porque no había sido "excitado" para hacerlo, ni por Batres ni por el cabildo guatemalteco. Fray Luis también dio parte a los gobiernos federal y local.[44]

---

41 LDS, San Cristóbal de las Casas, San Cristóbal de las Casas, cofradías y cordilleras 1831-1839, 734870, 309-316/600. Adujo algunas autoridades, entre ellas, el fiscal de Guatemala y oidor de Charcas Pedro Frasso (1626-1693), Benedicto XIV, Lucio Ferrari, Johann Georg Reiffenstuel, Agustinho Barbosa, el cardenal Giovanni Battista de Luca y el dominico Charles René Billuart (1685-1757).

42 LDS, San Cristóbal de las Casas, San Cristóbal de las Casas, cofradías y cordilleras 1811-1838, 734877, 311-312/599.

43 Firmaron José Llauger, Manuel José Solano, Lino García, Juan de Velasco y Martínez, Francisco Guillén y el secretario Ramón Aguilar. LDS, San Cristóbal de las Casas, San Cristóbal de las Casas, cofradías y cordilleras 1831-1839, 734870, 325/600.

44 LDS, San Cristóbal de las Casas, San Cristóbal de las Casas, cofradías y cordilleras 1831-1839, 734870, 328-331/600. Una buena parte del expediente está duplicado en cofradías y cordilleras 1811-1838, 734877, 165-216/599.
Roma confirmó la elección de vicario capitular llevada a cabo por el cabildo guatemalteco en la persona de Diego José de Batres y, al mismo tiempo, subsanó en lo que fuera necesario sus actos (24/II/1836); el documento latino *De Guatimala in America Septentrionalis sanationis et confirmationis vicarii capitularis*, en LDS, San Cristóbal de las Casas, San Cristóbal de las Casas, cofradías y cordilleras 1831-1839, 734870, 463-466/600. Esto fue comunicado al cabildo chiapaneco mediante carta de Luigi Tregia (¿?-¿?), secretario prepósito de la Congregación de Negocios Consistoriales, el 11/V/1836; en LDS, San Cristóbal de las Casas, San Cristóbal de las Casas, cofradías y cordilleras 1833-1839, 734856, 347-348/630. La decisión papal se imprimió: Gregorio XVI, *Decreto y carta de Ntro. Smo. padre Gregorio XVI, confirmando al vicario capitular de este arzobispado de Guatemala*, [Guatemala], Imprenta de la Academia de Estudios, 1836 (en LDS, San Cristóbal de las Casas, San Cristóbal de las Casas, cofradías y cordilleras 1831-1839, 734870, 332-337/600). El Papa escribió al cabildo chiapaneco sobre el asunto el 5/III/1836.

Ahora tocaré el tema de los regulares centroamericanos refugiados en Chiapas porque, como ya se dijo, fueron echados de Guatemala.[45] En el contexto de la efervescencia política previa a la caída de Anastasio de Bustamante, el gobierno estatal le pidió a fray Luis que informara a todos los religiosos de la diócesis, fueran de los expulsos o no, que se ajustaran estrictamente a cumplir con sus deberes sagrados y no se involucraran en política, so pena de correr la misma suerte que los centroamericanos seglares los cuales estaban por ser desterrados. Además, se le solicitó al obispo que ordenara a los eclesiásticos emigrados asentados en la frontera con Guatemala que pasaran a residir a San Cristóbal (17/IX/1832).[46] Fray Luis había empleado a algunos de estos eclesiásticos en la administración de sacramentos,

---

Batres al morir aún era provisor gobernador y vicario capitular de Guatemala. Su sucesor, el doctor Antonio de Larrazábal, fue elegido el 30/I/1838. LDS, San Cristóbal de las Casas, San Cristóbal de las Casas, cofradías y cordilleras 1831-1840, 734770, 384/617.

Eventualmente, el mismo Papa Gregorio XVI, mediante el *motu proprio* de 25/IV/1837, *Dominico gregi assidua sollicitudine*, separó la diócesis de Chiapas de la metropolitana de Guatemala y la agregó a la de México. Este rescripto obtuvo el pase del gobierno mexicano el 27/IX/1837 y el cabildo chiapaneco lo comunicó a los regulares de San Cristóbal el 7/XII/1838. Es de notar que se trata de un documento que, aun cuando fue impetrado, se expidió como originado sólo de la iniciativa y potestad pontificias. La ejecución se encomendó al obispo de Puebla, Francisco Pablo Vázquez, y el Papa derogó el requisito del consentimiento del arzobispo de Guatemala, que aún era Casaus. LDS, San Cristóbal de las Casas, San Cristóbal de las Casas, cofradías y cordilleras 1811-1838, 734877, 545-594/599; cofradías y cordilleras 1831-1839, 734870, 525-528, 572 y 595/600; cofradías y cordilleras 1833-1839, 734856, 508-513 y 534-548/630.

La necesidad de separar Chiapas de las jerarquías eclesiásticas guatemaltecas no era cosa nueva. Una real cédula de 10/XII/1807, promovida por fray Matías de Córdoba, erigió una provincia dominica separada de la de Guatemala en Chiapas –se exceptuaron las misiones de lacandones–. El tema se discutió en el Congreso federal y, después, Florencio del Castillo formuló en el Congreso oaxaqueño unas bases de concordato que incluían la segregación de Chiapas de Guatemala y su incorporación a la metropolitana de México. LDS, San Cristóbal de las Casas, San Cristóbal de las Casas, cofradías y cordilleras 1831-1839, 734870, 159-166/600. Benavides, 2013, p. 387.

En fin, es claro que la agregación de Chiapas a México obedeció, también, a la mexicanización de la zona y se insertó en el amplio proceso de reorganización territorial de la Iglesia mexicana iniciado desde fines del periodo virreinal. Después de la Independencia existieron motivos pastorales y políticos, entre éstos, por ejemplo, la concordancia jurisdiccional entre las entidades federativas y las diócesis.

45 Sobre centroamericanos refugiados en el Soconusco, Fenner refiere que Morazán, poco después de su victoria, el 2/V/1829, ya pedía ayuda a México para que se expulsara del Soconusco a los centroamericanos que habían huido allá. La situación neutral del Soconusco, las opiniones divergentes de sus elites respecto del destino de este territorio y su cercanía a Chiapas hacían difícil el control de los refugiados. Fenner, 2020, pp. 38-39.

46 LDS, San Cristóbal de las Casas, San Cristóbal de las Casas, cofradías y cordilleras 1813-1831, 734869, 522-523/628.

así que obligarlos a dejar sus residencias provocaba problemas serios. Fray Luis no podía dejarse despojar de este contingente de regulares que en algo aliviaba la falta de ministros en su diócesis. Por ello se arregló con el gobierno para que éste exceptuara a algunos que laboraban en Comitán (20/IX/1832).[47] Sin embargo, para inicios de I/1833, el gobernador de Chiapas había insistido en el tema de echar a los regulares centroamericanos y el gobierno federal tomó cartas en el asunto. Los consideraba peligrosos para la estabilidad de la región y para las relaciones con Guatemala –su gobierno se había quejado– y juzgaba que su ambición fomentaba el disenso en el seno del clero chiapaneco. En una nota comunicada por el ministro Ramos Arizpe a fray Luis (4/V/1833) se le avisó que el gobierno de Gómez Farías procedería a expulsarlos del estado. El mitrado contestó que estaba dispuesto a reunirse con el gobierno chiapaneco y analizar caso por caso qué debía hacerse.[48] El 17/VII siguiente se despachó a fray Luis la orden de que "sin excusa ni pretexto alguno salgan, desde luego del territorio de la República, no admitiéndose sobre esta resolución contestación ni recurso alguno".[49] Esta orden llegó a manos del obispo (3/VIII/1833) y, naturalmente, causó un pésimo efecto. Fray Luis, seguro de que el gobierno no debía estar al tanto de la situación local, informó acerca de ella no sin manifestar que se sujetaría a lo ordenado si Gómez Farías aún se empeñaba en desterrarlos (17/IX/1833). Dijo que, de lanzarse a los religiosos, muchos pueblos se quedarían sin ministros ya que la diócesis tenía más de 40 parroquias y cada una

> necesita a más de párroco, de dos coadjutores hay otros pueblos en que no basta sólo un cura, y para proveerlos todos de modo que estén bien administrados aún se requieren por lo bajo ocho o diez sacerdotes. Éstos, contando solamente los del clero secular y que están en

[47] LDS, San Cristóbal de las Casas, San Cristóbal de las Casas, cofradías y cordilleras 1813-1831, 734869, 525-526/628.

[48] LDS, San Cristóbal de las Casas, San Cristóbal de las Casas, cofradías y cordilleras 1830-1833, 734919, 121-123/487.

[49] LDS, San Cristóbal de las Casas, San Cristóbal de las Casas, cofradías y cordilleras 1811-1838, 734877, 317-319/599

> aptitud de administrar, inclusos los recién ordenados son poco más o menos 34, fuera de los señores del cabildo eclesiástico y otros que están en esta ciudad.[50]

Así que la falta de obreros era notable y por eso se había echado mano de los regulares expulsados, entre los cuales unos eran nacidos en Chiapas. Además, sin estos religiosos ya no podrían sostenerse sus conventos, las provincias dominica y franciscana se extinguirían y desaparecerían todas las cátedras conventuales y algunas de la universidad. También el destierro de los religiosos traería consigo inevitablemente "la desmoralización, el abandono en los vicios".[51] Y no había que olvidar que el cólera asechaba a la diócesis y seguro provocaría la muerte o huida de algunos ministros. En cuanto a la conducta de los centroamericanos, fray Luis dijo al gobierno que los tenía seriamente aleccionados en sus obligaciones, que nada irregular había observado y que no existían quejas contra ellos. Su comportamiento y su alejamiento de los asuntos políticos eran notorios y los que mal aconsejaban al gobierno y al vicepresidente Gómez Farías quizá no obraban de buena fe y pertenecían a aquellos que deseaban la "corrupción" de los pueblos y otros "perversos fines".[52] Esta exposición de fray Luis fue enviada a México por mano del gobernador Joaquín Miguel Gutiérrez, el cual dijo al obispo que la había apoyado en lo que podía.[53] Aludiré más adelante a la duplicidad del político chiapaneco en este ámbito; debe de haber sido conocida por fray Luis porque también envió una copia de su defensa de los centroamericanos directamente al ministro de Justicia y Negocios Eclesiásticos Ramos Arizpe (30/IX/1833). A éste le preguntó cómo se llamaban los

---

[50] LDS, San Cristóbal de las Casas, San Cristóbal de las Casas, cofradías y cordilleras 1811-1838, 734877, 392/599; en 386-389/599 los nombres y empleos de los dominicos y franciscanos expulsos, fueran nacidos en Centroamérica o en Chiapas.

[51] LDS, San Cristóbal de las Casas, San Cristóbal de las Casas, cofradías y cordilleras 1811-1838, 734877, 392/599.

[52] LDS, San Cristóbal de las Casas, San Cristóbal de las Casas, cofradías y cordilleras 1811-1838, 734877, 394/599.

[53] LDS, San Cristóbal de las Casas, San Cristóbal de las Casas, cofradías y cordilleras 1811-1838, 734877, 399-400/599.

religiosos acerca de los cuales existían quejas porque quería averiguar qué fue precisamente lo que le dijeron al vicepresidente.[54]

Mientras, Chiapas era golpeada por el cólera.[55] No existían suficientes sacerdotes y muchos fieles morían sin auxilios espirituales. El gobernador Gutiérrez, seguramente más preocupado por las resultas políticas que por la salud espiritual de los chiapanecos y, en cualquier caso, confiado en que la epidemia podía evitar la expulsión, pidió a los frailes emigrados que aún estaban en sus conventos que pasaran a Tonalá, Cintalapa y Ocozocoautla (16 y 18/XI/1833).[56] En este ambiente, Gómez Farías insistió en echar a los religiosos, cosa de la que dio cuenta al obispo el propio Gutiérrez, quien al mismo tiempo dijo que nada se había resuelto acerca de la exposición enviada para pedir la revocación del destierro (1/II/1834).[57] Fray Luis respondió a esta carta hasta el 18 del mismo mes y año. Dijo que él tampoco sabía cuál había sido el destino de su defensa y preguntó a Gutiérrez que si él pensaba que el gobierno suspendería la expulsión si los religiosos se secularizaban. Él estaba dispuesto a hacerlo una vez que sus facultades especiales recibieran el pase del gobierno –los papeles del caso estaban camino a la Ciudad de México–. Finalmente, le pidió a Gutiérrez que usara su influencia para evitar el destierro.[58]

Ahora que se mencionó la posibilidad de que los frailes se secularizaran para evitar la expulsión, conviene decir algo sobre este asunto. Al conocerse en Chiapas el decreto y el reglamento del 6/XI/1833 sobre el fin de cualquier tipo de coacción civil para el cumplimiento de los votos

54 LDS, San Cristóbal de las Casas, San Cristóbal de las Casas, cofradías y cordilleras 1811-1838, 734877, 401-402/599.

55 Al saberse que la enfermedad se hallaba muy cerca del estado, fray Luis dispuso rogativas y actos de piedad en honor de la virgen de la Caridad (edicto de 6/XI/1833). LDS, San Cristóbal de las Casas, San Cristóbal de las Casas, cofradías y cordilleras 1831-1839, 734870, 419/630.

56 LDS, San Cristóbal de las Casas, San Cristóbal de las Casas, cofradías y cordilleras 1811-1838, 734877, 404-406/599.

57 LDS, San Cristóbal de las Casas, San Cristóbal de las Casas, cofradías y cordilleras 1811-1838, 734877, 407-408/599.

58 LDS, San Cristóbal de las Casas, San Cristóbal de las Casas, cofradías y cordilleras 1811-1838, 734877, 409-412/599.

monásticos,[59] algunos religiosos se acogieron a ella y buscaron secularizarse. Es claro que su conducta no debe entenderse únicamente como directo efecto de la legislación liberal, sino determinada por los intentos de expulsión de los regulares centroamericanos –muchos peticionarios lo eran–, por la mala salud de varios de los que padecieron el exilio y por la extrema pobreza en que se hallaban las casas chiapanecas donde encontraron refugio; todo esto en un ambiente cada vez más adverso a la existencia de las órdenes.[60] Las bajas del clero regular fueron impresionantes. En un informe (14/II/1834)[61] enviado a fray Luis por el prior del convento de Santo Domingo de San Cristóbal y vicario provincial dominico, fray Rafael Zúñiga, se dice que "los de este convento a excepción de dos resolvieron salirse, lo mismo que los de Comitán y algunos de Chiapa". Zúñiga pudo conseguir la retractación de dos sacerdotes y un corista porque se interpretó la epidemia y muerte de varios religiosos como señal de la ira divina. Reservadamente, Zúñiga escribió al prelado:

> Tengo noticia cierta que de resultas de mi comunicación oficial sobre la retractación de los tres relatados religiosos [informó de ella al gobierno porque así estaba mandado], ha dicho el señor gobernador que los frailes piensan burlarse del gobierno; pero que él se burlará de ellos

---

[59] Norma que tuvo cierto miramiento para con la tradición al establecer: "El gobierno, así como protegerá la justa libertad de los religiosos de ambos sexos, que voluntariamente quieran abandonar los claustros, en conformidad con lo dispuesto en esta ley, auxiliará también a los prelados en los casos en que sus súbditos que se resuelvan a seguir la comunidad, les falten al respecto, o desconozcan su autoridad y disposiciones dirigidas al cumplimiento de sus deberes y observancia de su instituto". Dublán-Lozano, 1876, p. 580. Esta disposición sólo se puede entender dentro del contexto de la supuesta protección general que en el regalismo ejercía el Estado sobre la Iglesia –el patronato de tuición.

[60] LDS, San Cristóbal de las Casas, San Cristóbal de las Casas, cofradías y cordilleras 1831-1839, 734870, 492/600; cofradías y cordilleras 1833-1839, 734856, 115-146/630. Los solicitantes que tengo identificados son: Manuel Ignacio y José Eusebio del Agua y Culebro de la Vega y Juan José de Isadi, franciscanos; doctor Francisco de Lara, José María Ortiz, Manuel Zacarías Velásquez, José Mariano de Mora –servía como cura interino de Tapalapa y sus anexos–, José Domingo García –cura de Tecpatlán (*sic*, por Tecpatán), Rafael Zúñiga, Francisco Salazar –cura de Copainalá–, dominicos; todos entre XII/1833 y III/1834.

[61] LDS, San Cristóbal de las Casas, San Cristóbal de las Casas, cofradías y cordilleras 1833-1839, 734856, 138-139/630.

desterrando a los centroamericanos y haciendo lo mismo con los chiapanecos si no se salen voluntariamente de los claustros.[62]

Zúñiga avisó al obispo que si esto llegara a suceder que él también buscaría secularizarse. Este religioso no andaba muy equivocado acerca del verdadero sentir del gobernador Gutiérrez. Éste, en una carta privada del 10/IX/1833, un año antes del informe de Zúñiga, dirigida a su confidente, el padre Clemente Castillejo,[63] quien representó a Chiapas en el quinto Congreso Constitucional General (III/1833-V/1834) y al que usaba Gutiérrez como agente en la capital, escribió entre otras lindezas:

> No me ha llegado la orden del Ministerio sobre expulsión de los frailes centroamericanos. Su obispo dice que tampoco él la ha recibido; hablamos largo sobre esto y me pulsó a ver si condescendía yo a enviar una exposición suplicando se revoque la providencia, yo le dije que la hiciera y la elevaría al superior gobierno, creo la hará para el otro correo, esté alerta. Usted conoce este país fanático y las circunstancias exigen de nosotros por ahora consideraciones y hasta cierto punto condescendencia. Cabrera [el comandante militar] saldrá mañana o pasado de la raya con nuestra división sobre los pronunciados de Tehuantepec y el alejarse nuestra fuerza de más confianza, y hasta ver el éxito de su empresa no queremos mover frailes. Discúlpeme con el excelentísimo señor vicepresidente con estas razones, mas dígale que ya a vuelta de correo puede mandar apretar y que mientras más se comprometa al

---

[62] LDS, San Cristóbal de las Casas, San Cristóbal de las Casas, cofradías y cordilleras 1833-1839, 734856, 139/630.

[63] Clemente Castillejo fue natural de Tuxtla, en cuya parroquia de San Marcos fue bautizado el 25/XI/1787. Fue hijo de Vicente Castillejo y Sumosa y de Nicolasa Ballinas y Figueroa, españoles de la élite tuxtleca. La familia cayó en penuria y Clemente ejerció el oficio de platero y hacía viajes a nombre de otros. Ingresó en el Seminario de Ciudad Real, bastante mayor, gracias a que el vicario de Tuxtla se comprometió a pagar la anualidad mientras obtuviera una beca de gracia. Era cura interino de Cintalapa en VI/1817. LDS, San Cristóbal de las Casas, San Cristóbal de las Casas, bautismos 1779-1819, 733216, 506/566; Diócesis de Chiapas, San Cristóbal de las Casas, becas y órdenes 1812-1815, 733042, 136-142 y 264-312/655. Moreno, 1975, p. 907.

> obispo y a mí mejor, pues para de aquí a un mes ya considero estaremos libres de las circunstancias del día.[64]

Luego, el mismo Gutiérrez en otra carta a Castillejo, fechada en Tuxtla el 5/III/1834, dice:

> Por fin hube de recibir reclamo del Ministerio de Relaciones (que ya transcribí al obispo apretándole) para la salida de los frailes centroamericanos y que indudablemente los señores Ramos Arizpe ni García no nos comunicaron la orden principal, veremos sus resultas, aunque ya aviso a usted que quiero escapar unos cuatro o cinco buenos entre los dominicos. Los criollos merecen consideración por chiapanecos, pero por opiniones son los peores. ¡Ojalá se confundan con los otros! Por mi parte no tengo muy buenas intenciones.[65]

Ahora bien, como ya se dijo, esta avalancha de secularizaciones pilló a fray Luis sin facultades para llevarlas a cabo porque el rescripto pontificio del caso aún no había recibido el pase del gobierno mexicano.[66]

Al parecer, la expulsión de los regulares quedó suspendida por los sucesos posteriores y el cólera, quién sabe cuántos frailes murieron víctimas de esta epidemia. Sea lo que fuere de esto, qué lejos estaban la Ciudad de México y sus autoridades para preocuparse por los efectos de decisiones tomadas desde el baluarte de la ideología política y de espaldas a las circunstancias y necesidades locales.

---

64 LDS, San Cristóbal de las Casas, San Cristóbal de las Casas, cofradías y cordilleras 1831-1839, 734870, 422-423/630.

65 LDS, San Cristóbal de las Casas, San Cristóbal de las Casas, cofradías y cordilleras 1831-1839, 734870, 462/600.

66 En III/1834. LDS, San Cristóbal de las Casas, San Cristóbal de las Casas, cofradías y cordilleras 1833-1839, 734856, 134/630. Es de notar que el arzobispo Casaus, desde La Habana, el 24/XI/1829, comunicó al vicario capitular de Chiapas las facultades solitas, matrimoniales y extraordinarias que a su vez le habían sido conferidas por el Papa. LDS, San Cristóbal de las Casas, San Cristóbal de las Casas, cofradías y cordilleras 1831-1839, 734870, 490/600. Esta delegación debe de haber cesado una vez que tomó posesión de la mitra fray Luis y, en consecuencia, que se extinguiera el cargo de vicario capitular.

5
Años terribles y decisivos: 1833 y 1834

El año de 1833 fue uno de claroscuros en la relación entre los gobiernos federal y local –éste encabezado por Gutiérrez, quien estaba identificado con el programa liberal de aquél– y el de fray Luis. Antes ya se ha apuntado algo acerca de la colaboración de fray Luis e incluso de su sumisión. Ahora toca repasar un elenco de cuitas que afectaron a la Iglesia mexicana y, desde luego, al personaje cuyo archivo me sirve como mirador.

El primer cuarto del año había sido inquietante. Un comunicado, firmado por el ministro de Justicia, Ramos Arizpe, pidió al obispo que hiciera circular en los conventos de religiosas un manifiesto del gobierno federal, de 13/III/1833, en el que éste afirmaba que no tenían que temer la exclaustración.[1] Luego fray Luis comunicó mediante cordillera la decisión del gobierno federal de someter todos los documentos papales al visto bueno del agente del gobierno en Roma (IV/1833).[2] Pero fue la llegada a la presidencia de Santa Anna lo que realmente agravó todo (1/IV/1833); vino acompañada de promesas de proteger a la religión católica arropadas en un discurso

---

1 LDS, San Cristóbal de las Casas, San Cristóbal de las Casas, cofradías y cordilleras 1830-1833, 734919, 115-117/487.

2 Se trata del decreto de 25/III/1833 en el que, so capa de evitar los perjuicios "espirituales" que pudieran ocasionar en México las gracias pontificias falsas que tanto abundaban en la corte de Roma, todos los documentos despachados desde ella debían venir autentificados por el agente del gobierno y sin este requisito no se les otorgaría el pase. LDS, San Cristóbal de las Casas, San Cristóbal de las Casas, autos episcopales 1831-1859, 732486, 57/534; cofradías y cordilleras 1830-1833, 734919, 133-134/487; cofradías y cordilleras 1831-1840, 734770, 47-54 y 96-105/617.

que no dejaba dudas acerca de la sumisión que el caudillo esperaba recibir del clero. En efecto, el 18/V/1833, envío a fray Luis la noticia de su elevación y le dijo:

> A la vez que he de procurar la conservación sin mancha de la santa religión que profesamos, me prometo con toda seguridad que vuestra señoría ilustrísima y su venerable clero, continúen desempeñando sus funciones de paz, cuiden de evitar todo motivo de discordia y que se conserve el espíritu de caridad que tanto distingue a nuestra creencia.[3]

Santa Anna dejó el gobierno en manos de su vicepresidente Gómez Farías. El grupo yorkino enseguida movió en el Congreso federal la discusión acerca de declarar el patronato nacional (VI/1833). Esto causó gran efervescencia e inquietud ya que de cristalizarse abría las puertas a una reforma sustancial de la Iglesia mexicana sin el concurso de Roma, lo cual hacía sospechar que se seguirían ataques a otros cuerpos y grupos. La política del vicepresidente Gómez Farías parecía llevar, según unos, al fin de la ortodoxia católica y al cisma, y era la culminación de un largo proceso dirigido por fuerzas oscuras que deseaban el triunfo de la irreligión y el olvido de la fe fundada por Jesucristo; para otros conducía al progreso y a la felicidad individualista y liberal, entre otras vías, por la de la purificación religiosa y una reforma dirigida por un Estado causahabiente del regalismo hispánico que reclamaba jurisdicción *in radice* sobre una Iglesia que ante todo era nacional. Naturalmente, esto produjo un creciente descontento popular y tensiones entre los partidos, los cuales exacerbaban las que existían en cada región. La sociedad heredada del virreinato, corporativa, enraizada en una noción del Derecho como algo no sólo legal y llena de privilegios –especialmente en el sentido de fueros–, se resistía a morir. La política federal provocó la rebelión de Escalada (Morelia, 26/V/1833), la cual, como es bien sabido, buscaba el respeto a la Iglesia y a los fueros. Pronto llegó a manos de fray Luis la

3 LDS, San Cristóbal de las Casas, San Cristóbal de las Casas, cofradías y cordilleras 1830-1833, 734919, 125/487.

proclama lanzada por el gobierno en respuesta a los rebeldes. Esta comunicación oficial solicitó al obispo recordar a su grey la obediencia debida a las autoridades constituidas.[4] En este contexto, el ministro de Justicia y Negocios Eclesiásticos, Ramos Arizpe, despachó a fray Luis una circular, fechada el 20/VI/1833, escrita en un tono bastante menos suave que el usado por el presidente Santa Anna en la nota citada. Recordó las leyes hispano indianas contenidas en la *Novísima Recopilación* y en la *Recopilación de Indias* y la legislación nacional –la cricular de 5/V/1823– que prohibían a los eclesiásticos abusar del púlpito con asuntos "impertinentes, doctrinas dudosas o controvertibles o a saciar deseos de rivalidades" y mandaban no predicaran "palabras escandalosas tocantes al gobierno público" ni hablaran de "materias y sistemas políticos".[5] Fray Luis contestó, el 20/VI, que en su diócesis tales cosas no ocurrían y que él estaba pendiente de que todo siguiera así. Una nueva rebelión, centralista y contraria a la política de Gómez Farías, encabezada por el general Gabriel Durán en VI/1833, que terminó en una victoria federal, no sin que cayera preso Santa Anna y que se pusiera en peligro de muerte al referido vicepresidente, fue ocasión de un nuevo comunicado de Ramos Arizpe, dirigido al obispo (8/VI/1833). Ahora dijo que el Ejecutivo y el Legislativo jamás habían dejado de conservar la religión católica –un ejemplo entre muchos de la disociación que el discurso liberal hacía entre Iglesia y fe católicas– y que no pretendía abolir el fuero eclesiástico, sino sostener el artículo 154 de la Constitución Federal de 1824.[6] También informó que el tema del patronato nacional se estudiaba con la mayor circunspección. Concluyó el ministro con una petición: que se hicieran preces públicas por la paz.[7]

---

4 LDS, San Cristóbal de las Casas, San Cristóbal de las Casas, cofradías y cordilleras 1830-1833, 734919, 126-129/487.

5 LDS, San Cristóbal de las Casas, San Cristóbal de las Casas, cofradías y cordilleras 1830-1833, 734919, 135-136/487.

6 "Los militares y eclesiásticos continuarán sujetos a las autoridades a que lo están en la actualidad, según las leyes vigentes".

7 LDS, San Cristóbal de las Casas, San Cristóbal de las Casas, cofradías y cordilleras 1830-1833, 734919, 137-140/487.

Después, un decreto del Congreso local (20/VII/1833) encargó a fray Luis que instruyera al clero callar en materia de política, ya en público, ya en privado y, claro está, especialmente en el púlpito. La misma norma expulsó, de San Cristóbal a Tuxtla, a individuos considerados sospechosos, entre ellos José Mariano Coello (1784-¿?), Joaquín Guillén (¿?-¿?) –acaso deudo del obispo– y Juan María Balboa (1792-¿?).[8]

Las medidas contra la Iglesia llevaron a que el 7/X/1833 fray Luis y su cabildo protestaran; asunto sobre el que hablaré más adelante. Lo que importa ahora es tener presente que las acciones anticlericales siguieron y llegaron a ser mucho peores. Por ejemplo, la que extinguió la obligación civil de pagar diezmos, de 27/X/1833, inmediatamente causó graves repercusiones en los ingresos eclesiásticos y, al mismo tiempo, dificultó la capacidad de financiamiento a las labores productivas de los seglares que siempre habían tenido las corporaciones eclesiásticas.

Ahora bien, un episodio desagradable vino a enturbiar aún más las cosas. En la noche del 27/XI/1833 vecinos –al menos 143, entre ellos muchas mujeres– y la guarnición de San Cristóbal se pronunciaron contra el gobierno. En el plan que lanzaron, amén de establecer su posición respecto de las tensiones políticas propiamente chiapanecas, dijeron que rechazaban a la facción yorkina federal y local y se identificaron con los brotes que al grito de "religión y fueros" habían ocurrido en distintos puntos del país. En ningún momento se declararon contra el federalismo.[9] Ahora bien, la guarnición también estaba harta de que no se le pagaran sus haberes –sólo un año antes había exigido un cuantioso préstamo–. Los levantados tomaron la catedral donde estaba fray Luis, cuya seguridad se vio comprometida.[10] Al día siguiente, Manuel de Jesús Zepeda (¿?-1844), un político local que había intervenido en el proceso de anexión de Chiapas a México, en tono

8 LDS, San Cristóbal de las Casas, San Cristóbal de las Casas, cofradías y cordilleras 1831-1839, 734870, 204-205/600. El decreto chiapaneco es eco de la célebre "ley del caso" expedida poco antes por la Federación. Torres, 2017, pp. 146-147.

9 Iglesias, 1998, pp. 68-69.

10 Así lo afirma el bando impreso que sobre este episodio firmaron el gobernador Joaquín Miguel Gutiérrez y el comandante José Juan Cabrera el 5/XII/1833. LDS, San Cristóbal de las Casas, San Cristóbal de las Casas, cofradías y cordilleras 1831-1839, 734870, 408/600.

amenazante pidió al obispo y al prior de Santo Domingo, "sujetos de conocida comodidad" un "préstamo" de la suma que "dicte su patriotismo". Fray Luis mandó 200 pesos. La rebelión duró sólo siete días y el triunfo del "orden constitucional" se anunció en un campanudo bando firmado por el gobernador Gutiérrez y el comandante José Juan Cabrera (5/XII/1833).[11] La asonada fue terrible. Perecieron unas 50 personas, hubo aprehensiones y unos cuantos fusilamientos sin formación de causas. A pesar de que los sublevados de la catedral se rindieron, el templo fue tomado a sangre y fuego. Las fuerzas de Gutiérrez llevaron a cabo extorsiones y cometieron otros abusos. El gobierno decretó una limitada amnistía, por lo que la persecución legal y las destituciones no se hicieron esperar. Gutiérrez, noticioso de la exacción que había padecido la mitra, pidió al obispo que explicará su conducta. Fray Luis, en lacónica nota, dijo que se trataba de un préstamo urgente y dio a entender que no tuvo otro remedio más que darlo (22/XII/1833).[12] Hasta aquí los documentos que he visto y éstos no apuntan a que la intentona hubiera sido animada por el clero y mucho menos que éste lo hubiera financiado.[13] Ahora bien, Gutiérrez quizá presentía un movimiento en contra de la facción liberal porque en una carta privada dirigida a su amigo y deudo Clemente Castillejo el 10/XI/1833 expresó prevenciones por la lejanía de las fuerzas locales comandadas por el referido Cabrera. Sea de esto lo que fuere, es seguro que los pronunciados debieron contar con la ausencia de las tropas del gobierno. Gutiérrez, en la misma misiva expresó su desconfianza hacia la población de San Cristóbal a la que consideraba fanática.[14]

La Navidad de 1833 trajo regalos. Por una parte, ese día el Congreso local decretó que los poderes estatales y sus archivos abandonarían temporalmente San Cristóbal para trasladarse a Tuxtla; sin embargo, poco tiempo

[11] LDS, San Cristóbal de las Casas, San Cristóbal de las Casas, cofradías y cordilleras 1831-1839, 734870, 408/600.

[12] LDS, San Cristóbal de las Casas, San Cristóbal de las Casas, cofradías y cordilleras 1813-1831, 734869, 572-576/628.

[13] Sobre la asonada Gutiérrez, 2013, p. 40. Torres, 2017, pp. 150-156. Trens, 1942, pp. 348-349.

[14] LDS, San Cristóbal de las Casas, San Cristóbal de las Casas, cofradías y cordilleras 1831-1839, 734870, 422-423/600.

después, en II/1834, el gobernador Joaquín Miguel Gutiérrez hizo a Tuxtla capital del estado.[15] Por otra, fue el inicio del enfrentamiento de la Iglesia con las autoridades civiles chiapanecas. Hasta entonces, como se ha visto, las relaciones entre fray Luis y el gobernador Miguel Joaquín Gutiérrez parecen haber sido relativamente cordiales. Pues bien, el 25/XII éste remitió a aquél ejemplares de la ley de 6/XI/1833 que acabó con la coacción civil para hacer cumplir los votos eclesiásticos y de la que derogó la de 16/V/1831.[16] Gutiérrez, al mismo tiempo, mandó una copia de la primera disposición al secretario de fray Luis, el ya mencionado fray Tomás Suazo, quien era un refugiado centroamericano, con la indicación de que dijera cuál era su sentir acerca de mantener su liga con la orden de la Merced. Suazo le dijo que se encontraba muy bien subordinado a su prelado –a la sazón los mercedarios ya habían dejado San Cristóbal–. Está claro que estos comunicados oficiales debieron caer muy mal en los círculos eclesiásticos chiapanecos y, especialmente, a su obispo, quien, además, vio perturbada una relación tan estrecha como la que tenía con su secretario y hermano de hábito.[17] Que Gutiérrez veía claramente la posibilidad de problemas de cierta gravedad se desprende de lo que escribió al final del oficio dirigido a fray Luis:

> Hoy se publican ambas [normas] en esta ciudad y como desde la fecha deben ocurrir casos consiguientes, repito a vuestra señoría ilustrísima la buena disposición de este gobierno y la armonía con que siempre hemos obrado para que en estos asuntos tan importantes como delicados

[15] En una carta privada fechada el 5/II/1834 en Tuxtla y dirigida a su deudo, amigo y agente, el presbítero Clemente Castillejo –a la sazón diputado–, el tuxtleco Gutiérrez escribió que el traslado a Tuxtla fue para castigar a San Cristóbal por su "fanatismo y picardía", era una forma de golpearla y agobiarla, porque allá tenía poquísimos amigos. LDS, San Cristóbal de las Casas, San Cristóbal de las Casas, cofradías y cordilleras 1831-1839, 734870, 461-462/600. Para este tema, Torres, 2017, pp. 156-160.

[16] Véase el texto en la nota 15 del apartado siguiente.

[17] LDS, San Cristóbal de las Casas, San Cristóbal de las Casas, cofradías y cordilleras 1813-1831, 734869, 577-580/628.

presida la prudencia y el tino necesarios, sin que las circunstancias en que nos hallamos deban influir.[18]

Dos días después fray Luis acusó recibo de los decretos y le dijo a Gutiérrez:

> Siempre he reconocido la buena disposición del gobierno y contaré con la armonía que nos ha unido en los asuntos en que debe intervenir la autoridad eclesiástica y con respecto a los decretos que motivan esta mi contestación, avisaré oportunamente a vuestra excelencia lo que ocurra...[19]

Ambos estaban a la expectativa de los sucesos y como nada pasó, la tensión disminuyó. Pero no tardó en llegar un nuevo golpe. El 31/I/1834 se comunicó a fray Luis el decreto del Congreso General que extinguió la obligación civil de pagar diezmos de 27/X/1833.[20] Con esta norma inmediatamente decreció el ingreso eclesiástico y vinieron problemas de distinta naturaleza. Además, reclamaron quitas quienes habían arrendado los diezmos. Pues bien, la culminación de esta sucesión de acontecimientos adversos a la Iglesia, al menos para efectos de esta historia, fue la provisión de piezas eclesiásticas, acerca de la cual se hablará con prolijidad más adelante.

---

18 LDS, San Cristóbal de las Casas, San Cristóbal de las Casas, cofradías y cordilleras 1813-1831, 734869, 579-580/628. El decreto también fue enviado por el gobernador de Chiapas a los superiores de los regulares. El oficio enviado al dominico instruyó que debía ser leído en todas las casas, que en el seno de cada comunidad debía deliberarse quiénes se quedaban y quiénes se iban y que de todo debía darse cuenta al gobierno dentro del plazo de 15 días. LDS, San Cristóbal de las Casas, San Cristóbal de las Casas, cofradías y cordilleras 1833-1839, 734856, 128/630.

19 LDS, San Cristóbal de las Casas, San Cristóbal de las Casas, cofradías y cordilleras 1813-1831, 734869, 580/628.

20 LDS, San Cristóbal de las Casas, San Cristóbal de las Casas, cofradías y cordilleras 1831-1839, 734870, 416/600; cofradías y cordilleras 1833-1839, 734856, 273-274/630.

6
La provisión de vacantes eclesiásticas en Chiapas o los límites de la obediencia

Uno de los aspectos medulares del patronato que el Estado mexicano pensaba tener era el control de quiénes debían ocupar las distintas piezas eclesiásticas. Sobre el tema existe abundante bibliografía; aquí me limitaré a señalar que el episodio del que hablaré es el culminante de un largo proceso por virtud del cual cambió la inteligencia de la presentación de candidatos a los beneficios eclesiásticos de concesión pontificia a característica esencial de una soberanía temporal que se ejercía sobre una Iglesia que era, primeramente, nacional y, luego, católica. La provisión de las vacantes eclesiásticas no solamente permitía al Estado controlar las carreras eclesiásticas y valerse del clero como una rama más de la burocracia, sino que también jugaba un papel fundamental en mantener en sosiego a la población y en conservar el prestigio de las autoridades temporales.

Cerca del promedio del año 1833 estaba por aprobarse en el Congreso federal una ley que declaraba "inherente y radical en la nación mexicana el patronato" y que desterraba a quienes se opusieran a ella.[1] Una larga y bien escrita protesta, de las varias que entones se elevaron al presidente de la República, la del obispo de Puebla, Vázquez, el mismo consagrante de fray Luis, quien gozaba de gran prestigio personal por su cultura y el papel

1 Vázquez, 1834, p. 3.

que jugó en Roma,[2] explicitó los temores de la Iglesia mexicana: el cisma y la pérdida de la fe de los mexicanos. También aclaró que los católicos estaban perfectamente al tanto de que los autores de la ley sabían que el clero sufriría todo antes que aceptar tal patronazgo y que ciertos políticos buscaban que en México sólo quedaran ministros malos, dispuestos a todo con tal de avanzar en el mundo, y que maquinaban para que desapareciera del país lo que ellos llamaban "la farsa de Jesucristo".[3] ¡Ecos de Barruel y de lo acontecido en Francia con el clero juramentado! Vázquez dedicó mucho espacio de su informe a probar que el Congreso no podía unilateralmente declararse patrono de la Iglesia mexicana y a defender que el patronato era una concesión pontificia: alzarse con él sin la anuencia papal equivalía a un cisma.[4]

Con la opinión de Vázquez a la vista, los chiapanecos también expresaron la suya en una *Exposición que el ilustrísimo y venerable cabildo eclesiástico del obispado de Chiapas dirigió al superior gobierno de México sobre la Ley de Patronato*.[5] La firmaron (el 7/X/1833) fray Luis, Manuel José Solano, Lino García, Francisco Guillén, Juan de Velasco y Martínez y el secretario

---

2 Donde sirvió como enviado extraordinario y ministro plenipotenciario y logró el nombramiento de los primeros obispos nacionales, entre ellos fray Luis y el propio Vázquez. Ahora bien, según Joaquín Miguel Gutiérrez, en una carta dirigida al padre Clemente Castillejo el 3/III/1834, fray Luis estaba aconsejado por Puebla y Oaxaca. Es seguro que el poblano era Vázquez, pero ¿quién era el oaxaqueño? No tengo duda de que se trata de Florencio del Castillo. Este ilustre costarricense fue un jurista consumado y especialista en cánones, estuvo en la Junta Eclesiástica y formó parte del Consejo de Estado en tiempos de Iturbide; fue diputado en Cádiz –dos veces– y en los congresos constituyentes de México y Oaxaca –presidió éste– y de nuevo en el segundo Congreso Constitucional oaxaqueño; sirvió muchos años como catedrático de derecho constitucional en Oaxaca. En la línea eclesiástica no fue menos notable: predicador de gran fama y canónigo de Oaxaca (1817); autor de innúmeras consultas y opiniones sobre asuntos delicados; provisor en la sede vacante del obispo Pérez; intervino en los problemas entre la Iglesia y los estados de Zacatecas y Jalisco, y fue propuesto para varias mitras mexicanas (1829). En fin, gran defensor de las inmunidades eclesiásticas, pertenecía al grupo de católicos que no se negaba a que el Estado ejerciera influencia en la vida interna de la Iglesia siempre que mediara un concordato –él mismo formuló bases para uno–. Murió cuando era chantre en el cabildo oaxaqueño. LDS, San Cristóbal de las Casas, San Cristóbal de las Casas, cofradías y cordilleras 1831-1839, 734870, 478/600. Benavides, 2013, especialmente pp. 211, 212, 214, 228-233, 375, 376, 377, 384, 386, 387, 390, 395 y 399-407. Esta magistral y exhaustiva investigación permite seguir los acontecimientos que narro, pero en Oaxaca.

3 Vázquez, 1834, p. 5.

4 El informe de Vázquez circuló en forma manuscrita, de lo que da cuenta LDS, San Cristóbal de las Casas, San Cristóbal de las Casas, cofradías y cordilleras 1831-1839, 734870, 395-404/600 (sin el nombre del autor).

5 No fue recogida en la *Colección eclesiástica mexicana*, impresa en 1834; aunque sí llegó a las manos del compilador de la *Colección* la exposición del cabildo sede vacante de Chiapas de 7/VI/1834.

Mariano Tovilla.[6] Inicia con un recordatorio: el Papa tiene el primado de jurisdicción por el derecho divino positivo y éste se extiende sobre todos, incluso las autoridades temporales. Desvincularse de la cabeza es la ruina del miembro y esto es a lo que precisamente tiende la Ley del Patronato Nacional: México caería en el "precipicio". Se trata de una "ley destituida de todo fundamento, ley inoportuna, ley que prepara los más tristes resultados contra la religión y aun contra la misma nación y ley que jamás obedecerá esta Iglesia, ni puede obedecer sin comprometer sus sagrados deberes".[7] Para los firmantes, el patronato es concesión de la autoridad eclesiástica y punto; no nace de la soberanía y, si así fuera, la Iglesia también es soberana pero su soberanía es "más noble" que la del Estado porque "versa sobre lo espiritual".[8] La inoportunidad de la ley es manifiesta. Primero porque se plantea poco después de que el Papa, accediendo a la petición y nominación del gobierno, ha dado obispos a la Iglesia mexicana –fray Luis entre ellos–. El patronato nacional es un "obstáculo" para la "concordia" iniciada con este gesto pontificio. Segundo, es inoportuna porque el gobierno sabe perfectamente que no tendrá éxito ninguno, ya por la oposición del clero mexicano, ya por la del pontífice, quien "no es un árbitro de los derechos de la Iglesia".[9] Además, recientemente, en breve de 7/IX/1825, éste se pronunció contra tales pretensiones.[10] La ley que desea aprobar el Congreso federal sólo será, según la *Exposición*, causa de vergüenza para la República y abrirá las puertas al cisma que desean sus autores.

Ahora bien, exposiciones como las de Vázquez y otros hicieron que el gobierno comunicara al Congreso los peligros que entrañaba una ley que

[6] LDS, San Cristóbal de las Casas, San Cristóbal de las Casas, cofradías y cordillera 1811-1838, 734877, 366-381/599; cofradías y cordilleras 1831-1839, 734870, 435-441/600. Las biografías de los firmantes menos Tovilla en el apartado noveno.

[7] LDS, San Cristóbal de las Casas, San Cristóbal de las Casas, cofradías y cordilleras 1831-1839, 734870, 437/600.

[8] LDS, San Cristóbal de las Casas, San Cristóbal de las Casas, cofradías y cordilleras 1831-1839, 734870, 438/600.

[9] LDS, San Cristóbal de las Casas, San Cristóbal de las Casas, cofradías y cordilleras 1831-1839, 734870, 439/600.

[10] Se refiere al obispado centroamericano de San Salvador.

declarara unilateralmente la existencia del patronato nacional. Con esto se suspendió su trámite, *i. e.* se frustró el explicitar en una norma la inteligencia que el Estado mexicano tenía acerca de la institución central alrededor de la cual pensaba articular su política eclesiástica. Sin embargo, esto no significó el fin de los intentos de someter a la Iglesia mexicana a los dictados de la autoridad temporal. Se promulgaron disposiciones que implícitamente suponían la existencia del patronato nacional. Una de ellas, la ley de 17/XII/1833 sobre provisión de curatos, fue la que selló el destino de fray Luis.

El tema de llenar vacantes ya había sido objeto de una norma anterior: la ley de 22/V/1829.[11] Estaba concebida en términos prácticos que permitían evadir las contiendas acerca del patronato nacional y que tirios y troyanos interpretaron según lo que más convenía a cada uno, especialmente en las circunstancias de abandono espiritual en que se hallaban muchos pueblos por falta de pastor.

Pues bien, el ministro de Justicia y Negocios Eclesiásticos, Ramos Arizpe, comunicó a fray Luis, el 27/VII/1833, que el vicepresidente Gómez Farías, noticioso de que en Chiapas no se habían provisto las vacantes eclesiásticas al tenor de la dicha ley de 22/V/1829, dispuso que se le llamara la atención sobre esta circunstancia, porque así lo exigían "el bien espiritual de los fieles", "la tranquilidad y paz pública" y la necesidad de premiar a los beneméritos.[12] Ni el vicepresidente ni el ministro estaban bien informados

---

11 Promulgada, en buena medida, para reivindicar las facultades federales en esta materia y poner fin a la anarquía que existía en los estados, muchos de los cuales consideraban proyectos bastante descabellados. Aquí el texto de la Ley sobre Provisión de Curatos y Sacristías Mayores:
"Artículo 1. Se proveerán cuanto antes en propiedad todos los curatos y sacristías mayores de la República, con arreglo a los cánones y costumbres de las iglesias.
"Artículo 2. Para cada parroquia presentará el respectivo diocesano al gobernador del estado donde esté situada la iglesia parroquial, los eclesiásticos que ha de tomar en consideración para proveerla (los que nunca serán menos que cinco) y el gobernador podrá excluir los que no le sean aceptos, dejando al menos dos para que pueda hacerse libre provisión.
"Artículo 3. El excluido para una parroquia podrá ser presentado para otras.
"Artículo 4. En el Distrito y territorios ejercerá la exclusiva el presidente de la República.
"Artículo 5. Los respectivos gobernadores, y el presidente en su caso, usarán de la exclusiva dentro de doce días desde que reciban la lista de los presentados para la parroquia; y pasado ese término se entenderá que no tienen a bien usarla". Dublán-Lozano, 1876, p. 109.

12 LDS, San Cristóbal de las Casas, San Cristóbal de las Casas, cofradías y cordilleras 1830-1833, 734919, 146/487.

de lo que ocurría en Chiapas. Quizá quien les comunicó la noticia no obró de buena fe, porque el obispo, como primer interesado en contar con más operarios para su diócesis –ya se ha mencionado que escaseaban– tenía rato ocupado en el tema. Así que respondió (30/IX/1833) que estaba de acuerdo con los razonamientos de Ramos Arizpe y que el proceso de las provisiones ya había iniciado. Sin embargo, marchaba lentamente porque fue necesario esperar que todos los concursantes llegaran a San Cristóbal y la ausencia de caminos y las largas distancias ocasionaron pérdidas de tiempo y, también, porque precisamente la escasez de ministros impedía a los concursantes abandonar sus destinos, ya que se quedaban sin cuidado sus feligreses. Con todo, precisamente el 26/VII/1833 había arribado el último de ellos.[13] Así que el asunto de cubrir las vacantes marchaba viento en popa.[14] Por otra parte, como se dijo antes, fray Luis ya había cumplido con la ley de 16/V/1831 sobre provisión de vacantes capitulares.[15]

---

13 El bachiller Antonio Sabino Avilés, cura y vicario de Chapultenango, quien retardó su viaje por estar enfermo. Fray Luis decidió esperarlo en atención a su mérito. En efecto, era personaje de relieve. Nacido en Zocoltenango, vistió el manto y la beca del Seminario de Ciudad Real el 8/VII/1801. Orozco, 1906, p. 207. En XI/1828, además de cura y vicario de la dicha parroquia de Chapultenango, servía como juez eclesiástico del partido eclesiástico de Ixtacomitán, defensor de las Obras Pías por el cabildo sede vacante de Chiapas, diputado al Congreso federal y apoderado de los franciscanos, de las monjas y del Seminario de San Cristóbal. LDS, Tuxtla Gutiérrez, Arquidiócesis de Tuxtla Gutiérrez, testamentos 1833-1834, 733126, 363 y 368/710. Avilés mantuvo su importancia en el clero chiapaneco. Murió, en San Cristóbal, el 8/X/1864. Era provisor vicario general y gobernador de la mitra y en el documento que sigo se le dio el tratamiento de monseñor. Fue sepultado en la iglesia de San Antonio con "entierro llano". LDS, San Cristóbal de las Casas, San Cristóbal de las Casas, defunciones 1850-1905, 733625, 362/517. Importantes papeles sobre Avilés en LDS, Diócesis de Chiapas, San Cristóbal de las Casas, becas y órdenes 1807-1808, 733039, 254-286/415.

14 LDS, San Cristóbal de las Casas, San Cristóbal de las Casas, cofradías y cordilleras 1830-1833, 734919, 148-149/487.

15 Véanse casos en el apartado noveno. El texto de esta ley:
"Artículo 1. Por una vez podrán los obispos con los cabildos, y a falta de aquéllos éstos solos, proveer las dignidades, canonjías y prebendas, que forman la dotación de sus iglesias, en el tiempo que estimaren conveniente.
"Artículo 2. Las piezas de que habla el artículo anterior se proveerán en los capitulares que actualmente componen los cabildos, en los curas, y en otros eclesiásticos que tengan las condiciones que previenen los cánones, estatutos de las iglesias y leyes vigentes.
"Artículo 3. Los gobernadores de los estados, cuyas capitales se hallan situadas dentro de las respectivas diócesis, ejercerán la exclusiva en las provisiones de los que nuevamente se nombraren, según la tengan decretada, o decretaren sus respectivas legislaturas. El presidente de la República ejercerá igualmente la exclusiva en la provisión de las dignidades, canonjías y prebendas de la iglesia metropolitana, en el orden y bajo las reglas que le han dirigido en la provisión de los curatos del Distrito.

Aún no había concluido la provisión de los curatos chiapanecos cuando se promulgó la ley de 17/XII/1833. Ésta se concibió en términos muy diferentes a los de sus predecesoras de 1829 y 1831:

> Artículo 1. Se proveerán en propiedad todos los curatos vacantes y que vacaren en las República en individuos del clero secular, observándose precisamente la forma y tiempo que prescriben las leyes veinte y cuatro, treinta y cinco y cuarenta y ocho, título sexto, libro primero de la Recopilación de Indias.
>
> Artículo 2. Se suprimirán las sacristías mayores de todas las parroquias, y los que actualmente las sirven serán atendidos en la provisión de curatos.
>
> Artículo 3. Los concursos que actualmente llevaren dos meses o más abiertos para proveer los curatos vacantes deberán estar concluidos dentro de sesenta días contados desde la publicación de esta ley.
>
> Artículo 4. El presidente de la República en el Distrito y territorios y el gobernador del estado donde esté situada la iglesia parroquial, ejercerán las atribuciones que las referidas leyes concedían a los virreyes, presidentes de audiencias o gobernadores, pudiendo devolver la terna, todas las veces que los propuestos en ella no fueren de su satisfacción.
>
> Artículo 5. Los reverendos obispos y gobernadores de los obispados que faltaren a lo prevenido en esta ley sufrirán una multa de quinientos

---

"Artículo 4. La de las canonjías y prebendas de la colegiata de Santa María de Guadalupe, situada dentro del territorio del Distrito, la hará su cabildo respectivo, presidido por el prelado diocesano, o por el individuo del cabildo metropolitano a quien comisionare con el ejercicio de un voto, y el decisivo en caso de empate sin distinción de las canonjías de oficio, las de gracia y de las sujetas a sínodo, y en todos ejercerá la exclusiva, sólo el presidente de la República". Colección, 1833, pp. 34-35.
Es de notar que esta ley reconoce tácitamente lo asentado por la Junta Eclesiástica de 1822: tras la ruptura con España y mientras no se llegara a un acuerdo con el papa, la provisión de vacantes eclesiásticas correspondía, por efecto devolutivo, a la Iglesia. Posteriormente, el 3/XI/1833, Gómez Farías, en uso de facultades extraordinarias, derogó esta ley por considerarla contraria a los derechos de la nación, *i. e.*, a la existencia del patronato nacional como inherente a la soberanía del Estado.

a seis mil pesos por primera y segunda vez, y por la tercera serán extrañados de la República y ocupadas sus temporalidades.

Artículo 6. La multa de que hable el artículo anterior se designará y llevará a efecto por el presidente de la República con respecto a los curatos del Distrito y territorios, y en cuanto a los de los estados por sus respectivos gobernadores, ingresando sus productos en el tesoro público a favor de la Federación o de los estados según la distinción que se prescribe en este artículo; y debiéndose invertir en los establecimientos de instrucción pública.[16]

Establecer este proceso para las vacantes existentes y futuras, fundarlo en la *Recopilación de Indias* de 1680, equiparar en esta materia a los funcionarios republicanos con los de la Corona española, suprimir las sacristías mayores y mandar que los que las servían fueran "atendidos en la provisión de curatos" y poner plazo para concluir los concursos que tenían algún tiempo de abiertos, todo esto suponía la existencia del patronato sin concesión papal ninguna. ¿De dónde se derivaba, sino de la soberanía nacional? No era producto de una mera subrogación; era imposible creer seriamente en que ésta hubiese operado porque el patronato se otorgó a la dignidad real unimismada en la persona del rey. Finalmente, imponer penas a los obispos y gobernadores de obispados infractores sólo era propio de quien pensaba tener verdadera jurisdicción e *ius puniendi*.

La ley se remitió al obispo con un oficio firmado por el gobernador Joaquín Miguel Gutiérrez (9/I/1834).[17] Al final, reiteró a fray Luis su "buena disposición para que en todo obremos armoniosamente y que cuente con lo que penda de mi arbitrio". La respuesta que recibió Gutiérrez –fechada el 14 del mismo mes y año– fue diplomática y evasiva; no podía ser de otro modo porque fray Luis se hallaba enfermo de cólera. Por esto, el 20/II, fechó una

[16] El impreso original en LDS, San Cristóbal de las Casas, San Cristóbal de las Casas, cofradías y cordilleras 1821-1839, 734841, 350/635.

[17] LDS, San Cristóbal de las Casas, San Cristóbal de las Casas, cofradías y cordilleras 1831-1839, 734870, 442-443/600.

larga exposición en la que dejó perfectamente claro lo que el poder temporal podía esperar de él.[18] Primero, le recordó que ya tenía tiempo de haber iniciado las provisiones de vacantes y que no había sido sencillo llevar a cabo los sínodos,[19] cosa de la que estaban noticiosos el gobierno federal y el propio Gutiérrez ya que a éste se remitieron seis quinquenios desde el 7/XI/1833. Segundo, que los sínodos se iniciaron al tenor de la ley de 22/V/1829, según la cual se presentarían quinquenios a la autoridad respectiva para que ésta pudiera excluir a los candidatos no deseables. Esto,

> aunque [...] podía ya estimarse por algunos como un ejercicio del patronato que se supone en la nación, yo formé juicio de que ella no era más que una providencia precautoria de la autoridad civil, con el fin de tomar conocimiento de los sujetos que se colocasen en las parroquias, no fuese que entre ellos hubiese algunos de quienes el gobierno fundadamente recelase.[20]

Fray Luis pensaba que con esta conducta no "ofendía a los derechos de la Iglesia",[21] es decir que con ella había intentado contemporizar con el Estado mexicano. Pero las circunstancias del día le hicieron darse cuenta de cual era "el espíritu" de la ley de 12/XII/1833.[22] Lo que abrió sus ojos fue la lectura de la *Memoria del Ministerio de Justicia y Negocios Eclesiásticos* impresa en el mismo año de 1833. En ella quedaba totalmente explícito que el gobierno federal entendía que toda la legislación eclesiástica mexicana se había expedido en ejercicio de un patronato nacional:

---

18 LDS, San Cristóbal de las Casas, San Cristóbal de las Casas, cofradías y cordilleras 1831-1839, 734870, 443-447/600.

19 Entre otras causas, por la dificultad de los caminos, la necesidad de colocar reemplazos temporales para cubrir la ausencia de los concursantes, la enfermedad de alguno de éstos, el haber recibido noticias contra un cura y, claro, el cólera.

20 LDS, San Cristóbal de las Casas, San Cristóbal de las Casas, cofradías y cordilleras 1831-1839, 734870, 444/600.

21 LDS, San Cristóbal de las Casas, San Cristóbal de las Casas, cofradías y cordilleras 1831-1839, 734870, 444/600.

22 LDS, San Cristóbal de las Casas, San Cristóbal de las Casas, cofradías y cordilleras 1831-1839, 734870, 444/600.

Al paso que por una fatalidad se retardaba el arreglo del patronato, las necesidades espirituales de la Iglesia mexicana se aumentaban, y esta verdad queda fundada con observar que no ha habido congreso desde el año de 23 que no se haya ocupado seriamente de esta materia importante en el concepto de ser de su inspección incuestionable. Desde 29 de julio de 23 recomendó al Ejecutivo el expediente sobre establecer un obispado en Nuevo México, repitiendo este acto en 17 de febrero de 1830. En 1824 dio la ley mencionada de 20 de diciembre en que se fijan las más claras ideas sobre el ejercicio del patronato. Por la de 22 de mayo de 829 se fijaron reglas para la provisión en propiedad de todos los curatos y sacristías mayores de la República. Por la de 23 de septiembre del mismo año se dieron reglas para formar los expedientes relativos a la provisión de seis obispados; y por la de 17 de febrero del siguiente año de 830 se autorizó al supremo gobierno para nombrar y presentar a su santidad un individuo para cada obispado vacante, dándose otras reglas para el ejercicio del patronato. Y en la de 15 de abril del mismo año se facilitaron las dificultades que se presentaban para las provisiones de los obispados de Sonora y Yucatán. Por la de 16 de mayo de 1831 se expeditó por una vez la provisión de canonjías y prebendas de las catedrales de la Iglesia mexicana. Y por la de 4 de noviembre del mismo año se allanaron las dificultades que para ello se presentaban [...]. Ha parecido oportuno hacer esta reseña de providencias legales, para que se vea con toda claridad que la nación mexicana no sólo reconoce en sí el derecho de arreglar el patronato en toda la Federación, sino que lo ha puesto en ejercicio en todos esos, y en otros actos legales, sin oposición la más mínima del ilustrado, patriota y dócil clero mexicano; no pudiendo dejar de notar que nuestra Constitución y todas esas leyes han llegado a Roma; y sobre no haberse hecho objeción y reclamo a ellas, antes aquella curia ha visto variadas las pruebas antiguamente establecidas en los expedientes de provisión de obispados, y éstas se han hecho sin embargo.[23]

[23] Ramos, 1833, núm. 62.

Adicionalmente, fray Luis le escribió a Gutiérrez que por una comunicación privada sabía que la Comisión Eclesiástica del Congreso había dicho (6/V/1833) que el patronato residía "radicalmente en la nación" y que la ley arreglaría su ejercicio.[24] Con toda franqueza el obispo admitió que entonces debió suspender la provisión de vacantes, pero que como el 8/VI/1833 el ministro de Justicia le comunicó noticias que le hicieron abrigar esperanzas de que esta ocurrencia de la Comisión no prosperaría, prosiguió con los trámites hasta llegar a formar los dichos quinquenios. Sin embargo, ahora, ante la ley de 17/XII/1833, dijo que no tenía otro remedio más que no cumplirla –aunque la respetaba–, porque lo impedía el juramento canónico que hizo al consagrarse consistente en conservar y defender los derechos de la Iglesia: estaba firme en la creencia de que sólo el Papa podía otorgar el patronato, como se explicaba en la *Exposición* de 7/X/1833. Estaba dispuesto a que en él se cumplieran las penas que la misma ley establecía –que, dicho sea, de paso era una forma de acatarla–. Concluyó pidiendo a Gutiérrez que remitiera su respuesta al vicepresidente Gómez Farías.

La misiva que acaba de extractarse, fechada como se ha dicho el 20/II/1834, la redactó fray Luis algo menos de dos meses después de que tomara una decisión gravísima: renunciar a la mitra (30/XII/1833).[25] Tenía 70 años, edad avanzada para aquellos tiempos, y muy probablemente pensaba que carecía de las fuerzas para enfrentarse a las tormentas que azotaban a su diócesis. Sabía que este paso no lo libraría de las terribles penas señaladas en la ley de 17/XII/1833 porque tomaría tiempo su trámite en el Ministerio de Justicia y Negocios Eclesiásticos y en la corte romana.[26]

---

24 LDS, San Cristóbal de las Casas, San Cristóbal de las Casas, cofradías y cordilleras 1831-1839, 734870, 446/600.

25 El texto latino y castellano de la renuncia en LDS, San Cristóbal de las Casas, San Cristóbal de las Casas, cofradías y cordilleras 1831-1839, 734870, 471/600. Nótese que en la versión castellana la fecha está equivocada.

26 La renuncia también fue causa de dimes y diretes con el gobierno federal. Éste, en una nota fechada el 18/I/1834, la cual se dio a la imprenta en el periódico oficial *El Telégrafo* de la Ciudad de México y en *El Iris de Chiapas*, le comunicó a fray Luis, antes de que la Santa Sede se enterara de ella, "que por lo que toca a la autoridad del gobierno y al orden civil queda vuestra señoría ilustrísima exonerado de la mitra". Obviamente el obispo protestó –era lo menos ante tanta arrogancia–, porque de ningún modo quería que se pensara que haberla notificado al gobierno implicaba un reconocimiento del patronato nacional (22/II/1834). Alegó que había renunciado ante el papa y que el único que podía decidir el punto era éste. Por ende, pidió al ministro

En este ambiente, el 1/III/1834, el Congreso local en Tuxtla nombró de nuevo a Joaquín Miguel Gutiérrez gobernador. Fray Luis lo felicitó en una muy cordial carta.[27] Poco tiempo después, el 12/V/1834, el gobernador Gutiérrez despachó una nota a fray Luis a la que anexó copia de un decreto –adelante se transcribe– que insistió en el cumplimiento de la ley de 17/XII/1833 y extendió el término al que se refería a 30 días contados a partir del 13/V/1834.[28] Gutiérrez informó que en su opinión esta nueva norma se dictó como respuesta a la última exposición que hiciera fray Luis. El gobernador protestó sus buenas intenciones y dijo que esperaba de la "sabiduría y prudencia" del prelado una "justa deferencia" y tuvo la audacia de recordarle el juramento civil que había hecho antes de tomar posesión de la mitra, consistente en cumplir las normas sobre el arreglo del patronato, habida cuenta de que la multicitada disposición de 17/XII/1833 "no hace otra cosa que continuar las leyes de Indias que se habían modificado por el Congreso General en la ley de 1829 derogada hoy por la misma suprema autoridad".[29] La norma en cuestión es la de 22/IV/1834, que a la letra mandaba:

> Artículo 1. El término establecido por el artículo 3 de la ley de 17 de diciembre del año próximo pasado para la provisión de curatos, será el de treinta días que deberán contarse desde el día de la publicación de este decreto en el Distrito Federal o en las capitales de los estados en que existan las vacantes respectivas.

de Justicia y Negocios Eclesiásticos –a la sazón Andrés Quintana Roo– y al vicepresidente Gómez Farías que le explicaran qué significaba y cuáles eran los alcances de la exoneración civil que había recibido. LDS, San Cristóbal de las Casas, San Cristóbal de las Casas, cofradías y cordilleras 1831-1839, 734870, 453-455 y 468-475/600, la cita en la 453 y 470/600.

27 LDS, San Cristóbal de las Casas, San Cristóbal de las Casas, cofradías y cordilleras 1813-1831, 734869, 589/628.

28 Es de notar que a fines de IV/1834 se decía que fray Luis pensaba salir a Huixtán para hacer confirmaciones y que mandaría a sus hermanas a Guatemala. Esto lo recogió Joaquín Miguel Gutiérrez en una carta privada al padre Clemente Castillejo, firmada en Tuxtla el 1/V/1834. Gutiérrez sospechaba que se ocultaba una rebelión: "Este mismo era el plan de agosto para una convulsión fanática, pero hoy no me da cuidado". LDS, San Cristóbal de las Casas, San Cristóbal de las Casas, cofradías y cordilleras 1811-1838, 734877, 441-444/599; la cita en 442/599.

29 LDS, San Cristóbal de las Casas, San Cristóbal de las Casas, cofradías y cordilleras 1831-1839, 734870, 451/600; cofradías y cordilleras 1833-1839, 734856, 148/630.

> Artículo 2. El presente decreto se comunicará a los reverendos obispos, cabildos eclesiásticos y gobernadores de las mitras para que, en el preciso término de cuarenta y ocho horas de haberlo recibido, contesten al gobierno de la Unión en el Distrito Federal, y a los gobernadores en cuyo territorio residan, haciendo la formal protesta de que lo cumplirán exactamente y ejecutarán lo demás que se previno en la citada ley de 17 de diciembre del año próximo pasado.
>
> Artículo 3. Los reverendos obispos, cabildos eclesiásticos y gobernadores de las mitras que no contesten en el término establecido en el artículo anterior, o que en sus contestaciones indiquen alguna oposición o resistencia al cumplimiento de este decreto, y de la ley de 17 de diciembre del año anterior, serán extrañados para siempre del territorio de la República, ocupándose además sus temporalidades.
>
> Artículo 4. Las penas establecidas en el artículo anterior se llevarán a efecto sin trámite ni formalidad judicial por el gobierno de la Unión en el Distrito, y en los estados por los gobernadores, en cuyo territorio resida el reverendo obispo, gobernador del obispado o cabildo eclesiástico que contravenga a lo prevenido en la presente ley.[30]

Como respuesta a la nota anterior, fray Luis avisó al gobernador que no daría cumplimiento a la ley y que se sometía a sus consecuencias: el extrañamiento perpetuo –nadie pensó en las multas–. Anunció su intención de ir a Campeche vía Huixtán y pidió unos días para conferir el sacramento del orden a unos sujetos que habían viajado largo camino para recibirlo. También afirmó que no era necesario que el gobierno nombrara un interventor para hacerse cargo de sus bienes porque simplemente no tenía, la clavería tenía ocho meses vacía y su sostén se debía a "socorros extraordinarios" y preveía que

30 Arrillaga, 1835, pp. 191-192.

tendría que mendigar en el camino.[31] En cuanto al recordatorio que le hizo Gutiérrez del juramento civil que hizo antes de consagrarse, dijo fray Luis que cumplir las leyes que arreglaran el patronato estaba condicionado a que éstas no fueran en perjuicio de lo que exigían las disposiciones eclesiásticas y le recordó al gobernador acerca de la distinción entre el patronato de presentación, el cual radicalmente no podía ser nacional, y el patronato de tuición.[32]

Ya todo estaba dicho entre el obispo y la autoridad temporal. Se le otorgaron 15 días para salir del estado y 80 para hacerlo del país. Gutiérrez dio a la imprenta un manifiesto, fechado el 19/V/1834, en el que justificó su conducta. Fundado en la existencia del patronato nacional, recordó que el prelado había jurado sujetarse a las disposiciones mexicanas que lo arreglaban; además, invocó la especie de que los fondos piadosos habían sido usados para pagar tropas. Fray Luis se había pronunciado contra los derechos de la soberanía nacional, Gutiérrez sólo cumplía con la ley al ejecutar su expulsión.[33]

31 Consta que el obispo, en el momento de su muerte, disfrutaba de cinco capellanías. Una de ellas era de tan sólo 500 pesos y fue fundada por José Gómez Coronado –seguramente deudo de fray Luis– y el capital lo reconocía la hacienda del Rosario en el partido de Ixtacomitán. LDS, San Cristóbal de las Casas, San Cristóbal de las Casas, cofradías y cordilleras 1811-1838, 734877, 452/599. Por otra parte, que fray Luis estaba en la pobreza también lo atestigua la exposición del cabildo al presidente Santa Anna de 7/VI/1834, que comento más adelante.

32 LDS, San Cristóbal de las Casas, San Cristóbal de las Casas, cofradías y cordilleras 1831-1839, 734870, 452-453/600.

33 Torres, 2017, p. 162. Trens, 1957, p. 258. No he podido ver ese impreso.

7
Destierro y muerte

El último documento administrativo importante que fray Luis firmó antes de su destierro es un edicto, fechado el 16 /V/1834 y refrendado por el secretario fray Tomás Suazo.[1] En él encargó la mitra como gobernador, en primer lugar, a Manuel José Solano, en segundo al bachiller Lino García –a la sazón provisor y vicario general–, en tercero al doctor y licenciado Francisco Guillén y en cuarto a Juan de Velasco y Martínez. Todo sin perjuicio de las atribuciones del provisor, Lino García. Además, ordenó que, por impedimento de García, el gobernador que fuere nombrara al sustituto; comunicó a los gobernadores facultades ordinarias y extraordinarias,[2] y, en el caso de que todos los nombrados faltaran, autorizó al último gobernador para elegir a uno nuevo con las mismas prerrogativas.[3]

Unos días después, el 22/V, el obispo tenía su equipaje listo y se hallaba a punto de salir de San Cristóbal.[4] Al parecer sólo se le dieron 24 horas

1 LDS, San Cristóbal de las Casas, San Cristóbal de las Casas, cofradías y cordilleras 1831-1839, 734870, 432-433/600; cofradías y cordilleras 1833-1839, 734856, 150-153/630.

2 Entre ellas las llamadas sólitas, 28 facultades concedidas por el papa, por 10 años, que comenzaron a contar desde el 28/II/1831; las de dispensar las proclamas conciliares que debían preceder al matrimonio; y, las provenientes del breve papal *Supremo Militantis Ecclesia Solio*, que estaban otorgadas para Chiapas "por otros veinte años".

3 El gobierno de Gutiérrez, muy seguro de su inexistente investidura patronal, tuvo el descaro de decretar el 1/VIII/1834 que aceptaba el nombramiento de García –Solano renunció–. Torres, 2017, p. 164.

4 LDS, San Cristóbal de las Casas, San Cristóbal de las Casas, cofradías y cordilleras 1833-1839, 734856, 284-285/630.

para abandonar la ciudad, aunque había pedido, como se dijo, un poco más de tiempo para llevar a cabo ordenaciones. Hombre prudente, salió de noche para evitar alguna conmoción popular de los fieles que lo tenían en el mayor aprecio; llovía "rigurosamente". Era el 23/V/1834.[5]

El cabildo eclesiástico chiapaneco quedó en estado de confusión. Para colmo de males, sus integrantes, que habían sido instalados en virtud de la ley de 16/V/1831, fueron despojados de sus asientos: una disposición de 3/XI/1833 declaró nulos todos los nombramientos capitulares que se habían hecho al tenor de la primera norma dicha, porque dizque fueron contrarios a los derechos nacionales, es decir, contra el patronato radicalmente inherente a la soberanía nacional.[6] Además, recuérdese que apenas se conocía en Chiapas la ley de 22/IV/1834 del Congreso federal que completaba la de 17/XII/1833 sobre provisión de piezas eclesiásticas. El clero chiapaneco –que no el cabildo, disuelto formalmente–, para evitar estos golpes, el 7/VI/1834, elevó al presidente Antonio López de Santa Anna una exposición.[7] Representó las lastimosas condiciones de la diócesis; a pesar de ser la más pobre de la República, hacía poco conservaba recursos suficientes para mantener el culto y atender a los fieles, pero después de los préstamos y donativos exigidos para enfrentar las apremiantes necesidades de la Federación y del estado, había quedado totalmente exhausta e incongruos sus ministros. Con todo, aún tenía cabildo con el cual despachar sus asuntos, pero vino la ley de 3/XI/1833 y hasta esto perdió, porque de plano quedó disuelto. A tamaña calamidad se sumaban el decreto sobre diezmos de 27/X/1833 que hizo casi imposible su cobranza, los estragos del cólera, la

[5] Andrade, 1907, p. 108. Guillén, 1834, p. 138. Sedano, 1880, t. 2, p. 20 (1ª foliación). Torres, 2017, p. 163. Andrade dice que fue acompañado por el padre José Domingo Robles y que no llevaban bienes ningunos.

[6] Paradójicamente, la validez de las provisiones de las que hablo ofreció qué decir al provisor Lino García, como se verá en el apartado noveno. La ley de 3/XI/1833 a su vez se suspendió para Chiapas por un decreto de 12/XII/1834. LDS, San Cristóbal de las Casas, San Cristóbal de las Casas, cofradías y cordilleras 1831-1839, 734870, 574-576/600; cofradías y cordilleras 1831-1840, 734770, 171-174/617.

[7] Firmada, dada la urgencia, por sólo unos cuantos eclesiásticos: Francisco Guillén, Juan de Velasco y Martínez, José Manuel Ortiz, Francisco de Velasco y Martínez, José Nicolás Mandujano, Fernando Ortiz, Ramón Aguilar, Manuel María Suárez, Mariano Ramírez Páramo y Felipe de Aguilar Guillén. Unos eran capitulares y otros no: un miramiento para con la autoridad temporal ya que, como se dirá más adelante, el cabildo no se tenía como canónicamente despojado de su jurisdicción. La exposición en Guillén, 1834, pp. 134-143.

expulsión del prelado y el que el gobierno que dejó "no ha podido ponerse en corriente", ya porque alguno de los sujetos que debían ocupar el vicariato no lo admitió y otro estaba ausente.[8] El obispado chiapaneco estaba sin cabeza y su clero temía la pérdida de la religión:

> ¿Lo hubiéramos conjeturado pocos años antes, cuando al contrario no alimentábamos sino esperanzas halagüeñas de que el culto, el estado de nuestras iglesias, la religión en una palabra, iba a florecer a los ojos de las demás naciones en el seno de la República? ¿Se hubiera juzgado que lo que gozábamos en el tiempo del gobierno español lo habíamos de perder en el de la independencia?[9]

Los firmantes temían que el fin del gobierno eclesiástico en Chiapas tendría efectos terribles, incluso en el orden político. Podría obligar al clero a ocurrir a su metropolitano para el remedio y esto, seguramente, suscitaría divisiones dado el estado de incomunicación que existía con Guatemala. De todo se seguirían inquietudes populares. Por otra parte, advirtieron al presidente que el clero chiapaneco no toleraría lo que el guatemalteco: si tras la expulsión de Casaus allá se impuso al cabildo escoger un gobernador sede vacante al gusto de la autoridad temporal, aquí no ocurriría lo mismo: "Si a pesar se quiere compulsar al clero a que admita a una autoridad dudosa, seguros, excelentísimo señor, de la delicadeza del clero chiapaneco, puede creerse desde ahora que antes abrazará las tribulaciones y trabajos, que poner a riesgo sus conciencias".[10]

Los firmantes terminaron con solicitar la suspensión de la ley de 22/IV/1834; el regreso del obispo y que, mientras, sus vicarios pudieran usar libremente de su jurisdicción sin estar sujetos a obedecer las normas sobre provisión de vacantes o tener que sufrir el destierro, y poder elevar una

---

8 Guillén, 1834, p. 138.

9 Guillén, 1834, p. 139.

10 Guillén, 1834, p. 140.

ampliación a lo expuesto desde el 7/X/1833. El miedo al cisma se asomaba en este escrito, como en muchos otros del clero de esta época.

Antes se ha dicho que fray Luis tenía intención de tomar camino a Huixtán para pasar a Campeche.[11] La distancia entre San Cristóbal y el puerto de Campeche es, en línea recta, más de 400 kilómetros. Ignoro cuál fue su derrotero[12] y quizá no tenga mayor importancia. Una versión es que

> se embarcó para Jamaica; mas habiendo tocado en Campeche el buque que le conducía, el señor comandante general don Francisco Toro, el prefecto licenciado don Rafael Montalvo, la guarnición y vecindario, pronunciados por el Plan de Cuernavaca, se empeñaron en que desembarcara, a lo que se prestó, y fue recibido con las mayores demostraciones de regocijo y respeto; y queriendo continuar su viaje se interesaron las mismas personas en que desistiera de ello, como desistió, y careciendo absolutamente de recursos para subsistir, se abrió una suscripción voluntaria para atender a ese objeto; mas a poco tiempo falleció víctima de su expatriación y padecimientos.[13]

El canónigo Vicente de P. Andrade, gran recolector de noticias biográficas, bibliográficas y genealógicas, que estuvo algún tiempo en Chiapas, da otra versión del camino que tomó fray Luis:

> Se encaminaba para Honduras, pero antes tuvo que llegar a Campeche, pues la embarcación necesitaba hacer aguada; los padres Jiménez, Méndez y demás personas notables de la ciudad, supieron que a bordo estaba dicho señor obispo, fueron a saludarle, consiguieron traerle a tierra; el señor Toro, gobernador, le recibió muy bien; le prepararon casa

11 El archivo parroquial de Huixtán no tiene confirmaciones para este periodo.

12 Trens, 1957, pp. 227-229, recoge varias rutas antiguas entre San Cristóbal y Oaxaca, isla del Carmen, Campeche, Veracruz y Tabasco. La única que pasa por Huixtán es la que llevaba a isla del Carmen y Campeche.

13 Colección, 1834, p. 133.

en el arrabal de Santa Ana, desistiendo de continuar su viaje, a poco enfermó de nostalgia y al fin murió.[14]

Algunos años después de publicar el texto anterior, el mismo Andrade rescató una nota periodística aparecida en las páginas de *La Lima de Vulcano* de 21/VIII/1834, que recogía una carta despachada desde el puerto de Campeche el 19/VII anterior:

> Tuvimos el placer de recibir en ésta al señor obispo de Chiapas que pasaba expulso para las costas de Jamaica en un barco inglés: tan luego como llegó a noticia de los señores Toro y Montalvo el 6 del presente, que este digno prelado estaba en la bahía, le oficiaron suplicándole se dignara desembarcar, cuyos oficios condujeron el padre Baraona y los señores Poblaciones y Ramírez. Entre tanto se preparó la artillería, se adornó la parroquia y se le dispuso un alojamiento provisional en el colegio. Desde las cuatro de la tarde el señor Toro con toda la oficialidad, el clero e inmenso pueblo en el muelle esperaban la lancha que le conducía, la que llegó a tierra a las oraciones. No es posible explicar el regocijo, los vivas y aclamaciones con que le recibieron, al tiempo que las campanas se despedazaban y que la muralla disparaba 25 tiros de cañón de 24 y 36.
>
> El prelado se dirigió a la iglesia y hecha su oración, el señor Toro le llevó a su casa donde su esposa la señora doña Merced sirvió al ilustrísimo un refresco exquisito en presencia de lo principal de Campeche que allí se encontraba.
>
> Al siguiente día el señor obispo intentó seguir su navegación; mas no se lo permitieron los referidos señores Toro y Montalvo, ni la señora doña Merced, en vista de esto el buque inglés se fue, llevándose el capitán los 300 pesos que había recibido por el pasaje del ilustrísimo, que aquí

14 Sedano, 1880, t. 2, p. 20 (1ª foliación).

> nos dejó y aunque se alegó para no seguir su viaje que no tenía modo de subsistir, se abrió en el momento una suscripción para proporcionarle casa y alimento. Yo fui el comisionado para ponerle casa, y lo verifiqué y el día 7 le hospedé en la casa que fue de don Pedro Marentes, y acababa de reedificarse. El señor Toro se suscribió con 20 pesos mensuales y proporcionalmente los demás señores y eclesiásticos.
>
> Ayer el señor Toro dio un espléndido convite al señor obispo, al clero, autoridades y militares, en el cual brindamos por la religión, por el señor Santa Anna.[15]

Fray Luis debía de estar en malas condiciones porque, además de las penas y las peripecias corridas en su viaje, era un hombre mayor y convalecía del cólera. Murió en el puerto de Campeche, el 19/VIII/1834. Fue sepultado al día siguiente en la iglesia de Santa Ana. Dejó un testamento que no he visto,[16] los edictos que antes mencioné y diversas respuestas y opiniones manuscritas.[17]

La muerte del obispo agravó las dificultades para el gobierno eclesiástico chiapaneco. El cabildo quedó confundido y temeroso. Las providencias del poder temporal lo habían extinguido y alguno de sus integrantes murió.[18] El gobernador Gutiérrez convocó a una reunión del clero con el gobierno para que juntos acordaran el curso que debía tomar la diócesis, ahora desprovista de pastor y aún incomunicada con la metropolitana de Guatemala (22/V/1834). Esta junta, un pseudosínodo diocesano desprovisto de toda canonicidad, debía poner de relieve que el clero y el gobierno eran capaces

---

15 Andrade, 1907, pp. 108-109.

16 LDS, Estado de Campeche, Campeche, Inmaculada Concepción de San Francisco, defunciones 1824-1830, 1833-1835, 762652, 521/657 (casi ilegible).

17 Por ejemplo, varios como integrante de una comisión nombrada para analizar las facultades del vicario capitular sede vacante del obispado de Chiapas en orden a dispensar impedimentos dirimentes –uno de ellos firmado sólo por él–. LDS, San Cristóbal de las Casas, San Cristóbal de las Casas, cofradías y cordilleras 1830-1833, 734919, 13-14 y 17-24/487.

18 LDS, San Cristóbal de las Casas, San Cristóbal de las Casas, cofradías y cordilleras 1831-1839, 734870, 574-576/600.

de efectivamente trabajar juntos por el bien común.[19] Ignoro cuáles fueron sus resultados. Por otro lado, el derecho canónico establecía que el vínculo entre el prelado y su iglesia era análogo al que existía entre los cónyuges; por ende, la principalísima causa de su extinción era la muerte de aquél. Así, el nombramiento de gobernador vicario general que fray Luis había hecho en su edicto de 16/V/1834 dejó de tener efecto una vez que falleció. La jurisdicción entonces pasó al cabildo sede vacante y éste debía, en el corto término de ocho días, elegir un nuevo gobernador vicario. Sin embargo, como ya se refirió, la ley federal de 3/XI/1833 nulificó los nombramientos capitulares de la República, y esto complicaba todo. Así que, sin saber el resultado de la exposición dirigida al presidente Santa Anna de 7/VI/1834, el cabildo elevó otra, pero dirigida al gobernador del estado, el 7/XI/1834.[20] Estaba fundada en la creencia de que la norma civil que "disolvió de hecho al cabildo, no pudo evitar el que en la vacante fuese el depositario de la jurisdicción ni enervar el efecto de las disposiciones canónicas".[21] Es decir, puesto en términos menos suaves, las leyes nacionales y sus autoridades temporales no podían evitar la aplicación del derecho canónico, un orden jurídico vigente en la República que, además, regía a una Iglesia que se veía a sí misma como independiente y soberana en todo lo que tocaba a su gobierno interior. Así, el cabildo chiapaneco existía, en él se hallaba depositada la jurisdicción y podía elegir a su vicario capitular, cosa que a la postre hizo.[22] Por otra parte, la "perfecta acefalía"[23] de la diócesis hizo impopular al gobierno federal, el cual, al menos en Chiapas, frecuentemente no era obedecido; en la

19 Torres, 2017, pp. 163-164.

20 LDS, San Cristóbal de las Casas, San Cristóbal de las Casas, cofradías y cordilleras 1833-1839, 734856, 288-290/630.

21 LDS, San Cristóbal de las Casas, San Cristóbal de las Casas, cofradías y cordilleras 1833-1839, 734856, 289/630.

22 Roma aprobó lo hecho, cosa que comunicó Luigi Tregia, secretario prepósito de la Congregación de Negocios Consistoriales al cabildo de Chiapas, el 11/V/1836. LDS, San Cristóbal de las Casas, San Cristóbal de las Casas, cofradías y cordilleras 1833-1839, 734856, 347-348/630.

23 LDS, San Cristóbal de las Casas, San Cristóbal de las Casas, cofradías y cordilleras 1831-1839, 734870, 575/600.

Ciudad de México se llegó a temer que el estado pasara a manos guatemaltecas.[24] Así, se decretó el 12/XII/1834 suspender en Chiapas los efectos de la ley que había echado atrás los nombramientos capitulares y de esta suerte restaurar el gobierno de la mitra.[25] Independientemente de lo dicho por los canónigos, la resolución del gobierno federal de 13/XII/1834 de la que ya he hecho mérito, recibida el 7/II/1835, regularizó a los ojos del Estado la actuación de los capitulares.

En una cordillera, fechada el 16/II/1835, que informó de la muerte de fray Luis a los párrocos y ordenó celebrar funerales en cada curato, se hizo saber que el cabildo eclesiástico chiapaneco volvió a reunirse y procedió a elegir vicario capitular. El vicariato se discernió al canónigo de gracia Juan de Velasco y Martínez.[26]

Ahora bien, ¿realmente el gobierno del obispado estaba en mal estado? Para muestra basta un botón. El superior dominico, fray Rafael Zúñiga, en una carta dirigida al secretario capitular Ramón Aguilar, dijo: "No hay cosa más pública que lo que se ha padecido por falta de él un mes largo que he presentado dos religiosos de mi orden para que se habiliten para oír confesiones, y hasta el día no se ha logrado y cualquiera otra cosa no de entidad, es necesario tocar todas las casas de los señores canónigos".[27]

---

24 LDS, San Cristóbal de las Casas, San Cristóbal de las Casas, cofradías y cordilleras 1831-1839, 734870, 575/600.

25 El decreto se comunicó a la Cámara de Diputados de la Federación el 9/I/1835.

26 LDS, San Cristóbal de las Casas, San Cristóbal de las Casas, cofradías y cordilleras 1831-1840, 734770, 171-174/617.

27 Se refiere a fines de I/1835. LDS, San Cristóbal de las Casas, San Cristóbal de las Casas, cofradías y cordilleras 1833-1839, 734856, 308/630.

8
Coda

Como es bien conocido, el vicepresidente Gómez Farías cayó en desgracia. Graves protestas contra sus medidas antieclesiásticas y las maquinaciones de la facción yorkina, a la que sus detractores atribuían las más pérfidas intenciones, llevaron a su renuncia el 13/V/1834.[1] Unos días después, el 25/V se lanzó el Plan de Cuernavaca que, entre otras cosas, pedía la derogación de toda la legislación anticatólica, la eliminación de la influencia masónica y que Santa Anna fuera reconocido como la única autoridad encargada de la restauración del orden. Santa Anna se puso al frente del movimiento. Disuelto el Congreso, se desmantelaron las reformas eclesiásticas intentadas por el grupo radical.[2] Esto no supuso sino volver a hacer hincapié en la necesidad de arreglar la situación de la Iglesia en México por medio de la firma de un concordato. Ello requería, evidentemente, del concurso de la corte de Roma, y ésta no era hueso fácil de roer y, aún, no reconocía la independencia nacional.

Para cubrir la vacante dejada por fray Luis, un decreto de 23/V/1835 del presidente interino de la República, Miguel Barragán (1789-1836), ordenó al cabildo chiapaneco formar una terna de candidatos a la mitra. Ésta

1 Eran, según Carlos María de Bustamante, "hombres que han declarado hoy guerra a muerte a la religión y a las propiedades de los eclesiásticos para robárselas, y que formen su patrimonio. Afectando un verdadero celo por los intereses de la nación, dicen que está abrumada con una deuda inmensa, cuyo capital y réditos no puede pagar". Lo cual atribuía a su imprudencia y maldades, las cuales habían puesto al país en peligro de una intervención armada por parte de sus acreedores. Bustamante, 1833, pp. 26-27.

2 Algunas entretelas de esto en LDS, San Cristóbal de las Casas, San Cristóbal de las Casas, cofradías y cordilleras 1831-1839, 734870, 574-576/600.

fue elevada al gobierno y en ella figuraba el distinguido escritor católico Basilio Manuel de Arrillaga y Valcárcel (1791-1867).[3] La vacante duró mucho tiempo. Fue preconizado obispo de Chiapas, el 23/XII/1839, José María Luciano Becerra y Jiménez (1784-1854); sin embargo, por razones que aquí no vienen al caso, fue consagrado hasta el 29/XII/1848.[4]

Años después de su muerte, en 1860, los restos de fray Luis fueron exhumados y llevados a la catedral de Chiapas. En este proceso intervinieron integrantes de su familia y dos comisionados del cabildo eclesiástico chiapaneco, que fueron el ya mencionado José Domingo Robles y otro eclesiástico de apellido Trilles.[5]

El canónigo Vicente de P. Andrade, sujeto que viajó a Chiapas, debe de haber visto el retrato de fray Luis; dijo que era "blanco, de abundante ceja y cano".[6] En 1977, el que aquí se publica, estaba en el Aula Máxima del Seminario Conciliar de Chiapas; es obra de Anselmo Rodas.[7] Hoy cuelga en la catedral de San Cristóbal.

---

[3] Dio las gracias al cabildo y al mismo tiempo dijo que, si el gobierno lo presentaba a la Santa Sede, renunciaría (26/XII/1835). LDS, San Cristóbal de las Casas, San Cristóbal de las Casas, cofradías y cordilleras 1831-1839, 734870, 512-513 y 522/600.

[4] Andrade, 1907, p. 116.

[5] Andrade, 1907, pp. 109-110. Sedano, 1880, t. 2, p. 20 (1ª foliación).

[6] Sedano, 1880, t. 2, p. 20 (1ª foliación).

[7] Flores, 1978, p. 116.

9
Los colaboradores de fray Luis: clero y familia

Lino García y Olivera

Nació en Comitán hacia 1786. Fue hijo de Pablo García y de María de Olivera.[1] Sus abuelos paternos fueron Tomás García y Marciala Gutiérrez; acerca de los maternos nada sé. Por los documentos que he visto, y que se extractan enseguida, su familia se hallaba conceptualizada como ladina/española; es decir, su calidad era ambigua en una localidad corta en la que escaseaban las familias consistentemente tenidas como españolas y abundaban las indígenas. Sin embargo, debía gozar de algún predicamento en Comitán ya que, frecuentemente, sus integrantes recibieron el tratamiento de don/doña y algunos se relacionaron con clanes, igualmente ladinas/españolas de cierta importancia, tales como el de los Villatoro y los Solórzano –también muy relacionados entre sí.

Pablo García no era comiteco, sino que nació en Teopisca, un pequeño pueblo que hoy sólo dista 60 kilómetros de Comitán, el 29/VI/1743. Fue bautizado en la parroquia de San Agustín el 7/VII/1743. Su madrina fue María Nicolasa García.[2] Debe de haberse mudado a Comitán con ocasión

[1] Flores, p. 115, dice que en 1830 tenía 44 años. Parte del archivo parroquial de Comitán se perdió en un incendio y, entre otros documentos, se consumieron los bautismos de XI/1768 a X/1784. LDS, Comitán de Domínguez, bautismos 1752-1768 y 1784-1792, 412/669. Busqué su partida desde X/1784, hasta I/1788.

[2] Todos asentados sin calidades ni don/doña. Sigo una importante información de calidad levantada por García en VIII/1792. LDS, San Cristóbal de las Casas, San Cristóbal de las Casas, bautismos 1779-1819, 733216, 85-95/566.

de su matrimonio con la referida María de Olivera. Sea como haya sido, fue uno de los albaceas de María Ignacia Gandulfo, vecina de Comitán y huérfana de Carlos María Gandulfo y de Rosa de Olivera, de la misma vecindad. "Doña" María Ignacia testó, en Comitán (22/V/1789) ante Antonio de Rivera, comisario subdelegado de la intendencia.[3] Dejó todos sus bienes para la fundación de un hospital; entre ellos estaban la casa de su morada, muy espaciosa y ubicada en la plaza principal de Comitán, y la hacienda de Santiago Juncaná. La testadora también ordenó que el hospital tuviera un mayordomo y autorizó a que lo fuera uno de sus albaceas. Pues bien, el coalbacea de García era Gabriel José Ortiz, quien vivía en el cercano pueblo de Socoltenango; seguramente por esto García fue el primer encargado de la fundación.

Calificado como "un pobre mayordomo", fue acusado de poca pureza en el manejo de los fondos a su cargo y se dijo que con el producto de sus fechorías había adquirido las haciendas de San Juan del Valle, San Gregorio y Buenavista, amén de labrarse una casa en Comitán. Sin embargo, a Pablo García sí le tocó en derechura una parte de las alhajas y de la plata labrada de la difunta.[4]

Más o menos al tiempo en que se ocupaba de los negocios de la casa mortuoria de Gandulfo, cosa que debe haberle dado bastante visibilidad en el corto vecindario de Comitán, García hizo levantar una información de calidad acerca de él, su esposa y cinco hijos varones; éstos malamente no fueron nombrados en ella, lo cual habla del poco cuidado en su confección. El instrumento se llevó a cabo el 5/VIII/1792 ante José Farrera, subdelegado del partido de Acala, Chamula, Zinacantán y comisionado para la numeración y matrícula de indios tributarios por el intendente coronel Agustín de la Cuenta Zayas, caballero de Santiago. García se hizo llamar "don Pablo" y, a pesar de lo dicho antes sobre sus quehaceres económicos, afirmó no poder firmar. Deseaba que sus hijos "en todos tiempos puedan sostener cualesquier empleos con que comúnmente se hayan sujetos a servirlos en este

3 El instrumento en Orozco, 1906, pp. 83-84; Ruz, 1989, pp. 203-208.

4 Ruz, 1989, pp. 160, 165 y 184.

vecindario".[5] ¿Sólo buscaba esto? Ciertamente, gozar de empleos públicos era cosa honorífica, pero para esto no se informaba ante un juez de matrícula, sino ante una autoridad política, preferentemente municipal, como ocurría en todas partes. Además, el contenido de su información se centró en la legitimidad de sus hijos, su cristiandad, la calidad de sus padres y la de sus suegros. Veamos. Primero, sobre María de Olivera, a la cual García no llamó doña, se probó que era vecina de Comitán, "crianza" de "doña" Rosa de Olivera, es decir, de padres ignotos, recogida o quizás hija natural de la dicha Rosa –madre adoptiva de María Ignacia Gandulfo– y que públicamente era tenida como mestiza, hija de español e india. Segundo, a pesar de que las constancias bautismales de sus hijos y de su matrimonio se perdieron en el incendio de la parroquia comiteca, los testigos declararon contestes acerca de la legitimidad de los primeros.[6] Tercero, en cuanto a su propia calidad, García demostró que era castizo, hijo de madre española –a la cual se trató consistentemente como doña– y, aunque no se dijo, se supondría que su padre era mestizo. Así que, para cargos honoríficos, la información parece más bien probar que los vástagos del enlace García-Olivera no podrían aspirar a ellos. La pesquisa fue aprobada el 15/IX/1792, precisamente para el efecto que legalmente podía tener: que la familia no fuera incluida entre los naturales tributarios.[7]

Pablo García murió en Comitán el 28/VIII/1810. Fue sepultado en la parroquia de Santo Domingo, para cuya fábrica sus deudos entregaron un peso. Dejó viuda a María de Olivera. En el asiento respectivo ambos llevan el tratamiento de don/doña y fueron categorizados como españoles.[8] Los García recorrieron un buen trecho: de una familia que pudo ser considerada

---

5 LDS, San Cristóbal de las Casas, San Cristóbal de las Casas, bautismos 1779-1819, 733216, 86/566.

6 Los testigos estuvieren de acuerdo con lo arriba dicho. Todos eran vecinos de Comitán, sabían firmar y no les tocaban los generales; su calidad no se asentó, cosa que demuestra cierto descuido. Quizá algunos eran parientes de fray Luis. Se llamaron: "don" Juan Crisóstomo Guillén, de 52 años; "don" Francisco Gordillo, de 63; "don" Pedro Antonio Guillén, de 59; "don" Narciso Guillén, de 54, y sin don, Simón Solís, de 50.

7 Dio por "legítimamente probada la libertad, y calidad de las partes que refiere y que no se les inquiete ni moleste en manera ninguna". LDS, San Cristóbal de las Casas, San Cristóbal de las Casas, bautismos 1779-1819, 733216, 94/566.

8 LDS, Comitán de Domínguez, Santo Domingo, defunciones 1784-1812 y 1921-1925, sin número, 482/543.

tributaria y de poca monta, a una española de dones. Sin embargo, al registrarse la muerte de María de Olivera, ocurrida en Comitán el 22/II/1826, a pesar de que se dio una fabulosa limosna de 37 pesos, sólo recibió el don su difunto esposo.[9]

Fueron tíos carnales paternos del personaje que motiva esta ficha:

1. Marcial García y Gutiérrez. Fue vecino de Comitán y esposo de Urbana Solís, hija de Simón Solís y de Alejandra Ancheta. Todos fueron asentados como españoles sin el tratamiento de don/doña, al registrarse el bautismo de Higinia Josefa García y Solís, celebrado en Santo Domingo de Comitán, el 22/I/1787.[10] Marcial García murió el 13/XI/1804 y fue sepultado en la parroquia de Comitán; se dio un peso por el entierro y fue asentado como español y con el tratamiento de don.[11] Su viuda le sobrevivió hasta el 12/III/1819. Fue sepultada en la misma iglesia y se dejaron dos pesos de limosna. En la partida respectiva se le dio el tratamiento de doña y la categoría de española.[12] Entre los hijos del enlace García-Solís se hallan:

   1.1. Higinia García y Solís. Nació en 1787. La información matrimonial para casarse con Manuel Román, hijo de Faustino Román y Lorenza Villatoro, se levantó, en la parroquia de Comitán, el 16/VII/1804. Todos fueron anotados como ladinos.[13]

   1.2. Gregoria García y Solís. Nació en Comitán. Fue bautizada, el 22 /III/ 1789, en la parroquia de Santo Domingo de dicho pueblo. Su madrina fue Micaela García. Nadie recibió el don y la niña fue anotada

[9] LDS, Comitán de Domínguez, Santo Domingo, defunciones 1814-1828 y 1862-1900, 739089, 145/537.

[10] La madrina fue María Micaela García. LDS, Comitán de Domínguez, Santo Domingo, bautismos 1752-1768 y 1784-1792, 706108, 466/669.

[11] LDS, Comitán de Domínguez, Santo Domingo, defunciones 1784-1812 y 1924-1925, sin número, 350/543.

[12] LDS, Comitán de Domínguez, Santo Domingo, defunciones 1792-1820 y 1826-1837, sin número, 203/510.

[13] LDS, Comitán de Domínguez, Santo Domingo, matrimonios 1787-1804, 722934, 686-687/698. Es de notar que entre los testigos se hallaban Narciso y Agustín Guillén, ambos fueron asentados sin calidad, pero como dones, de 64 y 61 años, respectivamente.

como "ladina".[14] Se le negó el don a Gregoria y a sus padres en la partida de defunción de ésta (Santo Domingo de Comitán, 12/VII/1834).[15]

1.3. Florencia Matiana García y Solís. Nació en Comitán. Fue bautizada, el 9/III/1791, en la parroquia de Santo Domingo de dicho pueblo. Su madrina fue Micaela García. Sus padres, madrina y cuatro abuelos fueron tratados como dones y la infanta anotada como española.[16]

1.4. José García y Solís. Nació en Comitán. Fue bautizado, el 20/XI/1793, en la parroquia de Santo Domingo de dicho pueblo. Su madrina fue Micaela García. Nadie recibió el don y el infante fue registrado como ladino.[17] Murió el 25/VII/1795 en Comitán. Fue sepultado en la parroquia. Se dejó un peso por los repiques y cuatro reales para la fábrica de la iglesia. Fue asentado como español, pero se negó el don/doña a sus padres.[18]

1.5. Emiro García y Solís. Nació en Comitán. Fue bautizado, el 18/III/1795, en la parroquia de Santo Domingo de dicho pueblo. Su madrina fue Micaela García. Nadie recibió el don y el infante fue registrado como ladino.[19]

1.6. Máximo García y Solís. Hizo levantar, en la parroquia de Comitán, el 2/V/1820, una información matrimonial para casarse con Clara

---

[14] LDS, Comitán de Domínguez, Santo Domingo, bautismos 1752-1768 y 1784-1792, 706108, 517/669. A la madrina se le agregó después doña: un clásico "postizo".

[15] LDS, Comitán de Domínguez, Santo Domingo, defunciones 1792-1820 y 1826-1837, sin número, 451/510.

[16] LDS, Comitán de Domínguez, Santo Domingo, bautismos 1752-1768 y 1784-1792, 706108, 571/669.

[17] LDS, Comitán de Domínguez, Santo Domingo, bautismos 1793-1800 y 1919-1920, 706109, 58/687.

[18] LDS, Comitán de Domínguez, Santo Domingo, defunciones 1784-1812 y 1924-1925, sin número, 184/543.

[19] LDS, Comitán de Domínguez, Santo Domingo, bautismos 1793-1800 y 1919-1920, 706109, 116/687.

Macal, hija de Pioquinto Macal y de Juana Urbano. Todos fueron anotados como ladinos.[20]

2. Cristóbal García y Gutiérrez, esposo de Casilda de Villatoro, hija de Atanasio de Villatoro y de Juana de Olandés. Hijo del enlace García-Villatoro fue:

    2.1. Ciriaco García y Villatoro. Fue bautizado en la parroquia de Santo Domingo de Comitán, con la calidad de español, el 16/IX/1785. En la partida respectiva se negó el don a todos los involucrados, salvo a su abuela paterna, la única que consta que era española, como se ha dicho.[21]

3. Felipe García y Gutiérrez. Fue vecino de Comitán y, desde el 7/VII/1794, esposo de Francisca Solís, hija de Simón Solís y de Alejandra Ancheta. Todos fueron asentados sin calidad y sin el tratamiento de don/doña. Los testigos fueron dones y los padrinos Pablo García y María de Olivera – sin calidad y sin don/doña – .[22] Debe de ser el mismo Felipe García que figura en el "pie de lista" de la segunda compañía de milicias de infantería de Ciudad Real de Chiapa en Comitán y Tuxtla, hecha por el capitán de granaderos y comandante Joaquín Fuero en VIII/1801, como carpintero de 30 años y casado.[23]

4. Quizá Isidro García, vecino de El Salto, obispado de Chiapas, el cual era tenido como tío del provisor en V/1822.[24]

[20] LDS, Comitán de Domínguez, Santo Domingo, informaciones matrimoniales 1816-1820, 739054, 433/554.

[21] LDS, Comitán de Domínguez, Santo Domingo, bautismos 1752-1768 y 1784-1792, 706108, 434/669.

[22] LDS, Comitán de Domínguez, Santo Domingo, matrimonios 1787-1804, 722934, 297/698.

[23] Otros soldados comitecos fueron Francisco García (21, labrador, casado) y Gregorio García (15 años, labrador, soltero). LDS, Diócesis de Chiapas, San Cristóbal de las Casas, becas y órdenes 1797-1799, 733787, 416, 417 y 419/472.

[24] LDS, San Cristóbal de las Casas, San Cristóbal de las Casas, bautismos 1779-1819, 733216, 239/566.

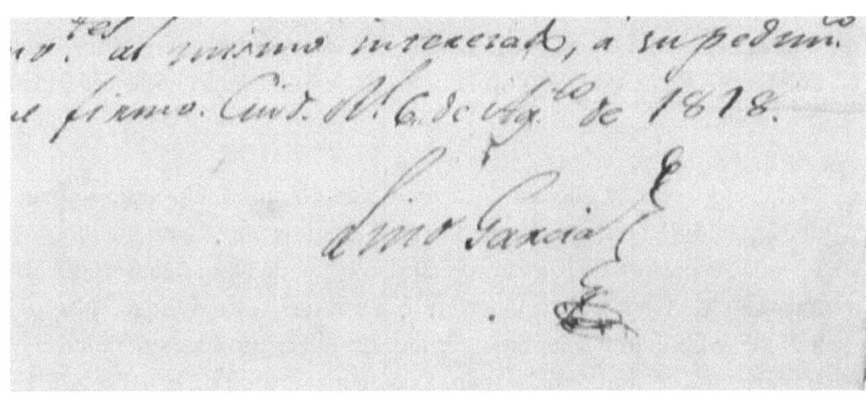

...al mismo interesado, a su pedimento lo firmo. Ciud. R.l 6 de Ag.to de 1818.

Lino García

LDS, San Cristóbal de las Casas, San Cristóbal de las Casas, bautismos 1779-1819, 733216, 476/566.

Lino García tuvo, al menos, los hermanos siguientes:

1. Juan de Dios García y Olivera. Fue vecino de Comitán. Hizo levantar una información para contraer nupcias, el 30/V/1798, en la parroquia de Santo Domingo de Comitán. Su prometida era Manuela Gordillo, de la misma vecindad e hija de Mariano Gordillo y de Lorenza Santiago. En el asiento todos recibieron el tratamiento de don/doña y fueron categorizados como españoles.[25]

2. Gregorio García y Olivera. Nació en Comitán. Recibió el bautismo en la parroquia de dicha población el 26/III/1786; su madrina fue Rosa Olivera. En este acto recibió la calidad de ladino y ninguno de quienes aparecen en el asiento –salvo la madrina– recibió el tratamiento de don/doña. Es de notar que se omitió consignar los nombres de los abuelos maternos, lo cual podría deberse a que la madre fuera hija de padres no conocidos.[26] Gregorio García hizo levantar una información para contraer nupcias, el 27/XII/1800, en la parroquia de Santo Domingo de Comitán.

25 LDS, Comitán de Domínguez, Santo Domingo, matrimonios 1787-1804, 722934, 503/698.

26 LDS, Comitán de Domínguez, Santo Domingo, bautismos 1752-1768 y 1784-1792, 706108, 444/669.

Su prometida era Lucía Figueroa, de 20 años, natural de Comitán e hija de Vicente Figueroa y de Rufina Gordillo. En el asiento nadie recibió el tratamiento de don/doña.[27]

3. Francisco García y Olivera. Fue vecino de Comitán. Contrajo nupcias el 27 /XI/1800, en la parroquia de Santo Domingo del dicho pueblo, con Rosalía Solórzano, de la misma vecindad e hija de Domingo Antonio Solórzano y de Catarina de Villatoro. Fueron testigos del enlace Manuel y Narciso Guillén y Marcelo Gordillo. En el asiento todos recibieron el tratamiento de don/doña y fueron categorizados como españoles.[28] Es de notar que Narciso Guillén estaba identificado con el movimiento de Chiapas Libre (X/1823-IX/1824).[29]

4. José García y Olivera. Fue natural de Comitán. Recibió el bautismo en la parroquia del mismo pueblo el 20/VII/1784. Fue asentado como ladino y es de notar que esto ocurrió en 1804 porque no se halló su partida original.[30] Hizo levantar una información para contraer nupcias, el 2/IV/1804, en la referida parroquia. Su prometida era Florentina Villatoro, vecina de Comitán e hija de José Villatoro y de Dominga Solórzano. En el asiento sólo recibieron el tratamiento de don/doña los padres de la novia y el padre del novio; los contrayentes fueron categorizados como ladinos.[31]

Nuestro personaje, Lino García y Olivera, recibió los grados de bachiller en Artes (I/1803)[32] y Teología de la Universidad de Guatemala (7/

---

[27] LDS, Comitán de Domínguez, Santo Domingo, informaciones matrimoniales 1809-1813, 739091, 116/245. Sin calidades.

[28] LDS, Comitán de Domínguez, Santo Domingo, matrimonios 1787-1804, 722934, 379/698.

[29] Torres, 2017, p. 70.

[30] LDS, Comitán de Domínguez, Santo Domingo, bautismos 1770-1810, 736708, 210/621.

[31] LDS, Comitán de Domínguez, Santo Domingo, matrimonios 1787-1804, 722934, 651-652/698.

[32] El impreso: *Sequentia suscipit asserta propugnanda Linus Garcia, publico in examine pro Baccalaureatus in Philosophia gradu nanciscendo...* [Al pie:] N. Guatemalae: Apud Beteta. Medina-Valenzuela-Taracena, 1960, t. 2, vol. 2, 1241.

XI/1806)[33] y de doctor de la Universidad de Chiapas tras ascender a la maestrescolía de la catedral chiapaneca, cosa que hizo en 1831.[34]

En una fecha que no puedo precisar, anterior a VIII/1811, servía una capellanía del coro de la referida catedral.[35] Ya era rector del Seminario de Ciudad Real en VIII/1811;[36] dejó este empleo en 1815.[37] El obispo San Martín y Cuevas lo nombró catedrático de Filosofía del mismo plantel; se trataba de una silla creada por el propio prelado con 200 pesos de dotación impuestos sobre los remanentes de ciertas fincas que ya estaban gravadas con otras obras pías. García empezó a explicar por VII/1819.[38]

En VIII/1818 era notario mayor del obispado de Chiapas[39] y entre al menos X/1813-IV/1819 sirvió como vicario encargado o cura interino del Sagrario de Ciudad Real.[40] Fue uno de los primeros "socios asistentes" de la Sociedad Económica de Amigos del País de Chiapa.[41]

García, en X/1819, fue nombrado de nuevo rector del Seminario. Éste estaba en tan mala situación financiera y material que puso de su bolsillo para mantenerlo a flote. Renunció al rectorado unos días después del deceso del obispo San Martín y Cuevas, muerto el 17/II/1821.[42] Pero el cabildo nada resolvió sobre esta renuncia y encima lo hizo vicario capitular y

---

33 El impreso: *Pro Baccalaur. gradu in sacra Thoelogia promerendo, propugnanda suscipit Linus Garcia*... [Al pie:] Apud Arevalo. Medina-Valenzuela-Taracena, 1960, t. 2, vol. 2, 1430.

34 LDS, San Cristóbal de las Casas, San Cristóbal de las Casas, cofradías y cordilleras 1811-1838, 734877, 131 y 230-231/599.

35 LDS, Diócesis de Chiapas, San Cristóbal de las Casas, becas y órdenes 1812-1815, 733042, 80/655.

36 LDS, Diócesis de Chiapas, San Cristóbal de las Casas, becas y órdenes 1812-1815, 733042, 80/655. Según Flores, 1978, p. 146, lo era desde 1807.

37 LDS, San Cristóbal de las Casas, San Cristóbal de las Casas, cofradías y cordilleras 1811-1838, 734877, 135/599.

38 LDS, San Cristóbal de las Casas, San Cristóbal de las Casas, cofradías y cordilleras 1813-1831, 734869, 368/628. Trens, 1957, p. 85.

39 LDS, San Cristóbal de las Casas, San Cristóbal de las Casas, cofradías y cordilleras 1813-1831, 734869, 76/628.

40 LDS, Comitán de Domínguez, Santo Domingo, proclamas y dispensas matrimoniales 1671-1816, 739049, 133/292; Diócesis de Chiapas, San Cristóbal de las Casas, bautismos 1779-1819, 733216, 476/566.

41 Sociedad, 1819, p. 17. Torres, 2017, p. 142.

42 LDS, San Cristóbal de las Casas, San Cristóbal de las Casas, cofradías y cordilleras 1811-1838, 734877, 135/599.

provisor, con lo cual quedó con todo el gobierno de la diócesis.[43] Es de notar que para entonces el Seminario y su iglesia ya amenazaban con caerse a pedazos.[44] Se ha dicho que permaneció al frente del Seminario hasta 1825.[45]

Como acabo de asentar, la sede vacante de San Martín y Cuevas lo eligió vicario capitular, provisor y gobernador (II/1821). Entonces García dejó su cátedra de Filosofía en manos del presbítero Juan Domínguez. Ofició el *Te Deum* con el que se solemnizó el juramento de fidelidad a Agustín I, el 8/VIII/1822, en la catedral de Ciudad Real.[46] El 13/I/1823 renunció al gobierno de la diócesis y al provisorato. Alegó tener problemas de vista y estar cargado con demasiadas ocupaciones.[47] El deán y cabildo sede vacante no aceptaron que se fuera y en la nota que entonces le dirigieron, muy elogiosa, expresaron que lo creían digno de una mitra (17/I/1823).[48] García insistió en irse y al mismo tiempo declaró no ser responsable de las resultas si en esta ocasión no se le permitía (18/IV/1823).[49] Supuestamente, porque muchos le pidieron que se quedara, tres días después retractó la renuncia y la postergó para un mejor tiempo.[50] Claramente ésta obedecía a causas bien diferentes de las alegadas por García, ya que ahora el deán y cabildo aceptaron su dimisión y reservaron el juicio acerca de la validez de sus causas al prelado que viniera (20/V/1823).[51] Ante esto García replicó que permanecería en el provisorato y en la vicaría y, además, que haberse retractado

---

43 Andrade, 1914, p. 64.

44 LDS, San Cristóbal de las Casas, San Cristóbal de las Casas, cofradías y cordilleras 1811-1838, 734877, 131/599.

45 Flores, 1978, p. 146.

46 Trens, 1957, p. 248.

47 LDS, San Cristóbal de las Casas, San Cristóbal de las Casas, cofradías y cordilleras 1811-1838, 734877, 127-141 y 148-162/599.

48 LDS, San Cristóbal de las Casas, San Cristóbal de las Casas, cofradías y cordilleras 1811-1838, 734877, 135/599.

49 LDS, San Cristóbal de las Casas, San Cristóbal de las Casas, cofradías y cordilleras 1811-1838, 734877, 134-136/599.

50 LDS, San Cristóbal de las Casas, San Cristóbal de las Casas, cofradías y cordilleras 1811-1838, 734877, 137/599.

51 LDS, San Cristóbal de las Casas, San Cristóbal de las Casas, cofradías y cordilleras 1811-1838, 734877, 138-139/599. Firmado por el deán Manuel Ignacio de Esnaurrizar, el arcediano Ramón Ordóñez y Aguiar y el maestrescuela Mariano Nicolás Robles Domínguez de Mazariegos.

nulificaría la elección de otro vicario por parte del cabildo (11/VII/1823).[52] El asunto debe de haber causado revuelo en el seno de la diócesis, ya que ambas partes recurrieron al metropolitano. Pero como la resolución de éste iba a tomar mucho tiempo y el clero no quería ver litigios, diferencias y menos un cisma, el 17/IX/1823, en cuerpo se sometió a la autoridad de García como su verdadero vicario.[53]

Cuando en II/1826 se fundó la Universidad de Chiapas, se le dio la cátedra de Medianos; entonces se suprimió la que servía en el Seminario de San Cristóbal cuya dotación era exigua. En este asunto intervino una comisión nombrada para la organización de la planta de la Universidad a la que pertenecía Mariano Nicolás Robles Domínguez de Mazariegos. El tema provocó un conflicto que llegó al Congreso estatal (IV/1828).[54]

En V/1827 se le encuentra como juez de Testamentos, Capellanías y Obras Pías –su notario era Eusebio García–.[55] Después de casi siete años de servir como vicario capitular y gobernador sede vacante del obispado de Chiapas, como tuvo algún disgusto cuya naturaleza desconozco y toda vez que debía ocuparse de su cátedra universitaria, renunció a los dichos destinos y solicitó permiso para residir en San Cristóbal o en otro punto de su elección (V/1827). El deán y cabildo sede vacante no admitió su dimisión porque pensaban que antes era necesario que se enfriasen las cabezas.[56] Las cosas deben de haber mejorado porque García permaneció todo el resto de la sede vacante como vicario y gobernador y, una vez que fray Luis García y Guillén se ciñó la mitra, lo ratificó (25/VIII/1831, título 19/XI/1831, tomó

[52] LDS, San Cristóbal de las Casas, San Cristóbal de las Casas, cofradías y cordilleras 1811-1838, 734877, 140-141/599.

[53] LDS, San Cristóbal de las Casas, San Cristóbal de las Casas, cofradías y cordilleras 1811-1838, 734877, 147-149/599.

[54] LDS, San Cristóbal de las Casas, San Cristóbal de las Casas, cofradías y cordilleras 1813-1831, 734869, 364-368 y 385/628.

[55] LDS, Comitán de Domínguez, Santo Domingo, proclamas y dispensas matrimoniales 1671-1816, 739049, 217-218/292.

[56] LDS, San Cristóbal de las Casas, San Cristóbal de las Casas, cofradías y cordilleras 1813-1831, 734869, 380-381/628.

posesión el día siguiente).[57] Es de notar que García estuvo en la propuesta de donde salió fray Luis García y Guillén al obispado.[58]

Obtuvo, tras la muerte del chantre Agustín Maza, el destino de canónigo interino, con la renta completa porque no ascendía a mil pesos y porque no tenía beneficio curado (ya lo era en V/1827).[59] Cuando Mariano Nicolás Robles Domínguez de Mazariegos dejó la maestrescolía para ocupar el deanato propuso para la vacante a García en primer lugar. Esto ocurrió el 5/IX/1831 y don Lino fue nombrado en el cabildo del día siguiente. Se le expidió el título del caso el 17/XI/1831 y recibió la colación canónica al otro día;[60] todo se hizo al tenor del artículo 1° del decreto del Congreso federal de 16/V/1831 y de normas estatales que mandaron darle cumplimiento. Fue propuesto al gobierno local por el cabildo para este destino en primer lugar. En la lista también estaban los siguientes candidatos: Francisco Guillén (promotor fiscal), Patricio Correa (cura), el bachiller Juan Domínguez y Simeón Moguel (cura).[61] Ya se dijo que la maestrescolía traía aparejada el cargo de cancelario de la universidad y el doctorado para quien no lo tenía.

García parece haber sido bastante pendenciero y exageradamente puntilloso. Ambas cosas se desprenden del expediente que siguió acerca de la nulidad de las presentaciones hechas en el cabildo de 6/IX/1831, en virtud del decreto del Congreso federal al que recientemente aludí.[62] Lejos de haber objetado la naturaleza intervencionista del poder temporal, le pareció que las provisiones del deanato en el dicho Robles y de la maestrescolía en él mismo no se ajustaban a las leyes civiles, ya porque no intervino

57 LDS, San Cristóbal de las Casas, San Cristóbal de las Casas, cofradías y cordilleras 1813-1831, 734869, 511/628.

58 LDS, San Cristóbal de las Casas, San Cristóbal de las Casas, cofradías y cordillera 1811-1838, 734877, 255/599. Flores, p. 115, dice que entonces tenía 44 años.

59 LDS, Comitán de Domínguez, Santo Domingo, proclamas y dispensas matrimoniales 1671-1816, 739049, 217-218/292.

60 LDS, San Cristóbal de las Casas, San Cristóbal de las Casas, cofradías y cordillera 1811-1838, 734877, 297-300/599; cofradías y cordilleras 1831-1839, 734870, 29-30/600. Trens, 1957, p. 254.

61 LDS, San Cristóbal de las Casas, San Cristóbal de las Casas, cofradías y cordilleras 1813-1831, 734869, 486-488/628. Trens, 1957, p. 254.

62 LDS, San Cristóbal de las Casas, San Cristóbal de las Casas, cofradías y cordilleras 1811-1838, 734877, 226-277/599.

en los nombramientos el cabildo, ya porque el único capitular era Robles y éste no podía votar en causa propia. Después García fue más lejos: pidió la nulidad de todas las provisiones capitulares. El asunto era una tormenta en un vaso de agua y parece que tuvo más que ver con rivalidades entre García y Robles y con que aquél ambicionaba el arcedianato (que nunca obtuvo).[63] Robles, en un largo escrito, dijo que aún no había tomado posesión del deanato y que si lo quería García, que lo podía tener; Robles estaba molesto por la acusación de haberse autonombrado. El obispo falló en contra de García y mandó informar al gobierno de la República (7/XI/1831).[64] Como ya se dijo, en sus manos quedó el mando de la diócesis tras la expulsión del obispo García y Guillén; las autoridades chiapanecas lo reconocieron mediante decreto del 2/VIII/1834.[65] Don Lino era maestrescuela en 1847[66] y en 1853[67] parece que tenía esta dignidad cuando murió.

Algo sé acerca de sus actividades políticas. Fue un entusiasta partidario de la anexión de Chiapas al Imperio mexicano. Luego intervino en que los curas del Soconusco juraran la Constitución federal mexicana de 1824. Esto favoreció la causa de México en el diferendo sobre aquel territorio con Guatemala.[68] Perteneció a la Junta Consultiva del gobierno de Chiapas (19/IX/1832);[69] abandonó este puesto al tomar posesión de una curul en el Congreso local (*circa* 20/II/1833).[70] Luego fue nombrado diputado local suplente (30/VII/1833, en funciones en XII/1833).[71] Torres ve una "contradicción"

63 LDS, San Cristóbal de las Casas, San Cristóbal de las Casas, cofradías y cordilleras 1811-1838, 734877, 226-255/599.

64 LDS, San Cristóbal de las Casas, San Cristóbal de las Casas, cofradías y cordillera 1811-1838, 734877, 273-274/599.

65 Torres, 2017, p. 164.

66 Andrade, 1914, p. 64.

67 Andrade, 1914, p. 64.

68 Sánchez, 2020.

69 LDS, San Cristóbal de las Casas, San Cristóbal de las Casas, cofradías y cordilleras 1831-1839, 734870, 173/600. Torres, 2017, p. 248.

70 LDS, San Cristóbal de las Casas, San Cristóbal de las Casas, cofradías y cordilleras 1831-1839, 734870, 246/600.

71 LDS, San Cristóbal de las Casas, San Cristóbal de las Casas, cofradías y cordilleras 1813-1831, 734869, 583/628; cofradías y cordilleras 1831-1839, 734870, 191/600. Sánchez, 2020.

en que García, al mismo tiempo de permanecer fiel a sus obligaciones como eclesiástico sirviera una curul en un congreso que estaba "bajo la tutela" del gobernador Joaquín Miguel Gutiérrez; además, afirma que por ella no es posible establecer con nitidez la posición política de García. Creo que, como en el caso del obispo fray Luis, él tenía clara una jerarquía de lealtades en la que lo debido a la autoridad temporal no podía pesar más que lo exigido por la obediencia a su Iglesia y a su Dios.[72]

Los vaivenes políticos que llevaron a que en XI/1832 se exigieran 30 000 pesos en calidad de préstamo para aliviar la situación de la guarnición del estado afectaron a don Lino con 150 pesos. Lo que más se requirió a un individuo vecino de San Cristóbal fue 300 pesos.[73]

Don Lino perteneció a la Orden de Guadalupe –época de Santa Anna– con el grado de caballero. Falleció en San Cristóbal, el 14/XII/1854.[74]

Francisco Guillén y Flores

Nació en Ciudad Real. Fue bautizado, como español, en la parroquia del Sagrario de dicha población el 8/X/1786. Su madrina fue Teodora Cabrera. Sus padres se llamaron Nicolás Guillén y María de Flores, a los cuales en la partida bautismal que me ocupa se les negó el tratamiento de don y doña.[75] El padre fue bautizado, con los nombres Nicolás Marcelo, el 21/XI/1741, en el Sagrario de Ciudad Real. Su madrina fue Paula de Marcelino. Fue hijo de Feliciano (también Félix) Antonio Guillén y de Manuela de Ochoa, vecinos de Ciudad

72 Torres, 2017, p. 165; luego dice que era "neutral" (p. 236).

73 *Manifiesto de las causas que han compelido a la comandancia general a solicitar el préstamo de treinta mil pesos entre los pueblos del estado de acuerdo y conformidad con el Escmo.* [*sic*] *Sr. gobernador*, [San Cristóbal], Imprenta de la Sociedad, 1832, p. 10, en LDS, San Cristóbal de las Casas, San Cristóbal de las Casas, cofradías y cordilleras 1831-1839, 734870, 147/600.

74 LDS, San Cristóbal de las Casas, Sagrario, defunciones 1854-1883, 608754, 31/683.

75 LDS, Diócesis de Chiapas, San Cristóbal de las Casas, bautismos 1786-1793, 725793, 16/289. Flores, 1978, p. 115. También tengo a la vista un importante expediente que contiene su información de calidad para vestir hábitos clericales. LDS, Diócesis de Chiapas, San Cristóbal de las Casas, becas y órdenes 1812-1815, 733042, 165-187/655.

Real y difuntos antes de VIII/1800.[76] Nadie recibió el tratamiento de don/doña y se omitió la calidad del bautizado.[77] La madre del personaje que motiva esta ficha, la dicha María de Flores, nació también en Ciudad Real y allá fue bautizada, en la referida parroquia, el 22/III/1756. Sus progenitores se llamaron Antonio de Flores, natural de Guatemala, y Teodora Cabrera, vecina de Ciudad Real. A la niña se le asignó la calidad de española y a los padres se les negó el tratamiento don/doña, el cual sí se dio a su madrina, María de la Tovilla.[78]

El enlace Guillén Flores se celebró, el 7/V/1777, en la iglesia de la Merced de Ciudad Real. Los padrinos fueron Cristóbal Guillén y su esposa María Efigenia de Sarnatchea (*sic*). Todos sin calidad y sin don/doña.[79] El padre de nuestro personaje murió "violentamente", creo en el sentido de repentinamente, el 31/X/1804, en Ciudad Real. Dejó viuda a María de Flores. Fue sepultado de limosna en la iglesia de la Merced. La partida no consignó calidades ni otorgó el tratamiento de don/doña.[80] La dicha María de Flores murió el 11/IV/1846 en San Cristóbal. Era viuda de Nicolás Guillén y fue sepultada en la iglesia de las Monjas. Ambos recibieron el don/doña en la partida respectiva.[81]

El abuelo paterno, Félix/Feliciano Antonio Guillén puede ser el mismo Félix Guillén, casado, vecino de Ciudad Real, quien murió en dicha población el 12/VII/1752. Fue sepultado en la catedral. En la partida de entierro no se le asignó calidad ni se le otorgó el don.[82]

[76] LDS, Diócesis de Chiapas, San Cristóbal de las Casas, becas y órdenes 1812-1815, 733042, 169/655.

[77] LDS, Diócesis de Chiapas, San Cristóbal de las Casas, becas y órdenes 1812-1815, 733042, 167/655.

[78] LDS, Diócesis de Chiapas, San Cristóbal de las Casas, becas y órdenes 1812-1815, 733042, 167/655.

[79] LDS, Diócesis de Chiapas, San Cristóbal de las Casas, matrimonios 1737-1804, 725797, 320/335.

[80] LDS, San Cristóbal de las Casas, San Cristóbal de las Casas, defunciones 1803-1850, 733624, 24/463.

[81] LDS, San Cristóbal de las Casas, Sagrario, defunciones 1826-1850, 608753, 538/666.

[82] LDS, Diócesis de Chiapas, San Cristóbal de las Casas, defunciones 1708-1780 y 1813-1820, 725798, 208/525.

Guillén tuvo, al menos, los siguientes tíos paternos:

1. Raimundo Guillén y Ochoa. Nació en Ciudad Real. Fue bautizado en el Sagrario de dicha población el 16/II/1744. Su madrina fue Petrona Pérez. Se le asignó la calidad de mestizo y nadie recibió el don/doña.[83]

2. Domingo Ursino Guillén y Ochoa. Nació en Ciudad Real. Fue bautizado en el Sagrario de dicha población el 5/IX/1746. Su padrino fue Francisco de León. No se le asignó calidad al bautizado y nadie recibió el don/doña.[84]

3. María Guillén y Ochoa. Nació en Ciudad Real. Fue bautizada en el Sagrario de dicha población el 14/X/1749. Su madrina fue María Antonia de Cabrera. Se le asignó la calidad de española a la bautizada y nadie recibió el don/doña.[85]

4. Cristóbal Guillén y Ochoa. Fue vecino de Ciudad Real. Allá murió el 3/VII/1804; fue sepultado en la Merced y era vecino de ese barrio. Era viudo de la señora que enseguida se menciona.[86] El 28 /XI/1765, en la iglesia de la Merced de Ciudad Real, contrajo nupcias con María Ifigenia (también Efigenia) de Asarnatea Gorostiaga (*sic*),[87] vecina de Ciudad Real e hija de "don" Julián de Asarnatea Gorostiaga (*sic*) y de "doña" Ana de Rena y Reyes. Los padrinos y testigos fueron Pedro Farfán y su esposa María León, Lorenzo de Ochoa, Francisco León e Isidro Pinto. No se asignaron calidades y sólo se otorgó el don/doña a los padres de la novia.[88] De este enlace nació:

[83] LDS, Diócesis de Chiapas, San Cristóbal de las Casas, bautismos 1737-1762 y 1769-1804, 725791, 91/308.

[84] LDS, Diócesis de Chiapas, San Cristóbal de las Casas, bautismos 1737-1762 y 1769-1804, 725791, 119/308.

[85] LDS, Diócesis de Chiapas, San Cristóbal de las Casas, bautismos 1737-1762 y 1769-1804, 725791, 156/308.

[86] LDS, San Cristóbal de las Casas, San Cristóbal de las Casas, defunciones 1803-1850, 733624, 16/463.

[87] También Efigenia y, en cuanto a sus apellidos, Sarnate, Sarnatea, Donosteaga/Donostiaga y Sarnatea.

[88] LDS, Diócesis de Chiapas, San Cristóbal de las Casas, matrimonios 1737-1804, 725797, 204/335.

4.1. Manuela Guillén y Donosteaga (*sic*). Fue esposa de Cristóbal Suárez, español, hijo expuesto o huérfano de "doña" Ignacia Suárez, el cual recibía el tratamiento de don. De este enlace nació:

4.1.1. Juan José Suárez y Guillén. Nació en Ciudad Real. Fue bautizado el 29/III/1800 en el Sagrario; su padrino fue Manuel Cancino. Todos los involucrados, menos el referido Cancino, recibieron el tratamiento de don/doña; no se asignó calidad al infante. La información de limpieza de sangre y buenas costumbres para vestir el manto y la beca de pensionista del Seminario de Ciudad Real, levantada ante Francisco Guillén y Flores, se aprobó el 7/IV/1819. Según los testigos, los ascendientes por ambas líneas del interesado eran españoles limpios.[89]

5. Rufina Guillén y Ochoa. Era vecina de Ciudad Real cuando, el 7/X/1767, en el Sagrario, contrajo nupcias con Francisco Javier de Aguilar, viudo de Juana de Abarca. Los padrinos fueron Francisco Javier de Aguilar y su esposa Juana Bermudo y los testigos Pedro Farfán, el fiscal Diego Ruiz y el capitán "don" Ciriaco de Zepeda. No se asignaron calidades y sólo se otorgó el don al dicho capitán.[90]

[89] LDS, San Cristóbal de las Casas, San Cristóbal de las Casas, documentos del Seminario Conciliar 1817-1839, 733208, 160-164/387.

[90] LDS, Diócesis de Chiapas, San Cristóbal de las Casas, matrimonios 1737-1804, 725797, 230/335.

Guillén tuvo, al menos, los siguientes tíos maternos:[91]

1. Gregorio Antonio de Flores y Cabrera. Nació en Ciudad Real. Fue bautizado, como español, en el Sagrario el 2/XII/1749. Fueron sus padrinos Antonio de Arriola y Felipa de Solórzano. Nadie recibió el don/doña.[92]

2. Julio José de Flores y Cabrera. Nació en Ciudad Real. Fue bautizado, como español, en el Sagrario el 28/IV/1765. Fueron sus padrinos Francisco de Avendaño y Manuela de Rodas. Nadie recibió el don/doña. Es de notar que el documento que tengo a la vista es un certificado de libertad para contraer nupcias fechado el 16/V/1795.[93] Con él tramitó su información matrimonial, en la parroquia de Santo Domingo de Comitán, el 28/V/1795, para casar con Rita Ruiz, hija de Claudio Ruiz y de María Rivera. Tanto el novio, como la novia y las familias de ambos recibieron el don/doña, pero a nadie se le asignó una calidad específica.[94] El enlace se contrajo y de él hubo sucesión.[95] Julio José de Flores sabía firmar.[96]

3. Lorenza Tiburcia de Flores y Cabrera. Nació en Ciudad Real. Fue bautizada, sin calidad, en el Sagrario el 18/VIII/1771. Su madrina se llamó María de Rojas. Nadie recibió el don/doña.[97] Usó el nombre de Lorenza. En XI/1799, Nicolás de Flores, natural de Guatemala, huérfano o hijo natural de María Mercedes de Flores, vecina de la ciudad de Guatemala, el cual sabía firmar, intentó contraer nupcias con la referida Lorenza.

---

91 Por otra parte, Teodora de Cabrera bautizó a un huérfano, llamado Bernardino José, el 19/XI/1793, en el Sagrario de Ciudad Real. Ella fue la madrina, al infante no se le asignó calidad y a ella no se le llamó doña. LDS, Tuxtla Gutiérrez, Arquidiócesis de Tuxtla Gutiérrez, bautismos 1793-1809, 725794, 54/568.

92 LDS, Diócesis de Chiapas, San Cristóbal de las Casas, bautismos 1737-1762 y 1769-1804, 725791, 157/308.

93 LDS, Comitán de Domínguez, Santo Domingo, bautismos 1793-1809, 739045, 12/540.

94 LDS, Comitán de Domínguez, Santo Domingo, matrimonios 1787-1804, 722934, 231-232/698.

95 Por ejemplo, LDS, San Cristóbal de las Casas, Sagrario, bautismos 1801-1803 y 1810-1815, 605731, 378 y 538-539/611, padres y abuelos con don/doña y nadie con calidad.

96 LDS, Tuxtla Gutiérrez, Arquidiócesis de Tuxtla Gutiérrez, informaciones matrimoniales 1751-1803, 725808, 194-197/233.

97 LDS, Diócesis de Chiapas, San Cristóbal de las Casas, bautismos 1771-1786, 725792, 15/485.

El enlace no se realizó y él luego se casó con otra. Al parecer, esto ocurrió porque su hermano Julio José de Flores, como cabeza de la familia y con anuencia de la madre de Lorenza, sujetó su consentimiento a que el dicho Nicolás de Flores hiciera constar la limpieza de su sangre.[98] Este episodio apunta a una familia muy preocupada por una posición social quizá precaria. Lorenza de Flores, española, de 33 años, hija de los referidos Antonio de Flores y Teodora de Cabrera, españoles, difuntos y vecinos de Ciudad Real, informó, el 11/II/1805 en Ciudad Real, acerca de su soltería para contraer nupcias con Victorino Vasconcelos, español, natural de la dicha población e hijo de Cipriano Vasconcelos y María Gutiérrez de Vega, quien no podía firmar. El enlace se celebró el 11/II/1805 en la iglesia de la Merced. La madrina fue Teodora Flores. En ninguno de los documentos los involucrados fueron tratados con don/doña.[99]

4. Teodora de Flores y Cabrera. Era vecina de Ciudad Real. Contrajo nupcias, en el Sagrario de Ciudad Real, el 16 /VII/1790, con Vicente Unquera, hijo de Manuel Unquera y Sabina Marcelino (difunta). Los padrinos fueron Mariano Farfán y Bárbara Velásquez. Sólo fue tratado con don el padre de la novia.[100]

Ahora bien, el padre de Francisco Guillén y Flores hizo levantar una información de calidad a favor de su hijo, ante el gobernador intendente y con citación del síndico procurador de Ciudad Real, aprobada el 22/XI/1800. Según este documento toda la familia Guillén-Flores estaba reputada como española y limpia de sangre y contaba con eclesiásticos en ambas líneas.[101] Guillén fue confirmado en Ciudad Real el 18/IV/1799.[102]

98 LDS, Tuxtla Gutiérrez, Arquidiócesis de Tuxtla Gutiérrez, informaciones matrimoniales 1751-1803, 725808, 194-197/233.

99 LDS, Tuxtla Gutiérrez, Arquidiócesis de Tuxtla Gutiérrez, informaciones matrimoniales 1805-1807, 725817, 56-58/535; San Cristóbal de las Casas, matrimonios 1790-1833, 608741, 110/539; los testigos fueron los mismos de la información.

100 LDS, San Cristóbal de las Casas, matrimonios 1790-1833, 608741, 10/539.

101 LDS, Diócesis de Chiapas, San Cristóbal de las Casas, becas y órdenes 1812-1815, 733042, 169/655.

102 LDS, Diócesis de Chiapas, San Cristóbal de las Casas, becas y órdenes 1812-1815, 733042, 179/655.

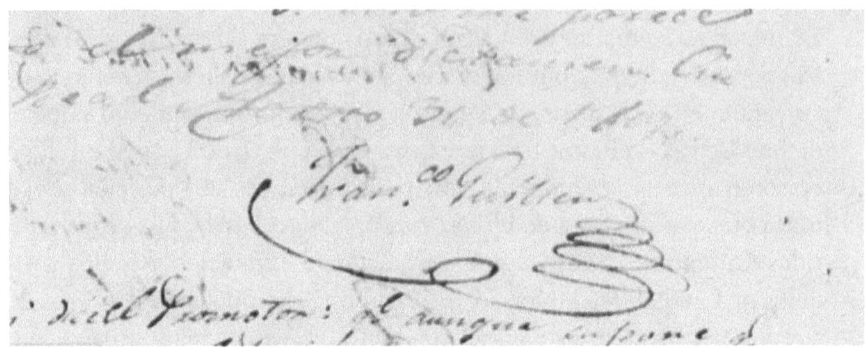

LDS, San Cristóbal de las Casas, San Cristóbal de las Casas, bautismos 1779-1819, 733216, 471/566.

Guillén tuvo, al menos, las hermanas siguientes:

1. María Petrona Guillén y Flores. Nació en Ciudad Real. Fue bautizada, en el Sagrario, como española, el 26/XII/1784. Su madrina fue Dominga Espinosa. Nadie recibió el don/doña.[103]

2. María Teodora de las Mercedes Guillén y Flores. Nació en Ciudad Real. Fue bautizada, en el Sagrario de dicha población, el 6 /IV/1797. Su madrina fue Lorenza Flores. La partida no asigna calidad a la bautizada y niega el tratamiento de don/doña a todos los involucrados en el acto.[104] Esta señora usó el nombre Teodora. La información matrimonial para su enlace con Sixto Mijangos se levantó en la parroquia del Sagrario de Ciudad Real el 30/XI/1815. Entonces se le trató como doña; en cambio, a su prometido se le negó el don. Mijangos era natural de Ciudad Real, tenía 20 a 21 años, podía firmar y era hijo de Manuel Mijangos y de Paulina Martínez –ambos sin don/doña– y vecinos del barrio de Mexicanos. La información no atribuye calidad a los prometidos ni a sus familias.[105]

---

103 LDS, Diócesis de Chiapas, San Cristóbal de las Casas, bautismos 1771-1786, 725792, 440/485.

104 LDS, Tuxtla Gutiérrez, Arquidiócesis de Tuxtla Gutiérrez, bautismos 1793-1809, 725794, 189/568.

105 LDS, Tuxtla Gutiérrez, Arquidiócesis de Tuxtla Gutiérrez, informaciones matrimoniales 1817-1818, 728474, 132-134/649.

Contrajeron nupcias el 11/I/1816 en la capilla de Nuestra Señora de la Caridad de Ciudad Real. Los padrinos fueron Justo Mijangos y Antonina Morales. Sólo recibieron el don/doña la novia y sus padres; no se asignó calidad a los involucrados.[106]

Francisco Guillén y Flores estudió Artes en la ciudad de Guatemala; debe de haber llegado allá por 1801.[107] Al menos por algún tiempo estuvo bajo la férula del catedrático franciscano fray José Antonio Orellana; la *Gaceta de Guatemala* (21/XI/1803) dio noticia de un acto de Guillén y un condiscípulo suyo llamado Mariano Sánchez.[108] Luego, el 31/VIII/1804, Guillén dedicó al obispo de Chiapas, Ambrosio Llano, un acto de física y matemáticas.[109] El 30/I/1805, en la Universidad de San Carlos de Guatemala, hizo el examen necesario para recibirse de bachiller en Artes.[110] Recibió el bachillerato en Cánones de la misma casa el 12/III/1809.[111] Unos meses después anunció un acto de leyes; entonces era discípulo del ilustre catedrático de San Carlos, Crisanto Sáenz de Tejada.[112] Se graduó en leyes.[113] Guillén, después, obtuvo de San Carlos el bachillerato en Teología (23/I/1813).[114] Debe de haberse recibido de abogado porque frecuentemente se le llama

106 LDS, San Cristóbal de las Casas, Sagrario, matrimonios 1790-1833, 608741, 241-242/539.

107 LDS, Diócesis de Chiapas, San Cristóbal de las Casas, becas y órdenes 1812-1815, 733042, 176/655.

108 Medina-Valenzuela-Taracena, 1960, t. 2, vol. 2, 1282.

109 El impreso: *Ilustrissimus D. D. D. Ambrosius Llano dioecesis Chiapensis Episcopus... in huius ergo praesulis honorem Franciscus Guillen duo simul volumina de rebus physico-mathematicis defendet...* Ex Typographia Emmanuelis de Arevalo. Medina-Valenzuela-Taracena, 1960, t. 2, vol. 2, 1330.

110 El impreso: *Francisco Guillén ofrece defender en el examen previo al grado de bachiller en filosofía los prolegómenos...* Por Arévalo. Medina-Valenzuela-Taracena, 1960, t. 2, vol. 2, 1388.

111 El impreso: *Franciscus Guillen ut baccalaureatus gradum in iure canonico adipisci possit...* Apud Beteta. Medina-Valenzuela-Taracena, 1960, t. 2, vol. 2, 1889.

112 El impreso: *Proposiciones, que del derecho público del día para graduarse de bachiller defenderá D. Francisco Guillén bajo del magisterio del D. D. Crisanto Sáenz de Texada catedrático de Dro. Civil. Guatemala día XIX de junio, año de MDCCCIX, a las nueve de la mañana.* Por Arévalo. Medina-Valenzuela-Taracena, 1960, t. 2, vol. 2, 1590.

113 LDS, Diócesis de Chiapas, San Cristóbal de las Casas, becas y órdenes 1812-1815, 733042, 178/655.

114 El impreso: *B. Franciscus Guillen baccalauretatus* [*sic*] *gradum in Sacra Theologia petiturus, traddit discussioni...* Apud Arevalo. Medina-Valenzuela-Taracena, 1960, t. 2, vol. 2, 1900.

licenciado y, como se verá más adelante, fue promotor fiscal del obispado de Chiapas. Cuando murió se le dio el tratamiento de "licenciado" y "doctor".[115]

Su carrera eclesiástica se inició en la ciudad de Guatemala. Allá, el 3/XI/1809, levantó la información de calidad que debía presentar al obispo de Chiapas para que éste le diera la licencia de portar hábitos clericales.[116] En este documento se hizo constar que su conducta había sido verdaderamente ejemplar.[117] Aprobada la referida información (1/XII/1809), se le concedieron los hábitos, en Ciudad Real, hasta el 12/VIII/1812; al mismo tiempo se le permitió recibir las órdenes en Guatemala a título de administración en lengua indígena y con la condición de que después de ordenarse, dentro del término de tres meses, pasara a la diócesis de Chiapas.[118] Por entonces mantenía la reputación de sujeto sumamente virtuoso y aplicado a los libros.[119]

El licenciado Guillén fue nombrado por el capitán general de Guatemala catedrático propietario de Moral en el Seminario de Chiapas; allá también conducía las conferencias de casos morales. Se encargaba de ambas en V/1820. Por sus ocupaciones, para XI/1826, había dejado estas tareas en manos del presbítero Mariano José Robles.[120]

Fue rector del Seminario de Ciudad Real en 1818-1819.[121] En IV/1819, mientras ocupaba este destino, fue uno de los primeros "socios asistentes" de la Sociedad Económica del País de Chiapas.[122] En V/1819 se le encuentra como promotor fiscal del obispado, empleo que aún tenía en I/1823.[123] El 13/VIII/1819 recibió del obispo San Martín y Cuevas dos capellanías de

115 Torres, 2017, pp. 234-235. Afirma que era abogado y, además, propietario.

116 LDS, Diócesis de Chiapas, San Cristóbal de las Casas, becas y órdenes 1812-1815, 733042, 175-178/655.

117 LDS, Diócesis de Chiapas, San Cristóbal de las Casas, becas y órdenes 1812-1815, 733042, 176/655.

118 LDS, Diócesis de Chiapas, San Cristóbal de las Casas, becas y órdenes 1812-1815, 733042, 178 y 181/655.

119 LDS, Diócesis de Chiapas, San Cristóbal de las Casas, becas y órdenes 1812-1815, 733042, 186-187/655.

120 LDS, San Cristóbal de las Casas, San Cristóbal de las Casas, cofradías y cordillera 1813-1831, 734869, 368/628; Diócesis de Chiapas, San Cristóbal de las Casas, becas y órdenes 1812-1815, 733042, 247/655.

121 Flores, 1978, p. 146.

122 Sociedad, 1819, p. 17. Torres, 2017, p. 142.

123 LDS, San Cristóbal de las Casas, San Cristóbal de las Casas, cofradías y cordillera 1811-1838, 734877, 80/599 y cofradías y cordillera 1813-1831, 734869, 229/628.

misas, una de 1000 y otra de 1020 pesos.[124] Era promotor fiscal en 1822,[125] I/1823[126] y en IX/1831.[127]

El 23/VII/1822 el cabildo sede vacante lo nombró canónigo de gracia interino, sin asiento en el coro ni voto y con la mitad de la renta.[128] Luego el gobierno permitió que la recibiera completa, siempre que no fuera mayor de mil pesos y que no tuviera beneficio curado (14/V/1823).[129] Años más tarde (IX/1831), fue propuesto, en segundo lugar, por Mariano Nicolás Robles Domínguez de Mazariegos para ocupar la maestrescolía que quedaba vacante por el ascenso de éste al deanato de la catedral de San Cristóbal.[130] La candidatura de Guillén se elevó al gobierno local por el cabildo. En la lista también estaban los siguientes sujetos: Lino García (provisor y vicario general, quien fue nombrado), Patricio Correa (cura), el bachiller Juan Domínguez y Simeón Moguel (cura).[131] Guillén, de cualquier modo, unos días después, llegó a la canonjía, sin concurso, en cabildo de 17/XI/1831. Recibió la colación canónica el día siguiente y tomó posesión el 21/XI/1831.[132] Fue lectoral (1847) y chantre (1853) en la misma catedral.[133]

---

124 LDS, San Cristóbal de las Casas, San Cristóbal de las Casas, cofradías y cordillera 1813-1831, 734869, 221-223/628.

125 LDS, San Cristóbal de las Casas, San Cristóbal de las Casas, cofradías y cordillera 1813-1831, 734869, 390/628.

126 LDS, San Cristóbal de las Casas, San Cristóbal de las Casas, cofradías y cordillera 1811-1838, 734877, 80/599.

127 LDS, San Cristóbal de las Casas, San Cristóbal de las Casas, cofradías y cordillera 1813-1831, 734869, 486/628.

128 LDS, San Cristóbal de las Casas, San Cristóbal de las Casas, cofradías y cordillera 1813-1831, 734869, 390/628.

129 LDS, San Cristóbal de las Casas, San Cristóbal de las Casas, cofradías y cordillera 1813-1831, 734869, 390/628.

130 LDS, San Cristóbal de las Casas, San Cristóbal de las Casas, cofradías y cordilleras 1813-1831, 734869, 486/628.

131 LDS, San Cristóbal de las Casas, San Cristóbal de las Casas, cofradías y cordilleras 1813-1831, 734869, 487-488/628.

132 LDS, San Cristóbal de las Casas, San Cristóbal de las Casas, cofradías y cordillera 1811-1838, 734877, 280-281 y 301-305/599 y cofradías y cordilleras 1831-1839, 734870, 36-37/600.

133 Andrade, 1914, p. 64. Flores, 1978, p. 137.

Después de la Independencia, figuró de modo importante en la política local. Por ejemplo, escribió exposiciones a la Suprema Junta Provisional de Chiapas sobre la importancia de reunir Chiapas a México y en contra de que se hiciera con Guatemala (18 y 25/X/1821),[134] fue presidente de la misma Junta desde el 8/VI/1823 y la encabezó cuando se publicó el bando de 31/VII/1823 que declaró la soberanía chiapaneca.[135] Según Torres, en X/1823-IX/1824, era vecino de Comitán y estaba identificado con el movimiento de Chiapas Libre.[136] Fue elegido diputado local propietario (XII/1824), su nombre está al calce de la constitución local de 1825,[137] fue vocal de la Junta Consultiva chiapaneca (1826-1830)[138] y fue elegido diputado en X/1828.[139] Perteneció a la última Legislatura chiapaneca del régimen federal, concluida el 28/X/1835.[140]

Cuando en II/1826 se fundó la Universidad de Chiapas se le dio la cátedra de Prima de Cánones; entonces los fondos de la de Moral que tenía en propiedad en el Seminario se aplicaron a aquélla.[141] En V/1830 figura como presbítero domiciliario de Chiapas y residente de San Cristóbal, entonces prefirió someterse a sínodo que oponerse a los curatos vacantes del obispado, lo cual habla de su intención de mantenerse en el centro de la

---

134 Larrainzar, 1843, p. 98.

135 LDS, San Cristóbal de las Casas, San Cristóbal de las Casas, cofradías y cordilleras 1813-1831, 734869, 321/628.

136 Torres, 2017, pp. 70, 165, 235 y 248.

137 LDS, San Cristóbal de las Casas, San Cristóbal de las Casas, cofradías y cordillera 1811-1838, 734877, 80/599.

138 LDS, San Cristóbal de las Casas, San Cristóbal de las Casas, cofradías y cordilleras 1813-1831, 734869, 391/628. Torres, 2017, pp. 235 y 248.

139 LDS, San Cristóbal de las Casas, San Cristóbal de las Casas, cofradías y cordilleras 1813-1831, 734869, 391/628. Torres, 2017, p. 165.

140 LDS, San Cristóbal de las Casas, San Cristóbal de las Casas, cofradías y cordilleras 1831-1839, 734870, 501/600.

141 LDS, San Cristóbal de las Casas, San Cristóbal de las Casas, cofradías y cordilleras 1813-1831, 734869, 364-365/628.

vida eclesial chiapaneca.[142] En este año fue propuesto en sexto lugar para la mitra de Chiapas –sólo tenía 38 años.[143]

Guillén sirvió como apoderado de sujetos que agitaban negocios en la jurisdicción eclesiástica. Así, por ejemplo, en 1836, lo era de José Felipe Espinosa. Éste buscaba esperas en los pagos de capitales que gravaban su hacienda de Santa Lucía, ubicada en la jurisdicción de Tuxtla.[144]

Tuvo fama de buen orador.[145] Murió, repentinamente, en San Cristóbal, el 8/VIII/1854. Su cadáver fue

> trasladado el mismo día de la fecha a la santa iglesia de nuestro seráfico padre san Francisco en donde fue recibido con la solemnidad que le fue posible a aquella sagrada comunidad en reconocimiento de los honores que le distinguían y caracterizaban a tan honrado y virtuoso personaje; y al día siguiente a las nueve de la mañana, con la misma solemnidad y acompañamiento del cabildo eclesiástico, comunidades eclesiásticas, corporaciones civiles y militares fue trasladado de la santa iglesia de San Francisco a la de catedral, en donde después de las exequias fúnebres fue sepultado por el señor presbítero bachiller don Antonio Sabino Avilés, actual provisor y gobernador del obispado de Chiapas.[146]

José Fernando Llauger y Alcocer y Castilla

Poco sé acerca de este eclesiástico. José Salvador Fernando (generalmente sólo José Fernando o José) Llauger nació en Ciudad Real. Fue registrado como

[142] LDS, Diócesis de Chiapas, San Cristóbal de las Casas, cofradías y cordilleras 1821-1839, 734841, 255/635.

[143] Flores, 1978, p. 115.

[144] LDS, San Cristóbal de las Casas, San Cristóbal de las Casas, cofradías y cordillera 1833-1839, 734856, 355-438 y especialmente 379/630.

[145] Andrade, 1914, p. 64. Trens, 1957, p. 111.

[146] LDS, San Cristóbal de las Casas, Sagrario, defunciones 1854-1883, 608754, 23/683.

español en su bautismo, llevado a cabo el 4/VI/1783 en el Sagrario de dicha población. Lo sacó de la pila el presbítero don Manuel Mariano Chacón.[147]

Fue hijo de Salvador Llauger y María de Alcocer y Castilla (a veces Del Castillo),[148] nieto paterno de otro Salvador Llauger y de Antonia Misser y nieto materno de Juan de Alcocer y Castilla y de Dominga de Ancheyta; todos vecinos de Ciudad Real, categorizados como españoles y con el tratamiento de don y doña. El padre era europeo y sirvió al ayuntamiento de Ciudad Real como alcalde ordinario; murió antes de XI/1799. La madre era natural de Ciudad Real o del pueblo de Chiapa.

Llauger al menos tuvo los hermanos siguientes:

1. Manuel José Segundo Llauger y Alcocer y Castilla. Nació en Ciudad Real. Fue bautizado, como español, en la parroquia del Sagrario de dicha población el 18/V/1780. Su padrino fue Domingo Camacho.[149]

2. María Antonia Josefa Llauger y Alcocer y Castilla. Nació en Ciudad Real. Fue bautizada, como española, en la parroquia del Sagrario de dicha población el 24/II/1782. Su padrino fue el presbítero Manuel Mariano Chacón, maestro de ceremonias de la catedral de Ciudad Real.[150]

3. Tomasa María Teresa Llauger y Alcocer y Castilla. Nació en Ciudad Real. Fue bautizada, como española, en la parroquia del Sagrario de dicha población el 30/XII/1784. Su padrino fue el presbítero Esteban de Torres, cura vicario del pueblo de Huixtán.[151]

---

[147] LDS, Diócesis de Chiapas, San Cristóbal de las Casas, bautismos 1771-1786, 725792, 397/485.

[148] Del Castillo nunca usado por su familia.

[149] LDS, Diócesis de Chiapas, San Cristóbal de las Casas, bautismos 1771-1786, 725792, 296/485; todos con el tratamiento de don/doña.

[150] LDS, Diócesis de Chiapas, San Cristóbal de las Casas, bautismos 1771-1786, 725792, 346/485; todos con el tratamiento de don/doña.

[151] LDS, Diócesis de Chiapas, San Cristóbal de las Casas, bautismos 1771-1786, 725792, 440/485; todos con el tratamiento de don/doña.

4. Francisco Llauger y Alcocer y Castilla. Fue vecino de Ciudad Real. El 29/III/1818 se levantó la información matrimonial para que pudiera contraer nupcias con Manuela Hoyos, soltera, vecina de la parroquia de San Francisco de Asís de Tonalá de Chiapas e hija de José Hoyos y de Vicenta Robledo.[152] Este enlace tuvo sucesión.

Los documentos antes citados permiten apreciar las relaciones cercanas de la familia Llauger con hombres de sotana. Esto, como su continua categorización como española y el que gozaran sus integrantes consistentemente del tratamiento de don/doña, apunta a que, al menos en el círculo cercano a Llauger, gozaba de un importante nivel de prestigio social.

LDS, Diócesis de Chiapas, San Cristóbal de las Casas, becas y órdenes 1807-1808, 733039, 42/415.

José Fernando Llauger, a los 16 años, ya estaba seriamente inclinado a la carrera eclesiástica. Estudió Artes en el convento de San Francisco de Ciudad Real, población de la cual fue vecino durante toda su niñez y juventud.

Para estudiar Teología Moral quiso vestir hábitos clericales, para lo cual hizo levantar una información de limpieza y buenas costumbres (22/XI/1799) en Ciudad Real. Comparecieron personajes de las milicias regladas de Chiapas y el sacristán mayor de la catedral. Se le expidió la licencia

[152] LDS, Tonalá, San Francisco de Asís, informaciones matrimoniales 1702-1774 y 1817-1821, sin número, 249-252/385. Todos con el tratamiento de don/doña.

el 25/XI/1799. Luego, cuando era clérigo manteísta del Seminario de la Concepción de Ciudad Real, solicitó el subdiaconado, al cual se le admitió el 24/VIII/1804. Hizo constar que había sido alumno de la cátedra de Teología Moral y de las conferencias morales que impartía el dominico fray Vicente Vives. Fue admitido al diaconado el 30/V/1805; por entonces aún era alumno de Vives en la cátedra dicha. Previa la dispensa de seis meses que le faltaban para poder ascender al presbiterado y, tras haber aprobado el examen de conocimientos –lo aplicó Vives–, se autorizó el 10/XII/1806, que pudiera ordenarse.[153] Recibió las licencias para confesar y predicar, tras aprobar el examen de rigor (22/I/1807).[154]

Ya era cura de Tapachula en VII/1820.[155] Allá, en 1821, figuró como uno de los más arduos defensores de la incorporación de Chiapas al Imperio mexicano y en esto lideró a los curas de la región del Soconusco.[156] Se negó a jurar la constitución centroamericana, lo cual le valió problemas con el gobierno en Guatemala y tener que exiliarse en Tonalá.[157]

Fue diputado propietario por Chiapas al primer Congreso Constitucional federal (I/1825-XII/1826). Desde su curul buscó que México invadiera el Soconusco.[158] Cuando, tras el triunfo de Morazán en Centroamérica, se produjo la expulsión de religiosos, Llauger empleó a algunos en su parroquia, previa la autorización de Lino García.[159] Después, en 1832, fue de nuevo diputado, pero suplente y en el Congreso local chiapaneco.[160] En el mismo año perteneció a la Junta Consultiva del estado y al siguiente permanecía en la curul; se ha dicho que era políticamente "neutral", aunque perteneció a la Legislatura "jalapista" chiapaneca.[161]

153 LDS, Diócesis de Chiapas, San Cristóbal de las Casas, becas y órdenes 1797-1799, 733787, 330-349/472.

154 LDS, Diócesis de Chiapas, San Cristóbal de las Casas, becas y órdenes 1807-1808, 733039, 41-43/415.

155 LDS, San Cristóbal de las Casas, San Cristóbal de las Casas, documentos del Seminario Conciliar 1817-1839, 733208, 171/387.

156 Sánchez, 2020.

157 Sánchez, 2020.

158 Moreno, 1975, p. 899. Sánchez, 2020.

159 Sánchez, 2020.

160 Sánchez, 2020.

161 Torres, 2017, pp. 236 y 248.

En 1830 fue propuesto en quinto lugar para la mitra de Chiapas. Se ha dicho que entonces tenía 40 años, cosa equivocada.[162] Después de muchos años de ser cura de Tapachula, vicario foráneo y juez eclesiástico del Soconusco, ascendió a arcediano de la catedral de Chiapas; recibió la colación canónica el 16/XII/1831. Fue propuesto al gobierno local por el cabildo para este destino en segundo lugar (5/IX/1831). En la lista también estaban los siguientes candidatos, todos curas: Antonio Avilés, Luciano Figueroa, Eustaquio Zebadúa y Manuel Vega.[163] Aún era arcediano en 1833.[164] Estaba con vida y servía en el cabildo chiapaneco en VIII/1840.[165] Busqué su partida de defunción en el Sagrario de San Cristóbal hasta VI/1850.

Mariano Nicolás Robles Domínguez de Mazariegos

Es uno de los eclesiásticos más distinguidos de la historia chiapaneca. Nació en Ciudad Real y fue bautizado el 12/XII/1772, en el Sagrario de dicha población, por el juez provisor y vicario general del obispado, licenciado José Suárez de la Vega. Lo sacó de la pila el escribano Diego Ancheyta. Fue hijo de Manuel José Robles y Mazariegos y de Josefa Antonia Domínguez y Gómez Coronado (generalmente sólo Gómez).[166] Estos señores pertenecían a lo más noble de Ciudad Real. El apellido Mazariegos que a menudo usó nuestro personaje lo vinculaba con el momento fundacional de la sociedad chiapaneca criolla: la conquista y el célebre Diego de Mazariegos (¿?-1576). Además, como se verá enseguida, los Robles estaban muy relacionados con la Iglesia y esto significaba muchos desde todos los ángulos.

---

[162] Flores, 1978, p. 115.

[163] LDS, San Cristóbal de las Casas, San Cristóbal de las Casas, cofradías y cordillera 1811-1838, 734877, 252 y 292-296/599 y cofradías y cordilleras 1813-1831, 734869, 486/628. Andrade, 1914, p. 65 lo hace cura de Escuintla. Trens, 1957, p. 254.

[164] LDS, San Cristóbal de las Casas, San Cristóbal de las Casas, cofradías y cordilleras 1831-1840, 734770, 148/617.

[165] LDS, San Cristóbal de las Casas, San Cristóbal de las Casas, cofradías y cordilleras 1833-1839, 734856, 560/630.

[166] LDS, Diócesis de Chiapas, San Cristóbal de las Casas, bautismos 1771-1786, 725792, 41/485.

Los dichos don Manuel José y doña Josefa Antonia contrajeron nupcias, el 17/IV/1768, en la casa de Bartolomé Gutiérrez, Ciudad Real. Los padrinos del enlace fueron el sargento mayor Nicolás Coello y Gertrudis Suárez. El novio era natural y vecino de Ciudad Real e hijo de José Fernando (frecuentemente sólo José) Robles y Mazariegos y de María Josefa (frecuentemente sólo María) de Balcázar (también conocida con el apellido Oseguera).[167] Para celebrar el matrimonio fue necesario que el provisor del obispado pusiera a la novia en depósito para que, con toda libertad, ratificara sus esponsales. Esto, claramente, apunta a problemas acerca de cuya naturaleza aún nada puedo decir.[168] Sea de esto lo que fuere, ella era vecina de Ciudad Real e hija de Josefa Gómez Coronado (generalmente sólo Gómez, pero también Godoy y Gómez Godoy)[169] y del sargento ¿mayor? Antonio Domínguez.[170] Ahora bien, algo que señala la cercanía de la familia materna de nuestro autor con los círculos del poder en Chiapas es que su abuela materna, la referida doña Josefa, viuda del sargento Domínguez, contrajo segundas nupcias (28/VI/1776) con Antonio Gutiérrez de Arce y Naveda. Éste era un montañés de 21 años, casi recién llegado a Ciudad Real en la familia del licenciado Fernando Gómez de Andrade y Medina, abogado de los reales consejos, alcalde mayor y teniente de capitán general de Chiapas. Es de notar que los padrinos del enlace Gutiérrez de Arce-Domínguez fueron el teniente general Esteban Gutiérrez y la multicitada Josefa Antonia Domínguez, hija de la contrayente y ya esposa de Robles. Todos concurrieron a la

[167] Es posible que esta señora fuera hija del regidor de Ciudad Real, capitán José de Balcázar y de María Bibiana de Oseguera. Ésta, viuda, vendió una labor de sembrar pan al bachiller Marcos Rodríguez Bazán, cura del Sagrario de Ciudad Real, el 29/VIII/1730. LDS, San Cristóbal de las Casas, San Cristóbal de las Casas, documentos del Seminario Conciliar 1817-1839, 733208, 268-273/387.

[168] LDS, San Cristóbal de las Casas, San Cristóbal de las Casas, informaciones matrimoniales 1767-1770, 725811, 82-85/321.

[169] Consta que era conocida como Josefa Godoy en algunas partidas bautismales de sus nietos y en las informaciones levantadas por nuestro autor para vestir los hábitos clericales (5/III/1788). LDS, Diócesis de Chiapas, San Cristóbal de las Casas, becas y órdenes 1790 y 1793, 733785, 43-44/103.

[170] Hijo de Juan Domínguez y hermano entero de otro Juan Domínguez, quien fue esposo de Juana de Ezcaray. LDS, Diócesis de Chiapas, San Cristóbal de las Casas, informaciones matrimoniales 1805-1806, 728464, 71-84/359.

celebración en casa de Bartolomé Gutiérrez, seguramente porque se dispensaron las proclamas conciliares.[171]

Robles Domínguez de Mazariegos tuvo, al menos, los siguientes tíos carnales paternos:

1. Mariano Robles y Balcázar. Fue vecino de Ciudad Real y esposo de María del Carmen Tejada (también Chacón y Tejada), hija de José Chacón y Tejada[172] y de Mariana de Vargas. Del matrimonio Robles-Tejada nacieron:

    1.1. Juan Robles y Tejada. Fue vecino de Ciudad Real. Vistió el manto y la beca del Seminario de Ciudad Real el 19/X/1785, previas las informaciones de calidad exigidas por su estatuto. Es de notar que a la sazón el rector del dicho establecimiento era Juan Ignacio Suárez Robles.[173]

    1.2. José Robles y Tejada. En VI/1812 servía como cura interino de San Lorenzo Zinacantán.[174]

2. Pedro José Robles y Balcázar (también Robles y Mazariegos). Vecino de Ciudad Real, a la que sirvió como regidor perpetuo y depositario general. Fue esposo de Juana Evangelista Domínguez, hija de Juan Domínguez y de Juana de Ezcaray o Azcaray.[175] De este matrimonio, al menos, nacieron:

---

[171] LDS, San Cristóbal de las Casas, San Cristóbal de las Casas, informaciones matrimoniales 1765-1767, 725810, 163-168/254.

[172] A esta familia perteneció José Chacón y Tejada, teniente del cura del Sagrario de Ciudad Real en los 1780.

[173] LDS, Diócesis de Chiapas, San Cristóbal de las Casas, becas y órdenes 1782-1790, 733784, 222-231/658.

[174] LDS, Diócesis de Chiapas, San Cristóbal de las Casas, bautismos 1779-1819, 733216, 388/566.

[175] Nieta paterna de otro Juan Domínguez (en otros documentos Manuel Domínguez, esposo de Inés Cancino). LDS, Diócesis de Chiapas, San Cristóbal de las Casas, informaciones matrimoniales 1805-1806, 728464, 71-84/359. Véase la nota 242 de este apartado.

2.1. Francisco Nicolás (generalmente Francisco) Robles y Domínguez. Fue bautizado en el Sagrario de Ciudad Real el 26/X/1764. Su madrina fue Juana de Azcaray. Estudió con José Joaquín de Riva Velarde, vicerrector y preceptor de Gramática del Colegio Seminario de Chiapas (certificado el 5/I/1785). Era colegial de número del referido Seminario y estudiante de Gramática cuando, el 8/V/1784, fue admitido a la primera tonsura y a las cuatro órdenes menores.[176] Aún era acólito cuando se le autorizó a vestir hábitos clericales (7/I/1785). Debido a que la sede de Chiapas se hallaba vacante, ascendió al presbiterado en la ciudad de Guatemala. Para ello pidió las dimisorias del caso en IX/1788, las cuales se otorgaron tras la información de rigor y porque en Chiapas faltaban ministros.[177] Lo acompañaron a Guatemala con el mismo fin varios chiapanecos, entre ellos Manuel González de Vega y Ordóñez y Tomás Ramón de Castellanos y Ruiz.[178] Don Francisco era, en III/1799, coadjutor de la vicaría de Chamula.[179]

2.2. Nicolás José (generalmente sólo Nicolás) Robles y Domínguez. Fue bautizado, en el Sagrario de Ciudad Real, el 6/XII/1767. Su padrino fue el "maestre de armas" José López. Fue colegial del Seminario de Ciudad Real, cuya beca y manto vistió el 25/X/1782, tras la aprobación de las informaciones de calidad y costumbres del caso.[180] Allí estudió Gramática. Nicolás Robles fue admitido, sin problema ninguno, a las órdenes menores en V/1784.[181] Gracias a que su hermano protagonizó un incidente desagradable en la dicha casa, fue despojado de la beca a fines de X/1784. Esto porque había

176 LDS, Diócesis de Chiapas, San Cristóbal de las Casas, becas y órdenes 1780-1782, 733783, 146-155/164.

177 LDS, Diócesis de Chiapas, San Cristóbal de las Casas, becas y órdenes 1782-1790, 733784, 397-406/658.

178 LDS, Diócesis de Chiapas, San Cristóbal de las Casas, becas y órdenes 1782-1790, 733784, 406-425 y 593-620/658.

179 LDS, Diócesis de Chiapas, San Cristóbal de las Casas, becas y órdenes 1797-1799, 733787, 242/472. Orozco, 1906, p. 205.

180 LDS, Diócesis de Chiapas, San Cristóbal de las Casas, becas y órdenes 1780-1782, 733783, 139-145/164.

181 LDS, Diócesis de Chiapas, San Cristóbal de las Casas, becas y órdenes 1782-1790, 733784, 150-157/658.

huido del Seminario "por ciertas ocurrencias, no por delito", habidas con el entonces rector, Manuel Mariano Chacón. Fue readmitido el 11/XII/1784. Los hermanos Robles fueron los primeros en salir y reingresar en el Seminario de Ciudad Real, de modo tal que para resolver su caso no podía echarse mano de ejemplar ninguno. Con la readmisión dicha, al parecer, ya se habían resuelto todas las dificultades, mas ocurrió que cuando el nuevo rector, el bachiller Fuentes, los llamó para volver a darles la beca y el manto, ellos ya se hallaban, sin anuencia de Fuentes, dentro del refectorio departiendo con los demás colegiales. Esto causó molestias que llegaron al obispo, gracias a las cuales existe un divertido expediente que ha servido para estas notas. A la postre el tema no pasó a mayores.[182] En XI/1786 aún era seminarista. Parece que no llegó a culminar su formación eclesiástica, ya que en III/1799, al traerse a colación los clérigos de esta familia, él fue preterido.[183]

2.3. Martín Nicolás (generalmente sólo Martín) Robles y Domínguez (también Robles y Mazariegos). Fue bautizado, en el Sagrario de Ciudad Real, el 18/XI/1769. Su madrina fue Juana de Dios Domínguez. Fue colegial del Seminario de Ciudad Real cuya beca y manto vistió el 25/X/1782, tras la aprobación de las informaciones de calidad y costumbres del caso.[184] Allí estudió Gramática –consta que su maestro fue el catedrático interino de Latinidad, Joaquín de la Riva Velarde– y Teología Moral. Se le admitió a las órdenes menores el 8/V/1784.[185] Poco después, a fines de X/1784, "por temor y susto de las violencias con que procedía el rector pasado, don Mariano Chacón", huyó del Seminario. Según Robles, Chacón:

[182] LDS, Diócesis de Chiapas, San Cristóbal de las Casas, becas y órdenes 1782-1790, 733784, 232-245/658.

[183] LDS, Diócesis de Chiapas, San Cristóbal de las Casas, becas y órdenes 1797-1799, 733787, 242/472.

[184] LDS, Diócesis de Chiapas, San Cristóbal de las Casas, becas y órdenes 1780-1782, 733783, 124-130/164.

[185] LDS, Diócesis de Chiapas, San Cristóbal de las Casas, becas y órdenes 1782-1790, 733784, 119-126/658.

> Nos molestaba a todos los colegiales y nos hacía dormir hasta con la ventana abierta para estudiar las madrugadas y una mañana que por accidente me dormí, no faltando a las horas regulares de asistir a la clase, me mandó dar diez palmetazos en las manos, pues fue tanta la hinchazón que me causaron dichos palmetazos que no podía juntar los dedos; este fue el motivo de mi salida y luego que salí seguí mis estudios en el Convento de Santo Domingo y luego que dicho padre salió del colegio, entré yo estudiando como siempre.[186]

Naturalmente, al fugarse del Seminario, don Martín se refugió en casa de sus padres, los cuales estaban ausentes. El rector fue a buscarlo y lo encontró ya vestido de seglar. El intercambio entre ambos fue una especie de diálogo de sordos: Chacón insistió en que nada había hecho contra él –es decir, nada extraordinario– y Robles afirmó que ya no quería ser seminarista. El primero fue a ver al obispo. Éste, muy molesto, ordenó que enseguida se le quitarán al joven Robles la beca y el manto. Sin embargo, tras recuperar la calma decidió que era mejor consultar el caso con el provisor. El rector y el provisor fueron de la opinión de que el asunto no merecía más que "una moderada reprehensión".[187] Con todo, en esto, el expulsado del Seminario fue el hermano de don Martín, el ya mencionado don Nicolás. Ambos hermanos fueron readmitidos en XII/1784 y ocurrió lo que ya se dijo al hablar de don Nicolás. Don Martín fue formalmente reinstalado el 24/I/1785.

Robles permaneció como colegial más de cinco años; después del episodio antes relatado, sólo dejó el Seminario por causa de un breve viaje al pueblo de Acala. Allá estuvo (IV-XI/1790) entregado al estudio,

---

186 LDS, Diócesis de Chiapas, San Cristóbal de las Casas, becas y órdenes 1782-1790, 733784, 233 y 242/658.

187 LDS, Diócesis de Chiapas, San Cristóbal de las Casas, becas y órdenes 1782-1790, 733784, 238/658.

quizá bajo la férula del cura propietario de dicho partido, Mariano Solís. Robles pidió, al parecer sin éxito, el subdiaconado en I/1791. Después se opuso al curato de Huehuetán, en el Soconusco. Como fue presentado para este destino, le urgía ascender al presbiterado, ya que aún era minorista. Así, en IV/1794, solicitó las órdenes que le faltaban. Se mandaron publicar los edictos correspondientes el 17/V/1794. Recibió el subdiaconado, el diaconado y el sacerdocio el 29/V, el 8/VI y el 13/VII/1794, respectivamente.[188] En III/1799 era cura del referido partido.[189] Poco tiempo después, en XII/1802, era párroco de Nicapa.[190]

2.4. Cayetano José Robles y Domínguez. Nació en Ciudad Real el 17/XI/1774. Fue bautizado en la ermita de la hacienda de San Pedro Mártir de la hacienda de Bochil –partida en el Sagrario de Ciudad Real– el 7/XII/1774. Lo sacó de la pila el cura Leandro Bolaños.[191] Fue confirmado por el obispo fray Juan Manuel García de Vargas (1706-1774) y, lo notable, es que su padrino fue el ayudante mayor, capitán José López de Quiroga. Vistió el manto y la beca del Seminario de Ciudad Real, previas las informaciones de calidad acostumbradas, el 27/XI/1786. En esta institución estudió Gramática y Teología Moral. Aún era colegial cuando, el 25/X/1790, recibió la primera tonsura y las cuatro órdenes menores. Después, como estaba mandado, sirvió como capellán de coro en la catedral de Ciudad Real y asistió a llevar el viático a los enfermos y a las funciones y fiestas catedralicias. Al mismo tiempo, se mantuvo como cursante de la cátedra de Teología Moral y pasó a continuar la Filosofía –que ya había iniciado– en el convento de Santo Domingo de Ciudad

188 LDS, Diócesis de Chiapas, San Cristóbal de las Casas, becas y órdenes 1782-1790, 733784, 484/658 y becas y órdenes 1791-1797, 733786, 159-180/519.

189 LDS, Diócesis de Chiapas, San Cristóbal de las Casas, becas y órdenes 1797-1799, 733787, 242/472; Tuxtla Gutiérrez, arquidiócesis de Tuxtla Gutiérrez, capellanías y providencias 1796-1798, 733673, 55-56/301.

190 LDS, Diócesis de Chiapas, San Cristóbal de las Casas, becas y órdenes 1797-1799, 733787, 260/472.

191 LDS, San Cristóbal de las Casas, San Cristóbal de las Casas, documentos del Seminario Conciliar 1736-1795, 733205, 377-392/480, informaciones de Francisco Nicolás y Cayetano de Robles.

Real (IX/1796). Con este bagaje solicitó el subdiaconado. Lo obtuvo, el 11/III/1797, tras haber sufrido el examen del caso, aprobadas las informaciones de *vita et moribus* y hechos los ejercicios espirituales –nueve días en el convento de San Antonio de Ciudad Real–. Durante todo el tiempo que corrió entre el diaconado (20/VIII/1797) y el presbiterado (9/III/1799), asistió a la clase de Teología Moral y atendió la referida capellanía catedralicia.[192] Al parecer fue párroco de Ixtapa, obispado de Chiapas, desde 1807.[193] En 1814, mientras era cura del dicho lugar, dedicó un *Directorium ad usum clericorum et monalium* al obispo de Chiapas, Ambrosio Llano. Fue impreso por Arévalo, en la Nueva Guatemala.[194] Aún era cura de dicho pueblo en XII/1818.[195] Consta que murió algo antes de IX/1822 y que entonces aún era cura, pero no estoy del todo seguro si en Ixtapa. Es de notar que en VII/1821 era suplente en Ixtapa el presbítero Leandro José Robles.[196]

2.5. Nicolasa Robles y Domínguez. Nació en Ciudad Real. Fue esposa de Juan Antonio Zenteno, natural de la ciudad de Cádiz, hijo de Juan Zenteno y Paula Muñoz, de la misma naturaleza. Don Juan Antonio fue capitán de milicias y dos veces alcalde ordinario de Ciudad Real.[197] Perteneció a la Sociedad Económica de Amigos del País de Chiapas.[198] Este enlace, como los demás de la familia Robles, tuvo sucesión estrechamente vinculada a las letras y a la clerecía. Aparte de una religiosa de la Encarnación de Ciudad Real y de un fraile dominico, se cuentan en ella:[199]

192 LDS, Diócesis de Chiapas, San Cristóbal de las Casas, becas y órdenes 1797-1799, 733787, 191-251/472.

193 Orozco, 1906, p. 205.

194 Medina-Valenzuela-Taracena, 1960, t. 2, vol. 2, 2000.

195 LDS, Diócesis de Chiapas, San Cristóbal de las Casas, bautismos 1779-1819, 733216, 483/566.

196 LDS, San Cristóbal de las Casas, San Cristóbal de las Casas, informaciones matrimoniales 1819-1821, 728477, 525 y 580-581/665.

197 LDS, Diócesis de Chiapas, San Cristóbal de las Casas, becas y órdenes 1810-1812, 733041, 126/231.

198 Torres, 2017, p. 142.

199 LDS, Diócesis de Chiapas, San Cristóbal de las Casas, becas y órdenes 1810-1812, 733041, 126/231.

2.5.1. Faustino Antonio Zenteno y Robles. Fue bautizado en la hacienda de Bochil, como español, el 26/II/1786. Su padrino fue el cura fray Faustino Padilla.[200] Obtuvo, tras las informaciones de calidad del caso, licencia para vestir hábitos clericales el 24/II/1810.

2.5.2. Crescencia Zenteno y Robles. Fue esposa de Félix de Parada, natural de la ciudad de Salamanca, Castilla, e hijo de José Francisco de Parada –difunto antes de VI/1801– y de Manuela Fuentes, de la misma naturaleza. De este enlace nació:

2.5.2.1. Manuel María de Parada y Zenteno. Fue bautizado en la hacienda de San Pedro Mártir de Bochil, jurisdicción de San Juan Jitotol, el 13/VI/1801. Su padrino fue el lector dominico fray Manuel María de la Chica. Fue confirmado el 1/I/1803 y su padrino fue el deán de la catedral de Ciudad Real, Manuel Ignacio de Esnaurrizar. Recibió licencia para vestir la beca y el manto del Seminario de Ciudad Real el 29/XI/1813. En las informaciones que se practicaron para ello se dijo que "esta familia es una de las principales y distinguidas de esta ciudad" y sus componentes "nobles".[201]

3. María Isabel Robles y Balcázar, esposa desde el 13/VI/1741 de Enrique de Tovar y Escandón, de ilustre familia y descendiente del conquistador Francisco Ortés de Velasco. Con sucesión.[202]

200 Sigo su información para vestir hábitos clericales de II/1810. LDS, Diócesis de Chiapas, San Cristóbal de las Casas, becas y órdenes 1810-1812, 733041, 124-129/231.

201 LDS, Diócesis de Chiapas, San Cristóbal de las Casas, becas y órdenes 1812-1815, 733042, 455-463/655; las citas en 459/655.

202 Falla, 1987, p. 506.

Robles Domínguez de Mazariegos tuvo, al menos, los siguientes tíos carnales maternos:

1. Juan Bautista Domínguez y Gómez Coronado. Fue esposo en primeras nupcias de Gertrudis de Aguilar,[203] hija de Pablo de Aguilar y Velasco y de Teresa de Suasnávar y Zepeda. De este enlace nació numerosa sucesión, entre ella:[204]

 1.1a. Manuel Dionisio Domínguez y Aguilar. Fue bautizado, como español, en la parroquia del Sagrario de Ciudad Real el 18/X/1777. Su madrina fue María Magdalena de Rojas y Zapata.[205]

 1.2a. Joaquín Ramón Domínguez y Aguilar. Fue bautizado, como "español", en la parroquia del Sagrario de Ciudad Real, el 23/VIII/1778. Su madrina fue María Magdalena de Rojas y Zapata.[206]

 Juan Bautista Domínguez y Gómez Coronado también fue esposo de Rita Dolores de Oliva, hija de Clemente de Oliva y Manuela Benítez –todos dones–. Con sucesión representada por:

 1.1b. María Beatriz de la Concepción Domínguez y Oliva. Nació en Ciudad Real. Fue bautizada, el 1/V/1780, en la parroquia del Sagrario. Su madrina fue Rosalía Domínguez.[207]

 1.2b. María Rosalía Domínguez y Oliva. Nació en Ciudad Real. Fue bautizada el 13/IX/1781 en la parroquia del Sagrario. Su madrina fue

203 Para la ascendencia de esta señora, Falla, 1987, pp. 463-468, 489-493, 502-507 y 511-512.

204 Falla, 1987, pp. 511-522.

205 Todos con el tratamiento de don/doña. LDS, Diócesis de Chiapas, San Cristóbal de las Casas, bautismos 1771-1786, 725792, 203/485. La abuela paterna figura con el apellido Godoy.

206 Todos con el tratamiento de don/doña. LDS, Diócesis de Chiapas, San Cristóbal de las Casas, bautismos 1771-1786, 725792, 244/485. La abuela paterna figura con el apellido Godoy.

207 Todos con el tratamiento de don/doña. LDS, Diócesis de Chiapas, San Cristóbal de las Casas, bautismos 1771-1786, 725792, 294/485.

Rosalía Ignacia Domínguez.[208] Fue esposa de Juan José de Aguilar, hijo de José de Aguilar y de María Tomasa Pontigo, todos dones. De este enlace nació:

1.2b.1. Felipe José Antonio de Aguilar y Domínguez –generalmente sólo Felipe–. Nació en Ciudad Real. Fue bautizado en el Sagrario de dicha población el 6/V/1798. Sus padrinos fueron Francisco Ortiz y Antonia Domínguez. El infante fue categorizado como español y todos los involucrados recibieron el tratamiento de don/doña.[209] Vistió la beca y el manto del Seminario de Ciudad Real el 30/XII/1813, previos los trámites usuales que dejaron en claro que su familia era de españoles limpios de sangre. Recibió el subdiaconado el 9/V/1819 y el diaconado a título de administración en IX/1820. Parece que se ordenó en Guatemala.[210]

1.3b. Domingo Tomás Domínguez y Oliva. Nació en Ciudad Real. Fue bautizado el 31/XII/1782 en la parroquia del Sagrario. Su madrina fue María Magdalena de Rojas y Zapata.[211] Usó el nombre Domingo. Véase su matrimonio, por cierto, que muy desigual, en la biografía de Manuel José Solano.

1.4b. Mariano Cecilio Domínguez y Oliva. Nació en Ciudad Real. Fue bautizado el 28/XI/1785 en la parroquia del Sagrario. Su padrino fue Juan de Dios Cancino.[212]

---

208 Todos con el tratamiento de don/doña. LDS, Diócesis de Chiapas, San Cristóbal de las Casas, bautismos 1771-1786, 725792, 336/485.

209 Sigo su información para ingresar en el Seminario de Ciudad Real. LDS, Diócesis de Chiapas, San Cristóbal de las Casas, becas y órdenes 1812-1815, 733042, 247/655.

210 LDS, Diócesis de Chiapas, San Cristóbal de las Casas, becas y órdenes 1812-1815, 733042, 244 y 257/655.

211 Todos con el tratamiento de don/doña. LDS, Diócesis de Chiapas, San Cristóbal de las Casas, bautismos 1771-1786, 725792, 382/485.

212 Todos con el tratamiento de don/doña. LDS, Diócesis de Chiapas, San Cristóbal de las Casas, bautismos 1771-1786, 725792, 470/485.

2. José Mariano Domínguez y Gómez Coronado. Fue esposo de María Dominga Fernández, hija de Francisco Mateo Fernández y de María de la Luz de Ancheyta. De este enlace nacieron, al menos, las hijas siguientes:

    2.1. Antonia de Padua María de la Merced Domínguez y Fernández. Fue bautizada, como española, en la parroquia del Sagrario de Ciudad Real, el 4/X/1778. Su padrino fue el bachiller Fuentes y Godínez, chantre de la catedral de Ciudad Real.[213]

    2.2. Juana Domínguez y Fernández. Fue bautizada, como española, en la parroquia del Sagrario de Ciudad Real, el 6/II/1780. Su padrino fue Esteban Gutiérrez de la Torre, teniente general de Chiapas.[214]

3. José Antonio Domínguez y Gómez Coronado. Vecino de Ciudad Real, casó con Toribia Azcaray (también Ezcaray), en el domicilio de Manuel Robles y Antonia Domínguez, en Ciudad Real, el 3/IV/1769.[215] De este enlace nacieron, al menos, las hijas siguientes:

    3.1. María Josefa de la Luz Domínguez y Azcaray. Fue bautizada, como española, en la parroquia del Sagrario de Ciudad Real, el 21/V/1777. Su madrina fue María de Azcaray.[216]

[213] Todos con el tratamiento de don/doña y vecinos de Ciudad Real. LDS, Diócesis de Chiapas, San Cristóbal de las Casas, bautismos 1771-1786, 725792, 248/485. La abuela paterna figura con el apellido Godoy.

[214] Todos con el tratamiento de don/doña. LDS, Diócesis de Chiapas, San Cristóbal de las Casas, bautismos 1771-1786, 725792, 288/485. La abuela paterna figura con el apellido Gómez.

[215] Todos con el tratamiento de don/doña; es de notar que el provisor ordenó el depósito de la novia y que se dispensaron las proclamas. LDS, San Cristóbal de las Casas, San Cristóbal de las Casas, informaciones matrimoniales 1767-1770, 725811, 217-219/321.

[216] Todos con el tratamiento de don/doña; sin abuelos. LDS, Diócesis de Chiapas, San Cristóbal de las Casas, bautismos 1771-1786, 725792, 189/485.

3.2. Antonia Abad de Jesús Domínguez y Azcaray. Fue bautizada, como española, en la parroquia del Sagrario de Ciudad Real, el 27/I/1779. Su madrina fue María Josefa de Azcaray.[217]

3.3. Josefa Gregoria Domínguez y Azcaray. Fue bautizada, como española, en la parroquia del Sagrario de Ciudad Real, el 6/XII/1780. Su padrino fue Pedro Murga.[218]

4. Rosalía Domínguez y Gómez Coronado. Murió antes de IX/1806. Fue esposa de José María Robles y Domínguez. Éste era hijo de Pedro Robles y de Juana Domínguez y Ezcaray[219] y sirvió al ayuntamiento de Ciudad Real como regidor y alférez real. Ignoro si es el mismo que luego fue vicegobernador de Chiapas (1826-1830) y enemigo de los yorkinos.[220] De este enlace nacieron, al menos, las hijas siguientes:

4.1. Manuela Antonia Robles y Domínguez. Nació en Ciudad Real. Fue bautizada, como española, el 12/VI1785 en la parroquia de dicha población. Su padrino fue el fraile dominico Joaquín Díaz.[221]

4.2. Rosa Juliana (generalmente sólo Rosa) Robles y Domínguez. Nació en Ciudad Real. Fue bautizada, como española, en la parroquia de esta población el 5/IX/1789. Su padrino fue Martín Robles. Previas las dispensas de proclamas y del parentesco en tercer grado doble de consanguinidad y las informaciones del caso (VIII-IX/1806), contrajo nupcias con Nicolás Malpica. La ceremonia se verificó el

[217] Todos con el tratamiento de don/doña; sin abuelos. LDS, Diócesis de Chiapas, San Cristóbal de las Casas, bautismos 1771-1786, 725792, 288/485.

[218] Todos vecinos de Ciudad Real y con el tratamiento de don/doña; sólo con los abuelos paternos. LDS, Diócesis de Chiapas, San Cristóbal de las Casas, bautismos 1771-1786, 725792, 312/485.

[219] Hija de Juan Domínguez y de Juana de Ezcaray, nieta paterna de otro Juan Domínguez (Manuel Domínguez, esposo de Inés Cancino, en otros documentos). Véase la nota 242 de este apartado y Manuel y Falla, 1987, p. 512.

[220] Torres, 2017, pp. 111, 205, 244 y 246. La autora lo califica como políticamente "neutral".

[221] Todos con el tratamiento de don/doña. LDS, Diócesis de Chiapas, San Cristóbal de las Casas, bautismos 1771-1786, 725792, 456/485.

10/IV/1806 en la hacienda de Cacate, jurisdicción de Ixtapa. El novio nació en Ciudad Real, en cuya parroquia recibió el bautismo el 15/III/1772. Su padrino fue Manuel Antolín. Fue hijo de José Antonio Malpica "forastero"– y de Tomasa Domínguez y Ezcaray, vecinos de Ciudad Real y la segunda muerta antes de IX/1806.[222]

Fueron hermanos de Robles Domínguez:

1. Cayetano Ramón Robles y Domínguez. Fue bautizado el 5/I/1778 en el Sagrario de Ciudad Real. Lo sacó de la pila el prior fray Ramón Pineda, mercedario.[223] Generalmente usó el nombre Cayetano. Contrajo nupcias, el 16/IV/1798, en la iglesia de la Merced, Ciudad Real, con Antonia Valdivieso, hija de Marcos Valdivieso y de María Coello. La ceremonia se llevó a cabo ante el hermano del novio, el bachiller Mariano Nicolás, y lo atestiguaron José Jacas y Leandra Valdivieso.[224] Sirvió como alcalde segundo al ayuntamiento de Ciudad Real.[225] Fue de los primeros "socios asistentes" de la Sociedad Económica de Amigos del País de Chiapas; entonces era teniente de milicias arregladas (1819).[226] Estuvo entre los chiapanecos que deseaban la anexión a México.[227] En V/1820, amén del grado militar señalado, era subdelegado de Huixtán.[228] En 1823 ya había ascendido a capitán, servía en el batallón ligero de las milicias chiapanecas y, al mismo tiempo, era contador de la Hacienda Nacional.[229] Estuvo

222 LDS, Diócesis de Chiapas, San Cristóbal de las Casas, informaciones matrimoniales 1805-1806, 728464, 71-84/359. Es de notar que la dispensa de los parentescos se otorgó porque era difícil que la contrayente encontrara un novio de su calidad que no fuera su pariente. En este documento todos españoles y con el tratamiento de don/doña.

223 LDS, Diócesis de Chiapas, San Cristóbal de las Casas, bautismos 1771-1786, 725792, 127/485; todos reciben el tratamiento de don/doña.

224 LDS, San Cristóbal de las Casas, Sagrario, matrimonios 1790-1833, 608741, 71/539; todos dones y doñas. Para la ascendencia de la novia, véase Falla, 1987, pp. 463-468 y 489-495

225 Torres, 2017, p. 207. Dice que nació en 1775.

226 Sociedad, 1819, p. 18.

227 Torres, 2017, p. 142.

228 LDS, Diócesis de Chiapas, San Cristóbal de las Casas, becas y órdenes 1812-1815, 733042, 431/655.

229 Torres, 2017, p. 207.

a favor del Plan de Jalapa y su participación en la sublevación de San Cristóbal de 1834 le valió que el gobernador Gutiérrez lo desterrara del estado.[230]

2. Antonio José Máximo Robles y Domínguez. Español, bautizado el 13/I/1778 en el Sagrario de Ciudad Real. Lo sacó de la pila el presbítero Antonio de la Tovilla.[231] Supongo que murió antes de 1834, ya que no figura en los pleitos que entonces dividían a los hermanos Robles Domínguez.

3. Antonio Tomás Robles y Domínguez. Español, bautizado el 24/IX/1781 en el Sagrario de Ciudad Real. Lo sacó de la pila Mariano José Romeo.[232] Estudió Artes en la Universidad de Guatemala, allá sostuvo un acto público (10/I/1800). Fue bachiller en Leyes de la misma casa (4/II/1804).[233] Es el mismo licenciado Antonio Robles que fue elegido alcalde tercero de Guatemala el 19/VIII/1821.[234] Además de abogado, fue propietario.[235] No figuró en los pleitos que dividieron a los hermanos Robles Domínguez. Perteneció a la Junta Consultiva de Chiapas (1826-1830), a la cuarta Legislatura chiapaneca (1834) y a la Corte Suprema estatal. En VII/1835, con otros familiares, estaba entre los centralistas chiapanecos.[236] Murió en San Cristóbal el 22/IV/1842. Dejó viuda a "doña" Gregoria Coronel. Fue sepultado en la catedral. Era magistrado.[237]

---

230 Torres, 2017, pp. 144 y 154.

231 Todos vecinos de Ciudad Real y con el tratamiento de don/doña. LDS, Diócesis de Chiapas, San Cristóbal de las Casas, bautismos 1771-1786, 725792, 209/485.

232 Todos vecinos de Ciudad Real y con el tratamiento de don/doña. LDS, Diócesis de Chiapas, San Cristóbal de las Casas, bautismos 1771-1786, 725792, 337/485.

233 Medina-Valenzuela-Taracena, 1960, t. 2, vol. 1, 1040 y t. 2, vol. 2, 1355.

234 *El Amigo*, 1820, t. 2, p. 130.

235 Torres, 2017, p. 236.

236 Torres, 2017, pp. 186, 236 y 248.

237 LDS, San Cristóbal de las Casas, Sagrario, defunciones 1826-1850, 608753, 423/666.

4. Mercedes Robles y Domínguez. Mencionada en los pleitos que separaron a sus hermanos.[238]

5. Manuel Francisco Robles y Domínguez. Uno de los que más intervinieron en los pleitos que separaron a sus hermanos. Arrendó tierras del convento de la Encarnación de Ciudad Real desde *circa* 1813. En VIII/1832 era vecino del valle de Teopisca. Aún estaba con vida en IV/1834.[239]

6. Juan Miguel Robles y Domínguez. Supongo que murió antes de 1834, ya que sólo fue mencionado incidentalmente en los pleitos que entonces dividían a los hermanos Robles Domínguez.[240]

El eclesiástico que es el personaje principal de esta ficha tuvo un hermano uterino:

1. Juan Crisóstomo Francisco (generalmente sólo Juan Crisóstomo) Robles y Domínguez. Categorizado como español y al que se dio el tratamiento de don. Nació en Ciudad Real. Fue bautizado el 1/II/1787, sin calidad y como huérfano de Cristóbal Solano y Venancia de Estrada, sin calidades ni don/doña. Su madrina fue la dicha Venancia de Estrada.[241] Sin embargo, estuvo a cargo de Antonio Gutiérrez de Arce, alcalde provincial del ayuntamiento de Ciudad Real, antes mencionado como segundo esposo de Josefa Gómez Coronado, abuela del personaje que motiva esta ficha. Gutiérrez lo educó, por ende, fue quien dio autorización para el enlace que referiré enseguida. Cuando don Juan Crisóstomo intentó contraer

238 LDS, San Cristóbal de las Casas, San Cristóbal de las Casas, cofradías y cordilleras 1831-1840, 734770, 1/617.

239 LDS, San Cristóbal de las Casas, San Cristóbal de las Casas, cofradías y cordilleras 1831-1840, 734770, 148, 149 y 153/617; Tuxtla Gutiérrez, Arquidiócesis de Tuxtla Gutiérrez, testamentos 1833-1834, 733126, 557-590/710.

240 LDS, San Cristóbal de las Casas, San Cristóbal de las Casas, cofradías y cordilleras 1831-1840, 734770, 151 y 155/617; Tuxtla Gutiérrez, Arquidiócesis de Tuxtla Gutiérrez, testamentos 1833-1834, 733126, 557-590/710.

241 Sobre esta señora y su esposo, véase la biografía de Manuel José Solano.

nupcias –fines de X/1806– con Rita Josefa (generalmente sólo Rita) de Ortega y Suasnávar, obtuvo conocimiento de su genealogía. Esta señora era española pobre. Nació en Ciudad Real y fue bautizada en la parroquia del Sagrario de dicha población el 8/V/1788. Fue hija legítima de José de Ortega –difunto antes de X/1806– y de Ignacia Suasnávar, nieta paterna de Cristóbal de Ortega y de Beatriz Landero y nieta materna de Felipe Suasnávar y de María Domínguez y Escaray,[242] bisnieta de Juan Domínguez y tercera nieta de Manuel Domínguez –todos dones–. Ahora bien, el referido Juan Domínguez era hermano entero de Antonio Domínguez –esposo que fue de Josefa Gómez Coronado o Gómez Godoy o Gómez– y éste a su vez fue padre de Josefa Antonia Domínguez, la cual, muerto su esposo, Manuel José Robles procreó a don Juan Crisóstomo. Es interesante hacer notar que en el documento que sigo –*i. e.* la dispensa del parentesco que ligaba a éste con doña Rita–, consta que la posición de la segunda era media, ya que se otorgó la gracia, entre otras razones, según Juan Hidalgo, cura de Ciudad Real, porque "las personas de estado medio con dificultad encuentran matrimonio cuando carecen de dote, que es el aliciente que les proporciona esposos".[243] Se concedieron las dispensas del parentesco de consanguinidad de cuarto con tercer grado y de las proclamas. Del enlace Robles-Ortega hubo sucesión.

Juan Crisóstomo Robles fue síndico procurador de Ciudad Real –lo era en VII/1818–[244] y aún pertenecía a esta corporación, aunque ignoro su

[242] Hija de Juan Domínguez y de Juana de Ezcaray, nieta de Manuel Domínguez (*sic*, en otros documentos Juan) y de Inés Cancino. LDS, Diócesis de San Cristóbal de las Casas, San Cristóbal de las Casas, informaciones matrimoniales 1805-1806, 728464, 84-101/359. Que Inés estuvo casada con Manuel es cosa segura; éste murió, bajo testamento, en Ciudad Real, el 30/I/1713. Era español, estaba casado con la referida señora y fue sepultado en la catedral. LDS, Diócesis de Chiapas, San Cristóbal de las Casas, defunciones 1708-1780 y 1813-1820, 725798, 46/525 (sin tratamiento de don). Falla, 1987, p. 512.

[243] LDS, Diócesis de San Cristóbal de las Casas, San Cristóbal de las Casas, informaciones matrimoniales 1805-1806, 728464, 84-101/359, la cita en 99-100/359. El pretenso ya había tenido acceso carnal con la pretensa y con una tía de ésta.

[244] Gutiérrez, 2009, pp. 161-162.

destino, en 1822.[245] Fue vocal de la Junta Suprema Gubernativa de Chiapas en 1824 y estuvo involucrado en levantar el censo estatal requerido para la elección que decidiría la suerte de Chiapas; él deseaba la anexión a México.[246] Se opuso al Plan de Veracruz, contrario a Iturbide (XII/1822).[247] En XII/1824 era subteniente y fue elegido diputado local propietario chiapaneco y sirvió como secretario de la asamblea. Su nombre está al calce de la constitución local de 1825.[248] Comerciante,[249] fue deudor de réditos pertenecientes al convento de la Encarnación de San Cristóbal y figuró de manera preponderante en los pleitos que dividieron a la familia Robles. En III/1833 era comandante del batallón activo de Chiapas.[250]

Para concluir con este ya muy largo texto sobre la familia inmediata del personaje que motiva esta ficha, éste tuvo una hermana al parecer adoptiva:

1. Sor María Manuela Antonia de la Encarnación Robles y Domínguez. Fue bautizada en la parroquia del Sagrario de Ciudad Real el 22/VI/1793, como española expuesta en la casa de Josefa Antonia Domínguez, la madre de don Mariano Nicolás, y fue apadrinada por el referido Cayetano Ramón Robles y Domínguez. Recibió el nombre de Manuela Antonia.[251] Ahora bien, su historia sugiere relaciones complejas, que más parecen complicidades, entre los Robles y los padres de otro de mis biografiados, Cristóbal Solano y Venancia de Estrada, progenitores de Manuel José Solano.

245 Trens, 1957, p. 247.

246 Torres, 2017, pp. 81, 141 y 144.

247 Torres, 2017, p. 235.

248 LDS, San Cristóbal de las Casas, San Cristóbal de las Casas, cofradías y cordilleras 1811-1838, 734877, 125/599.

249 Torres, 2017, p. 235.

250 LDS, San Cristóbal de las Casas, San Cristóbal de las Casas, cofradías y cordilleras 1831-1840, 734770, 144-156/617; Tuxtla Gutiérrez, Arquidiócesis de Tuxtla Gutiérrez, testamentos 1833-1834, 733126, 557-590/710. Torres, 2017, pp. 118-119.

251 Sigo la información que levantó para tomar el hábito. LDS, Diócesis de Chiapas, San Cristóbal de las Casas, becas y órdenes 1812-1815, 733042, 93-108/655.

Después de seis años de pupilaje en el convento de la Encarnación de Ciudad Real, la niña Manuela Antonia pidió el hábito de novicia. Entonces se levantó una información acerca de su calidad, requisito esencial para que pudiera lograr su cometido. Es de notar que la comunidad estaba muy dividida acerca de permitir su ingreso. Sean cuales hayan sido las razones de la escisión, como la mayoría estaba a favor, los trámites prosiguieron. La información mencionada se levantó el 27/VIII/1811. Ninguno de los testigos dijo quiénes eran los padres de doña María Antonia, aunque uno dejó caer que todo en ella pregonaba que no sólo era española, sino también de noble abolengo;[252] todos afirmaron que era notoriamente española. Uno, Manuel José Solano, aseguró que realmente la niña había sido expuesta en casa de su madre, Venancia de Estrada, y después trasladada a casa de Josefa Antonia Domínguez.[253] Esta historia es parecida a la de Juan Crisóstomo Robles y Domínguez, el cual, como se ha visto antes, fue bautizado el 1/II/1787, como huérfano de los citados Cristóbal Solano y Venancia de Estrada. Luego resultó ser hijo de Josefa Antonia Domínguez y fue criado por la madre de ésta. Sea como fuere, Josefa Antonia Domínguez mantuvo a doña María Antonia en su casa hasta que la puso en el convento[254] y es de suponerse que también pagó su estancia con las monjas. Ahora bien, los Solano y Estrada recibieron notables señales de, al menos, amistad de miembros del clan Robles-Domínguez. Para empezar, al menos dos veces Josefa Antonia Domínguez sacó de la pila bautismal a hijos de los Solano, en 1792 y 1795;[255] Cayetano Ramón Robles y Domínguez lo hizo con una niña María Teresa Guillén y Solano, mestiza, nieta de Venancia de Estrada y su esposo Cristóbal Solano, en 1807;[256] y, lo más notable, lo que realmente apunta a algo más que amistad, es el matrimonio, en verdad muy desigual, entre

252 LDS, Diócesis de Chiapas, San Cristóbal de las Casas, becas y órdenes 1812-1815, 733042, 80/655.

253 LDS, Diócesis de Chiapas, San Cristóbal de las Casas, becas y órdenes 1812-1815, 733042, 97/655.

254 LDS, Diócesis de Chiapas, San Cristóbal de las Casas, becas y órdenes 1812-1815, 733042, 97/655.

255 En este apartado, en la biografía de Manuel José Solano, están los documentos.

256 LDS, Tuxtla Gutiérrez, Arquidiócesis de Tuxtla Gutiérrez, bautismos 1793-1809, 725794, 437/568.

Crescencia Solano y Estrada y Domingo Domínguez y Oliva, en 1806.[257] ¿Qué había detrás de todo esto?

María Antonia Robles recibió el hábito de novicia el 19/IX/1811 y profesó de coro y velo negro el 27/IX/1812.[258] Es casi seguro que su dote fue cubierta por su familia adoptiva. Fue protegida de su "hermano" el deán. En III/1833 era secretaria de su convento. Aún con vida en III/1834, entonces peleaba con sus "hermanos" la venta de una casa que le habían dejado para obtener recursos que aliviaran su pobreza.[259]

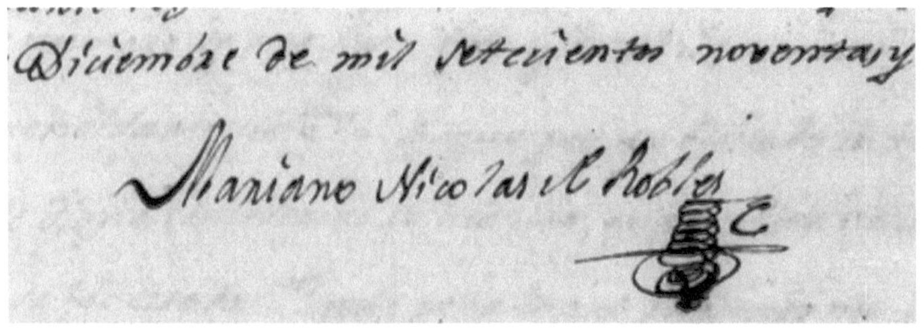
Diciembre de mil setecientos noventa y
Mariano Nicolás Robles

LDS, Diócesis de Chiapas, San Cristóbal de las Casas, becas y órdenes 1807-1808, 733039, 192/415.

Mariano Nicolás Robles Domínguez de Mazariegos estudió la Gramática y Retórica latinas en el Seminario –como alumno externo–[260] y la Filosofía en el convento de franciscanos de Ciudad Real.[261] Aquí estuvo dos años y medio y, gracias a su asiduidad y aplicación, defendió tres actos públicos: uno de lógica, el segundo de metafísica y el último de todo el curso de filosofía. Tales acontecimientos académicos, en una población corta

257 Véase en este apartado la biografía de Manuel José Solano.

258 LDS, Diócesis de Chiapas, San Cristóbal de las Casas, becas y órdenes 1812-1815, 733042, 101 y 108/655.

259 LDS, San Cristóbal de las Casas, San Cristóbal de las Casas, cofradías y cordilleras 1831-1840, 734770, 144-156/617; Tuxtla Gutiérrez, Arquidiócesis de Tuxtla Gutiérrez, testamentos 1833-1834, 733126, 557-590 y 624/710.

260 LDS, Diócesis de Chiapas, San Cristóbal de las Casas, becas y órdenes 1790 y 1793, 733785, 44/103.

261 Para su vida antes de 1812, sigo especialmente a Robles, 1811.

como Ciudad Real, deben de haber sido relevantes y de mucha repercusión en los círculos letrados. Tan pronto terminó la Filosofía, en el mismo convento inició los estudios teológicos. Es de notar que no cursó la cátedra de Teología Moral del Seminario de Ciudad Real, a pesar de lo cual su titular, Francisco de Tejada, certificó que era aprovechado en esta disciplina (22/III/1790).[262] En I/1791 pasó a la ciudad de Guatemala. En la Universidad de San Carlos, por corto tiempo, asistió a cursos de Artes y estudió cuatro años de Cánones y Leyes. De nuevo, gracias a su buen desempeño académico, sostuvo dos actos públicos, uno acerca de las reglas del derecho, otro que versaba sobre los problemas más famosos del derecho canónico. Recibió el bachillerato en Cánones (I/1798)[263] y por algo más de un año sirvió como bibliotecario de la universidad.

En la línea eclesiástica, Robles vistió hábito de clérigo desde los 16 años. La información del caso se levantó el 5/III/1788. Tras su aprobación tuvo que asistir al coro de la catedral de Ciudad Real en todas las fiestas de primera y segunda clase, vísperas solemnes, misas mayores y en todas las del año.[264] El obispo Francisco Gabriel de Olivares y Benito (1727-1812) le dio las órdenes menores –fue aprobado para ellas el 29/V/1790–.[265] Ya en la ciudad de Guatemala ascendió al subdiaconado, al diaconado y, a título de capellanía,[266] al presbiterado –tenía 23 años–. Sólo dos meses después el arzobispo de Guatemala le otorgó licencias generales para predicar y confesar a penitentes de ambos sexos, esto debido a que sus exámenes para recibir las dichas órdenes fueron muy brillantes –el del presbiterado ocurrió dentro de un concurso para curatos–. Regresó a Ciudad Real en 1798 y el obispo de Chiapas le dio, por dos años, las mismas licencias que había recibido en Guatemala. En 1799 se ampliaron para incluir confesar a religiosas y quedaron sin otro

262 LDS, Diócesis de Chiapas, San Cristóbal de las Casas, becas y órdenes 1790 y 1793, 733785, 21-45/103.

263 El impreso: *Pro baccalaureatus gradu in Iure Canonico obtinendo D. Marianus Nicolaus de Robles*. Apud viduam D. Sebastiani de Arevalo. Medina-Valenzuela-Taracena, 1960, t. 2, vol. 1, 953.

264 LDS, Diócesis de Chiapas, San Cristóbal de las Casas, becas y órdenes 1790 y 1793, 733785, 21-45/103.

265 LDS, Diócesis de Chiapas, San Cristóbal de las Casas, becas y órdenes 1790 y 1793, 733785, 21-45/103.

266 En VI/1828 gozaba de una capellanía de 1000 pesos impuestos sobre la hacienda de Santa Lucía en el valle de Jiquipilas. LDS, Tuxtla Gutiérrez, Arquidiócesis de Tuxtla Gutiérrez, testamentos 1833-1834, 733126, 450/710.

término que el de la voluntad del prelado. Ahora bien, tan pronto regresó a Chiapas, donde siempre se requerían operarios, se le entregó en ínterin el curato de Tonalá, destino en el cual estuvo casi un año. Durante este tiempo, además de dedicarse a todos los menesteres propios de la cura de almas, concluyó la bóveda de la capilla mayor y dejó su templo en capacidad de servir. De nuevo en Ciudad Real, el obispo lo hizo cura vicario y rector del Sagrario; ocupó este empleo por un año y medio.[267] Mientras lo servía, el obispo además lo nombró promotor para asuntos en concreto; luego le dio el destino de promotor fiscal y defensor de capellanías. Inmediatamente fue nombrado capellán de las religiosas de la Encarnación de Ciudad Real; también administró las rentas de las monjas por espacio de dos años. Está claro que Robles fue hombre de la confianza de su prelado, el cual era Fermín José Fuero y Gómez (1749-1800). Desde 1799 y hasta la extinción de la Inquisición por la legislación gaditana, fue revisor y expurgador de libros.

Por otra parte, al tiempo que era rector del Seminario de Ciudad Real Manuel Mariano Chacón y Becerra, vacó por renuncia de Pedro Celis la cátedra de Gramática. Chacón ocurrió a Mariano Marciot, un vecino de Tuxtla, famoso por su conocimiento del latín, para ofrecerle la clase. Éste la declinó el 9/VII/1800 y entonces Chacón se la dio a Robles. Él la desempeñó por poco tiempo, quizá sólo hasta II/1801 o 1802.[268]

El obispo Ambrosio Llano, desde el inicio de su gobierno –XII/1802–, hizo a Robles su secretario.[269] Sirvió al mismo Llano, por algún tiempo, sin que pueda decir exactamente cuánto, como uno de sus "mayordomos económicos". Resulta que Llano, a lo largo de sus 13 años de gobierno, careció de administrador fijo de rentas. De modo que para cubrir los limitadísimos gastos de su casa –comida, salarios, lavado de ropa y limosnas para los

---

[267] Lo era en IX-XII/1799. LDS, Diócesis de Chiapas, San Cristóbal de las Casas, becas y órdenes 1797-1799, 733787, 279, 331 y 332/472.

[268] LDS, San Cristóbal de las Casas, San Cristóbal de las Casas, Chiapas, documentos del Seminario Conciliar 1800-1806, 733206, 16/148.

[269] Lo era en 1804 y 1805, pero en XII/1806 se halla a otra persona en este empleo. LDS, Diócesis de Chiapas, San Cristóbal de las Casas, becas y órdenes 1797-1799, 733787, 268, 271, 275, 339, 345, 347, 348 y 349/472.

pobres– entregaba al que le servía como mayordomo 150 pesos mensuales.[270] Además, el 24/II/1804 se fechó su título de sacristán mayor propietario de la catedral de Ciudad Real. Ambos empleos los tenía al tiempo en que, como se verá más adelante, pasó a las Cortes extraordinarias de Cádiz. Al inició de su gestión como sacristán mayor ocurrió que, como la limosna de los santos óleos que él debía entregar al Seminario disminuyó drásticamente (VII/1805), el rector de este establecimiento, el referido padre Chacón, se quejó amargamente de ello al obispo y buscó reformar los términos de su entrega.[271] En la catedral también sirvió, aunque brevemente, como maestro de ceremonias.

Una vez que se dictó la orden de enajenar los bienes de las obras pías, como consecuencia del proceso de consolidación de vales, Robles se encargó, sin sueldo ni ayudas de costa, a la ardua tarea de formar un estado general de las del obispado de Chiapas. Debe de haber sido buen orador ya que con ocasión de la proclamación de Fernando VII, fue el encargado de predicar el sermón del *Te Deum*.

Fue elegido, el 4/XI/1811, diputado por la provincia de Chiapas a las Cortes extraordinarias de 1810, esto al conocerse la muerte del licenciado Sebastián de Esponda y Olaechea, ocurrida cuando se dirigía a tomar posesión de la curul.[272] La actuación de Robles en las Cortes ha sido resumida del modo siguiente:

> Llegó a Cádiz un año después, pretextando motivos económicos para su tardanza y jurando su cargo el día 24 de octubre, reemplazando al diputado suplente, Manuel Llano. Sin embargo, hasta el día 28 de abril de 1812, el ayuntamiento de Ciudad Real de Chiapas no dio oficio a la comisión de Poderes de las Cortes de haber sido elegido. Abogó por

---

270 LDS, San Cristóbal de las Casas, San Cristóbal de las Casas, cofradías y cordilleras 1813-1831, 734869, 12-14/628.

271 LDS, San Cristóbal de las Casas, San Cristóbal de las Casas, documentos del Seminario Conciliar 1800-1806, 733206, 33-68/148, especialmente 60 y 63/148.

272 Robles había obtenido muchos votos para este cargo en la elección celebrada en Ciudad Real el 26/VI/1810 (Gutiérrez, 2009, p. 77). La descripción pormenorizada de la elección de Robles, en Gutiérrez, 2009, pp. 80-81.

que se suprimiera el estanco del tabaco que consideraba de grave perjuicio económico, sobre todo, como causante de la miseria de los indios. Consiguió que se otorgara la libertad de comercio a los puertos de Tonalá y Tapachula para comerciar con las provincias de Guatemala, Nueva España y Perú. Liberal moderado, perteneció a las comisiones de Honor y Eclesiástica, llegando a ser un decidido defensor de los intereses de los indígenas alegando, en el único discurso que pronunció, que se atropellaban sus imprescriptibles derechos con escandalosa infracción de la misma Constitución Política. Para procurar una mejora en sus condiciones de vida solicitó, como una de las medidas más urgentes, que se les procurase una mejor especialización como artesanos y agricultores.[273]

Además, Robles fue autor de *Memoria histórica de la provincia de Chiapa, una de las de Guatemala, presentada al augusto Congreso* (Cádiz, Imprenta Tormentaria, a cargo de D. J. D. Villegas, 1813). Se vio en la sesión del 29/V/1813 y fue suscrita cuatro días antes.[274] En este importante impreso pidió, entre otras cosas, la apertura del Seminario de Ciudad Real a los indígenas y que en esta población se erigiera una universidad y una diputación provincial; que se premiaran los servicios hechos a la Corona por Comitán, Tuxtla, Tonalá, Palenque y Tapachula; que se abrieran como libres por 10 años los puertos de Tonalá y San Benito; que se construyera un canal interoceánico a través de la unión de los ríos Coatzacoalcos y Chinilapa, y se estimulara la labor de los mercedarios que misionaban entre los lacandones.[275]

Aunque las Cortes le otorgaron licencia para regresar a su patria (8/IX/1812), volvió a ocupar su curul en las Cortes ordinarias del año siguiente. Mientras estaba de diputado en España fue presentado para una canonjía de merced de Chiapas (1812);[276] se le dio la colación canónica a su

273 García.

274 Existe una reedición: Tuxtla Gutiérrez, Rodrigo Núñez Editores, 1992.

275 Gutiérrez, 2009, p. 128. Pérez, 1980, p. 483.

276 Flores, 1978, p. 137.

apoderado, Andrés Antonio Balcázar, presbítero secular, quien debe de haber también tomado posesión de la dicha canonjía (¿1815?).[277]

Cuando en IV/1819 un conjunto muy notable de residentes en Chiapas fundó la Sociedad Económica de Amigos del País, Robles fue nombrado socio nato por el cabildo eclesiástico y enseguida elegido segundo consiliario. Es de notar que el presidente era el obispo Salvador San Martín y Cuevas –uno de los firmantes del *Manifiesto de los Persas* que fue recompensado con una mitra indiana–, el vicedirector el distinguido escritor dominico, fray Matías de Córdoba, y, entre los "socios asistentes", el arcediano Ramón de Ordoñez y Aguiar, el rector del Seminario licenciado Francisco Guillén, el cura del Sagrario de Ciudad Real bachiller Lino García, varios otros integrantes de la familia Robles y de la elite chiapaneca, como Tiburcio José Farrera, Miguel Coello y Manuel de Esponda.[278] Es posible que, para 1/III/1831, Robles fuera presidente de la Sociedad Económica de Amigos del País. Entonces la Secretaría del Gobierno del estado de Chiapas le dirigió –con membrete para el presidente y secretario de la Sociedad– un oficio acerca de la imprenta que ésta tenía dada en arrendamiento a un tal Secundino Orantes.[279]

El obispo San Martín y Cuevas hizo al canónigo Robles provisor, gobernador y vicario general del obispado (título 24/IV/1819)[280] y juez hacedor y clavero (1/XII/1819). Lo último ocurrió por renuncia del deán Manuel Ignacio de Esnaurrizar; como Robles a la sazón era provisor y vicario general y creía que no podía al mismo tiempo ser hacedor y clavero, el prelado accedió a que sólo se ocupara del primer encargo (7/XII/1819).[281] Lo

[277] LDS, San Cristóbal de las Casas, San Cristóbal de las Casas, cofradías y cordilleras 1811-1838, 734877, 63-64/599 (sin fecha). Andrade, 1914, p. 67.

[278] Sociedad, 1819, pp. 5, 6, 17 y 18.

[279] Se refiere a las prensas de la llamada "Imprenta de la Sociedad". Orantes las tenía arrendadas y se mandó que las entregara a la Sociedad con los inventarios del caso. LDS, San Cristóbal de las Casas, San Cristóbal de las Casas, cofradías y cordilleras 1813-1831, 734869, 510-511/628.

[280] LDS, San Cristóbal de las Casas, San Cristóbal de las Casas, documentos del Seminario Conciliar 1817-1839, 733208, 280/387.

[281] Ya era gobernador a principios del dicho año y, al parecer, compartía el encargo con el mismo Esnaurrizar. LDS, San Cristóbal de las Casas, San Cristóbal de las Casas, cofradías y cordilleras 1813-1831, 734869, 174-178 y 214/628.

hizo hasta la muerte de San Martín (17/II/1821).[282] Sirvió al mismo prelado también como examinador sinodal y juez de Testamentos, Capellanías y Obras Pías.[283]

Robles fue de los chiapanecos que deseaban la unión con México. Luego asistió como representante del gobernador de la mitra chiapaneca a las juntas eclesiásticas celebradas en la Ciudad de México en 1822 para dirimir el destino del patronato; esto a pesar de que la diócesis de Chiapas no era sufragánea de México.[284] Igualmente en la capital imperial, perteneció al Consejo de Estado (22/VI/1822-18/IV/1823), un cuerpo consultivo del más alto nivel compuesto por 13 personajes distinguidos, militares, juristas, clérigos, comerciantes y propietarios.[285] Como tal su nombre está al calce de un par de impresos interesantes. El primero, fechado el 3/VIII/1822, en el que se estudió la creación de un tribunal especial en la Ciudad de México y en las capitales de las provincias para conocer y juzgar las causas de sedición y conspiración; el otro, de 26/IX/1822, con un dictamen y reglamento para impedir la circulación de libros contrarios a la fe o sediciosos.[286] Se ha dicho que en esta época Robles pertenecía a una sociedad secreta de tipo masónico.[287] Fue uno de los enviados de Agustín I para dialogar con los alzados de Casa Mata (II/1823).[288]

De nuevo en su tierra, Robles formó parte de la comisión que debía censar a la población de Chiapas para celebrar las elecciones que decidirían su destino como entidad (1824).[289] También sirvió como rector del Seminario de la diócesis y con asistencia del vicario capitular interino, Juan de Velasco

---

282 LDS, San Cristóbal de las Casas, San Cristóbal de las Casas, documentos del Seminario Conciliar 1817-1839, 733208, 280/387.

283 LDS· Diócesis de Chiapas, San Cristóbal de las Casas, becas y órdenes 1791-1797, 733786, 129 y 131/519 e informaciones matrimoniales 1819-1821, 728477, 344, 395, 417, 426, 453 y 506/665.

284 LDS, San Cristóbal de las Casas, San Cristóbal de las Casas, cofradías y cordilleras 1811-1838, 734877, 490/599. Estuvo en la sesión cuarta de 26/VI/1822, en la séptima otro llevaba la representación de Chiapas.

285 Por ejemplo, Pedro Celestino Negrete (1777-1846), Nicolás Bravo (1786-1854), Pedro del Paso y Troncoso (1780-1857) y Florencio del Castillo.

286 Moreno, 1975, núms. 523, 524 y 525.

287 Martínez, 2021, p. 375.

288 Martínez, 2021, p. 393.

289 Torres, 2017, pp. 81-82.

y Martínez y otros, hizo el inventario de los bienes de dicha institución, fechado el 22/XII/1825.[290] Se ha dicho que estuvo al frente del Seminario hasta 1832.[291] Su preocupación por la educación lo llevó a estar entre los redactores del proyecto de estatutos de la Universidad Literaria de Chiapas, cuya fundación fue ordenada en un decreto local de 8/II/1826.[292]

El 5/V/1830 fue nombrado examinador sinodal de nuevo.[293] En el mismo año fue elegido diputado local y, según Torres, recibió el empleo de escribiente de la Secretaría del Despacho de Chiapas; lo último llama la atención. ¿Tan mal estarían las finanzas de un hombre benemérito y lleno de ocupaciones como para aceptar el destino de simple escribiente?[294]

En el cabildo de Ciudad Real fue, como ya se dijo, canónigo. En 1820-1831 era maestrescuela.[295] Por muerte de Manuel Ignacio de Esnaurrizar, ascendió al deanato mediante nombramiento del 11/XI/1831. Éste se despachó para dar cumplimiento al artículo 1° del decreto del Congreso federal de 10/V/1831. Entonces Robles renunció a la maestrescolía (12/XI/1831). Recibió la colación y el título correspondiente el 14/XI/1831; tomó posesión el día siguiente.[296] Él mismo propuso para que le sucediera en la maestrescolía a la que renunció al bachiller Lino García y, en segundo lugar, al licenciado Francisco Guillén.[297] García, a la sazón provisor, buscó la nulidad del nombramiento de Robles y otros ascensos –entre ellos el

[290] LDS, San Cristóbal de las Casas, San Cristóbal de las Casas, documentos del Seminario Conciliar 1817-1839, 733208, 292-295/387.

[291] Flores, 1978, p. 146.

[292] LDS, San Cristóbal de las Casas, San Cristóbal de las Casas, cofradías y cordillera 1811-1838, 734877, 256/599. Cruz, 1976, p. 30. Flores, 1978, p. 137.

[293] LDS, San Cristóbal de las Casas, San Cristóbal de las Casas, cofradías y cordilleras 1821-1839, 734841, 255/635.

[294] Torres, 2017, p. 207.

[295] LDS, Diócesis de Chiapas, San Cristóbal de las Casas, becas y órdenes 1791-1797, 733786, 129 y 131/519 e informaciones matrimoniales 1819-1821, 728477, 344, 395, 417, 426, 453 y 506/665; San Cristóbal de las Casas, San Cristóbal de las Casas, cofradías y cordilleras 1811-1838, 734877, 48/599. Andrade, 1914, p. 66.

[296] LDS, San Cristóbal de las Casas, San Cristóbal de las Casas, cofradías y cordillera 1811-1838, 734877, 287-291/599; cofradías y cordilleras 1813-1831, 734869, 381 y 608/628; cofradías y cordilleras 1831-1839, 734870, 29-30 y 34-35/600. Sánchez de Haedo, 1826, p. 404. Sánchez de Haedo, 1828, p. 423.

[297] LDS, San Cristóbal de las Casas, San Cristóbal de las Casas, cofradías y cordilleras 1813-1831, 734869, 469-473 y 486/628.

de él mismo a la maestrescolía–. Esto dio lugar a un curioso expediente en el cual se acusó a Robles, sin fundamento, de haberse autonombrado deán. Robles, con tal de acabar con el asunto ofreció el deanato a García.[298]

En 1831 fue elegido senador de la República; se trataba de la Legislatura que se extinguió abruptamente por la paz entre Santa Anna y Bustamante, pactada en el llamado convenio de Zavaleta (21/VII/1832).[299] Seguramente por esto le quedaba de camino asistir a la consagración del obispo de Chiapas, fray Luis García y Guillén, llevada a cabo por el obispo de Puebla, Francisco Pablo Vázquez, en la ciudad de Oaxaca el 29/I/1832 –a la sazón Robles era rector del Seminario–.[300] Al día siguiente escribió al cabildo chiapaneco para avisarle que enseguida pasaría a la Ciudad de México.[301] Ya estaba en ella el 5/VII/1832, así como consta en una carta a su "hermana", sor María Antonia de la Encarnación, tocante al albaceazgo de su madre que él llevaba.[302] Ignoro cuándo regresó a la ciudad de Puebla –quizá por XII/1832 o I/1833– pero allá al parecer gozaba de la protección del obispo. Al final de su vida los liberales chiapanecos, encabezados por el gobernador Joaquín Miguel Gutiérrez, buscaban su expulsión. Además de que lo tenían por hombre perverso, se había decomisado una carta de su puño y letra, dirigida a fray Tomás Suazo, mercedario centroamericano emigrado y secretario del obispo García y Guillén, en la que hablaba mal del gobierno y dizque insinuaba acciones al estilo del Plan de Durán –fracasado levantamiento antiliberal ocurrido en las afueras de la Ciudad de México.[303]

298 LDS, San Cristóbal de las Casas, San Cristóbal de las Casas, cofradías y cordillera 1811-1838, 734877, 226-277/599.

299 LDS, San Cristóbal de las Casas, San Cristóbal de las Casas, cofradías y cordilleras 1831-1840, 734770, 24-31/617. Moreno, 1975, p. 904. Torres, 2017, p. 207.

300 LDS, San Cristóbal de las Casas, San Cristóbal de las Casas, cofradías y cordilleras 1831-1839, 734870, 150-156/600.

301 LDS, San Cristóbal de las Casas, San Cristóbal de las Casas, cofradías y cordilleras 1831-1839, 734870, 259/600.

302 LDS, San Cristóbal de las Casas, San Cristóbal de las Casas, cofradías y cordilleras 1831-1840, 734770, 146/617.

303 Carta de Gutiérrez, de 10/IX/1833, a su amigo, confidente y deudo, el padre Clemente Castillejo. Éste debía impulsar la expulsión de Robles y Suazo. Sin embargo, como Gutiérrez pensaba que Robles y el ministro de

Políticamente, Robles fue amigo del Plan de Jalapa y perteneció a la cuarta Legislatura chiapaneca, enemigo de los yorkinos se opuso al Congreso local en IV/1830 y estuvo en la junta general de ciudadanos de San Cristóbal de 28/V/1830. Fue uno de los más distinguidos "hombres de bien" de Chiapas.[304]

Murió en la ciudad de Puebla, víctima de la terrible epidemia de cólera que por entonces azotaba al país, el 14/X/1833. Fue sepultado el mismo día en la sacristía de la iglesia de San Francisco Javier "lugar bendito y el más decoroso que había desocupado".[305] Robles, además de intereses inmobiliarios,[306] dejó vacas varias capellanías de misas fundadas por sus familiares: la del deán de Chiapas, José Suárez de la Vega, para los descendientes de Gertrudis Suárez, dotada con 2000 pesos –sólo quedaban 1600–; la fundada con 1 000 pesos por Juan Velasco y Ochoa; la establecida por Inés Cancino Barba que sólo tenía 1565 pesos de los 2500 con que nació; la que dejó Josefa Gómez Coronado con 4200 pesos, y finalmente, la de Antonio Domínguez, que también gozaba de 4200 pesos. Así que Robles, si todas ellas generaban puntualmente la integridad de sus réditos, gozaba de una desahogada posición económica.[307]

Manuel José Solano y Estrada

Nació en Ciudad Real. Fue bautizado el 3/XII/1786 en el Sagrario. Sus padres fueron Cristóbal Solano y Venancia de Estrada; su madrina se llamó Paula Mateo. En el acta respectiva ninguno recibió el don/doña y el infante

Justicia Ramos Arizpe eran amigos, recomendó a Castillejo "estar alerta y no perder el tiempo". LDS, San Cristóbal de las Casas, San Cristóbal de las Casas, cofradías y cordilleras 1831-1839, 734870, 422-425/600.

304 Torres, 2017, pp. 96, 106, 107, 111, 144 y 236.

305 LDS, Estado de Puebla, Puebla de Zaragoza, San Marcos, defunciones 1833, 238567, 136/163. La partida afirma que tenía 66 años cumplidos el 6/I, cosas falsas.

306 Torres, 2017, p. 236.

307 Entre los que buscaron la colación en algunas de estas capellanías se hallaba el presbítero Leandro Robles. LDS, Tuxtla Gutiérrez, Arquidiócesis de Tuxtla Gutiérrez, testamentos 1833-1834, 733126, 662-689/710.

fue asentado como mestizo.[308] Sus padres fueron naturales y vecinos de Ciudad Real, él del barrio del Cerrillo, ella del de la Merced o Santa Lucía;[309] ambos murieron antes de X/1813.[310] Por lo que se ha dicho en la biografía anterior, los Solano gravitaban alrededor del poderoso e influyente clan Robles-Domínguez.

Solano fue confirmado el 30/IX/1793. Pidió una beca de número en el Seminario de Ciudad Real en III/1800. En los trámites que entonces siguió nadie lo trató a él ni a sus parientes con don/doña. Un testigo, Manuel Antonio Paniagua, maestro de primeras letras en el referido plantel, casado de 52 años, dijo que conocía a Solano desde chico y que era "descendiente de mestizos aunque ha oído decir que el expresado Cristóbal Solano es español, pero no puede asegurarlo por cierto".[311] El padre había sido expuesto en casa de Marcela Gutiérrez, vecina de Ciudad Real y la madre era hija legítima de Miguel de Estrada y María Ballinas, vecinos de Ciudad Real, "cristianos viejos, tenidos y reputados por mestizos".[312] Los demás testigos declararon cosas semejantes. Solano tomó posesión de su beca el 3/IV/1800: ahora sí recibió el tratamiento de don . Para vestir los hábitos clericales, cosa que logró hacer previa licencia otorgada el 3/V/1805,[313] se levantaron informaciones secretas que arrojaron nuevos datos acerca de la condición familiar de Solano. A él y a sus padres no se les escatimó el tratamiento de don/doña. Ahora el padre fue hecho hijo natural de Marcela Gutiérrez, mestiza sin sangre de mulata y "de una persona de distinción de

308 Sigo las informaciones que levantó Solano para vestir hábitos clericales y recibir el subdiaconado y el diaconado. LDS, Diócesis de Chiapas, San Cristóbal de las Casas, becas y órdenes 1807-1808, 733039, 190-221/415. Además, la partida bautismal en LDS, Diócesis de Chiapas, San Cristóbal de las Casas, bautismos 1786-1793, 725793, 20/289. Orozco, 1906, p. 207.

309 LDS, Diócesis de Chiapas, San Cristóbal de las Casas, becas y órdenes 1807-1808, 733039, 295, 297 y 298/415.

310 LDS, Diócesis de Chiapas, San Cristóbal de las Casas, becas y órdenes 1812-1815, 733042, 427/655.

311 LDS, Diócesis de Chiapas, San Cristóbal de las Casas, becas y órdenes 1807-1808, 733039, 197/415.

312 LDS, Diócesis de Chiapas, San Cristóbal de las Casas, becas y órdenes 1807-1808, 733039, 197/415. Lo dicho arriba contradice lo asentado en la partida bautismal de Francisco Antonio Solano y Estrada, sacramentado el 1/VII/1792, en la que se consignó que ambos progenitores eran huérfanos. LDS, Diócesis de Chiapas, San Cristóbal de las Casas, bautismos 1786-1793, 725793, 238/289.

313 LDS, Diócesis de Chiapas, San Cristóbal de las Casas, becas y órdenes 1807-1808, 733039, 207/415.

esta ciudad";[314] del abuelo materno, Miguel de Estrada, se dijo que era hijo natural de Agustina de Vera, española, y de un sujeto también español;[315] y, la abuela materna, María Ballinas, fue declarada hija de "don" Sebastián Ballinas y de Manuela Morales, españoles pobres. Los oficios de la familia eran los de carpinteros y herreros, aunque se aclaró que a ninguno de ellos se dedicaron los ascendientes de Solano, sino sus colaterales.[316] Sea como fuere, por documentos que adelante se citan consta que los Solano-Estrada eran pobres. Además, en una información levantada en Ciudad Real (27-28/XI/1807) para las órdenes de Solano, se afirmó que si bien en su familia inmediata no se ejercían oficios viles, tampoco existían los públicos u honoríficos. Los Solano-Estrada carecían de toda notabilidad.[317]

Fueron hermanos de Solano:

1. Francisco Antonio Solano y Estrada. Nació en Ciudad Real. Fue bautizado en el Sagrario de dicha población el 1/VII/1792. No se le asignó calidad, el tratamiento de don/doña se negó a sus padres y éstos fueron registrados como "huérfanos". Es de notar que su madrina fue "doña" Josefa Antonia Domínguez.[318]

2. José María Solano y Estrada. Nació en Ciudad Real. Fue bautizado en el Sagrario de dicha población el 6/V/1795. No se le asignó calidad y el tratamiento de don/doña se negó a sus padres. Es de notar que su madrina fue "doña" Josefa Antonia Domínguez.[319] Estuvo un año y nueve meses en

[314] LDS, Diócesis de Chiapas, San Cristóbal de las Casas, becas y órdenes 1807-1808, 733039, 205/415. Es de notar que en una información levantada en Ciudad Real el 29/X/1813 a favor de José María Solano y Estrada, ya se nombra a la pareja de Marcela Gutiérrez: Lorenzo Solano. Ambos estaban reputados como mestizos limpios de sangre. LDS, Diócesis de Chiapas, San Cristóbal de las Casas, becas y órdenes 1812-1815, 733042, 423 y 427/655.

[315] LDS, Diócesis de Chiapas, San Cristóbal de las Casas, becas y órdenes 1807-1808, 733039, 205/415.

[316] LDS, Diócesis de Chiapas, San Cristóbal de las Casas, becas y órdenes 1807-1808, 733039, 207/415.

[317] LDS, Diócesis de Chiapas, San Cristóbal de las Casas, becas y órdenes 1807-1808, 733039, 295 y 297/415.

[318] LDS, Diócesis de Chiapas, San Cristóbal de las Casas, bautismos 1786-1793, 725793, 238/289.

[319] LDS, Tuxtla Gutiérrez, Arquidiócesis de Tuxtla Gutiérrez, bautismos 1793-1809, 725794, 103/568.

el convento de San Francisco de la ciudad de Guatemala; fue novicio de corona 11 meses. Dejó a los frailes sin dar mala nota, cosa que se certificó el 29/VIII/1813.[320] Solicitó los hábitos clericales y la información del caso se levantó en Ciudad Real el 29/X/1813. Por alguna razón que ignoro –quizá dudas del pretendiente– no se despachó la licencia sino hasta el 13/XII/1819.[321] Sea como fuere, tenía 11 meses como pensionista en el seminario de Ciudad Real en X/1819.[322] Pidió a título de administración las órdenes menores, el subdiaconado y el diaconado en V/1820, pero el mes siguiente se desistió de la pretensión. Volvió a formularla en VIII/1820 y recibió las órdenes en Comitán poco después.[323] Servía como cura ecónomo de Yajalón, obispado de Chiapas, en IX/1826.[324]

3. Melchora Solano y Estrada. Fue esposa de Ciriaco Zúñiga, hijo de otro Ciriaco Zúñiga y de María Jacinta Trujillo. Con su marido era vecina del barrio del Cerrillo, Ciudad Real, en VIII/1816. En los documentos que he visto sobre esta familia se omiten sus calidades y sólo se trata de don y doña a algún padrino y en una ocasión a la madre de Melchora. Además, Ciriaco Zúñiga y Trujillo no podía firmar su nombre.[325]

4. María Solano y Estrada. Fue esposa de Mariano León Guillén, hijo de Antonio Guillén y de Josefa Zavaleta, vecinos de Ciudad Real, previa la información de soltería levantada el 4/I/1803 en el Sagrario de dicha

---

320 LDS, Diócesis de Chiapas, San Cristóbal de las Casas, becas y órdenes 1812-1815, 733042, 423 y 425/655.

321 LDS, Diócesis de Chiapas, San Cristóbal de las Casas, becas y órdenes 1812-1815, 733042, 430/655.

322 LDS, Diócesis de Chiapas, San Cristóbal de las Casas, becas y órdenes 1812-1815, 733042, 428/655.

323 LDS, Diócesis de Chiapas, San Cristóbal de las Casas, becas y órdenes 1812-1815, 733042, 433, 434, 440 y 442/655.

324 LDS, San Cristóbal de las Casas, San Cristóbal de las Casas, bautismos 1779-1819, 733216, 247/566.

325 LDS, San Cristóbal de las Casas, Sagrario, bautismos 1801-1803 y 1810-1815, 605731, 378 y 538-539/611 y bautismos 1815-1823, 605732, 87-88/671; San Cristóbal de las Casas, San Cristóbal de las Casas, matrimonios 1720 y 1726-1802, 733235, 580-581/631.

población. En el acto se negó el tratamiento de don y doña a todos los involucrados y no se asentaron sus calidades; el novio podía firmar.[326]

5. María Solano y Estrada. Fue esposa de Zenón Guillén, hijo de Antonio Guillén y de Josefa Zavaleta, vecinos de Ciudad Real. El matrimonio Guillén-Solano estaba avecindado en el barrio del Cerrillo en VII/1817. Los hijos de esta unión fueron bautizados sin calidad y a sus padres y abuelos se les negó el tratamiento de don/doña.[327] De los tres hijos que he detectado de este matrimonio, la mayor fue bautizada como "mestiza" y los demás sin calidad, y los padres y abuelos no recibieron el tratamiento de don/doña –salvo en un caso en que se dio al abuelo paterno–. Es de notar que una hija fue sacada de la pila por Cayetano Ramón Robles Domínguez de Mazariegos.[328]

6. Crescencia Solano y Estrada. Fue vecina de Ciudad Real. Era menor de edad cuando se levantó la información para contraer matrimonio con un sujeto que pertenecía a una familia notable: Domingo Domínguez y Oliva –acerca de cuya ilustre progenie trato extensamente en la biografía anterior–. El documento se levantó en el Sagrario de Ciudad Real el 5/XI/1806. En él, naturalmente, la familia del novio recibió el tratamiento de don/doña, pero éste se negó a la novia, a pesar de otorgársele a sus padres. Las calidades de todos se omitieron. Es de notar que en esta información el padre de la novia firmó. En el acta del matrimonio, celebrado el 23/XI/1806, se dio el tratamiento a los Domínguez y se negó a todos los Solano.[329]

---

326 LDS, San Cristóbal de las Casas, San Cristóbal de las Casas, matrimonios 1720 y 1726-1802, 733235, 577-578/631.

327 LDS, San Cristóbal de las Casas, Sagrario, bautismos 1801-1803 y 1810-1815, 605731, 244/611.

328 LDS, Tuxtla Gutiérrez, Arquidiócesis de Tuxtla Gutiérrez, bautismos 1793-1809, 725794, 437/568; San Cristóbal de las Casas, Sagrario, bautismos 1801-1803 y 1810-1815, 605731, 345/611 y bautismos 1815-1823, 605732, 146/671.

329 LDS, Tuxtla Gutiérrez, Arquidiócesis de Tuxtla Gutiérrez, informaciones matrimoniales 1805-1807, 725817, 504-508/535; San Cristóbal de las Casas, matrimonios 1790-1833, 608741, 132/539; los testigos fueron los mismos de la información.

Además, fue "crianza" de los padres de Solano:

1. "Don" Juan Crisóstomo Solano y Estrada. Casó, en la iglesia de la Merced de Ciudad Real, el 3/XI/1806, con "doña" Rita Ortega, hija de "don" José Ortega y de "doña" Ignacia de Usnabal.[330]

Finalmente, fueron "huérfanos" de la madre del personaje que me ocupa:

1. Manuel de Jesús, bautizado el 8/VIII/1795 en el Sagrario de Ciudad Real. Su madrina fue la propia Venancia de Estrada.[331]

2. Mariano Policronio, bautizado el 19/II/1798 en el Sagrario de Ciudad Real. Su madrina fue "doña" María Damiana Farrera.[332]

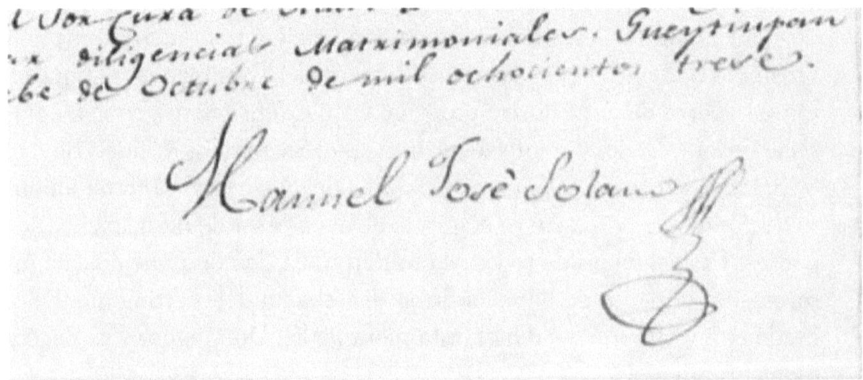
diligencias Matrimoniales. Gueytiupan
de Octubre de mil ochocientos treze.
Manuel José Solano

LDS, San Cristóbal de las Casas, San Cristóbal de las Casas, bautismos 1779-1819, 733216, 349/566.

330 LDS, San Cristóbal de las Casas, Sagrario, matrimonios 1790-1833, 608741, 131/539. Los padres adoptivos del novio sin don/doña y se omiten las calidades de todos. Los testigos fueron los mismos de la información matrimonial.

331 LDS, Tuxtla Gutiérrez, Arquidiócesis de Tuxtla Gutiérrez, bautismos 1793-1809, 725794, 116/568.

332 LDS, Diócesis de Chiapas, San Cristóbal de las Casas, bautismos 1798-1801, 1803-1804 y 1818-1819, 725795, 11/267.

Seguramente con grandes sacrificios familiares, Solano fue dedicado a los estudios desde pequeño. Fue alumno del maestro de primeras letras del Seminario de Ciudad Real, Manuel Antonio Paniagua, ya mencionado. En el convento franciscano de Ciudad Real fue discípulo de fray José Álvarez.[333] Como se dijo antes, vistió la beca del Seminario de Ciudad Real el 3/IV/1800. En él, como consta en una certificación extendida el 23/X/1804, estudió lógica, metafísica, ética y física y defendió un acto del primer tomo de Lugdunense bajo la presidencia de fray Antonio Carrascal, lector de Filosofía en dicho plantel.[334] Como pretendía el sacerdocio y necesitaba instruirse en las ceremonias eclesiásticas obtuvo licencia para vestir hábitos clericales (3/V/1805).[335] En VIII/1806 ya tenía años en el Seminario de Ciudad Real; había cursado Gramática y Filosofía y contaba en su haber dos actos públicos, uno de lógica y otro de física; en la dicha fecha se ocupaba en la teología escolástica y moral, la primera en el convento franciscano de San Antonio de Ciudad Real y la segunda en el Seminario –aquí fue alumno del dominico fray Vicente Vives, en la cátedra de Moral y en las conferencias morales–. Obtuvo las órdenes menores y la primera tonsura el 23/VIII/1806.[336] Dejó el Seminario una vez que terminó los estudios filosóficos, lo cual hizo "con mucho lucimiento".[337] Sin embargo, consta que alguna vez huyó de él, temeroso de que el rector lo castigara porque éste lo pescó jugando con otros muchachos.[338]

Sus padres padecían "notoria pobreza" y por eso solicitó una capellanía de coro en la catedral de Ciudad Real.[339] Cuando el obispo Ambrosio Llano pidió al deán su opinión acerca del tema, éste confirmó que la familia Solano era pobre y a esto atribuyó el que nuestro personaje hubiera tenido

333 LDS, Diócesis de Chiapas, San Cristóbal de las Casas, becas y órdenes 1807-1808, 733039, 198/415.

334 El Lugdunense es el filipense francés Joseph Valla (1720-1790), popularísimo autor de cursos filosóficos y teológicos en que daba cuenta de las doctrinas cartesianas.

335 LDS, Diócesis de Chiapas, San Cristóbal de las Casas, becas y órdenes 1807-1808, 733039, 207/415.

336 LDS, Diócesis de Chiapas, San Cristóbal de las Casas, becas y órdenes 1807-1808, 733039, 208-209/415.

337 Orozco, 1906, p. 207.

338 LDS, Diócesis de Chiapas, San Cristóbal de las Casas, becas y órdenes 1807-1808, 733039, 295/415.

339 LDS, Diócesis de Chiapas, San Cristóbal de las Casas, becas y órdenes 1807-1808, 733039, 211/415.

que faltar a algunas de sus obligaciones en el culto catedralicio.[340] Obtuvo la capellanía de coro en ínterin el 2/V/1807 para lo cual se le instó a que ya se ordenara. Llano se la dio en atención a "su buena índole y religiosidad y conducta irreprensible".[341] Así, solicitó las cuatro órdenes menores, las cuales recibió el 7/V/1807.[342] Obtuvo el subdiaconado a título de administración el 10/XII/1807[343] y fue ordenado como diácono el 24/II/1809.[344] Ignoro cuándo fue ordenado presbítero, pero debe de haber sido poco después.

En los primeros meses de 1813 Solano administraba el hospital de Ciudad Real.[345] Fue cura interino de la Asunción de Huitiupan y sus anexos –ya lo era en X/1813–. Gravemente enfermo, en I/1815 pidió pasar a Ciudad Real a curarse; regresó a su parroquia –no sé si seguía como interino– en VI/1815.[346] En VIII/1828 se intitulaba vicario departamental de los Tzendales, juez eclesiástico y cura propio de San Mateo Tila y su anexo San Francisco Petalcingo y tenía su vecindad en Tila.[347] Servía estos destinos cuando fue elegido diputado suplente al primer Congreso Constitucional General (XII/1824, celebrado I/1825-XII/1826).[348] Perteneció a la última Legislatura chiapaneca del régimen federal, concluida el 28/X/1835; se ha dicho que era políticamente "neutral".[349]

Servía el referido curato y era, también, vicario foráneo y juez eclesiástico de Tzendales, cuando el 6/IX/1831 ascendió a la chantría de la catedral de San Cristóbal. Tomó posesión el 9/XI/1831. Esto ocurrió en cumplimiento del decreto del Congreso federal de 16/V/1831, recogido en el decreto de

340 LDS, Diócesis de Chiapas, San Cristóbal de las Casas, becas y órdenes 1807-1808, 733039, 212/415.

341 Orozco, 1906, p. 207.

342 LDS, Diócesis de Chiapas, San Cristóbal de las Casas, becas y órdenes 1807-1808, 733039, 215/415.

343 LDS, Diócesis de Chiapas, San Cristóbal de las Casas, becas y órdenes 1807-1808, 733039, 217/415. Orozco, 1906, p. 207.

344 LDS, Diócesis de Chiapas, San Cristóbal de las Casas, becas y órdenes 1807-1808, 733039, 219/415.

345 LDS, Diócesis de Chiapas, San Cristóbal de las Casas, becas y órdenes 1812-1815, 733042, 416/655.

346 LDS, Diócesis de Chiapas, San Cristóbal de las Casas, becas y órdenes 1812-1815, 733042, 546-556/655.

347 LDS, San Cristóbal de las Casas, San Cristóbal de las Casas, bautismos 1779-1819, 733216, 254/566.

348 LDS, San Cristóbal de las Casas, San Cristóbal de las Casas, cofradías y cordilleras 1811-1838, 734877, 231/599. Moreno, 1975, p. 899.

349 LDS, San Cristóbal de las Casas, San Cristóbal de las Casas, cofradías y cordilleras 1831-1839, 734870, 501/600. Torres, 2017, pp. 177 y 236.

20/VIII/1831 de Chiapas.[350] Fue propuesto al gobierno local por el cabildo para este destino en primer lugar. En la lista también estaban los siguientes candidatos: los curas Tomás Aguilar, José Ortiz y Luis Gordillo y el secretario de cabildo y canónigo interino Ramón Aguilar.[351] Solano ocupaba la chantría en VIII/1833-XI/1840.[352]

Fue hombre de la confianza del obispo García y Guillén, cosa que queda probada porque el flamante mitrado lo nombró gobernador del obispado cuando pasó a Oaxaca a consagrarse; el título de Solano se fechó el 19/XI/1831.[353] También gobernaba el obispado en II/1834[354] y, un par de meses, después era juez de Testamentos, Capellanías y Obras Pías del obispado.[355]

Cuando fue nombrado senador de la República el deán Mariano Nicolás Robles Domínguez de Mazariegos, a la sazón rector, administrador y procurador de las rentas –por cierto, bastante exiguas– del Seminario de San Cristóbal, Solano le sucedió en este empleo. El título correspondiente se fechó el 6/X/1832.[356] También era rector en IV/1834,[357] VIII-XII/1837, VIII/1838 y al tiempo de morir.[358]

Murió en 1843, antes del 13/VII; no encontré la partida correspondiente en el Sagrario de San Cristóbal. Dejó testamento y sus albaceas fueron el doctor y maestro Rafael Zúñiga, el licenciado Mariano Rojas y doña Tomasa

350 LDS, San Cristóbal de las Casas, San Cristóbal de las Casas, cofradías y cordilleras 1831-1839, 734870, 32-34/600.

351 LDS, San Cristóbal de las Casas, San Cristóbal de las Casas, cofradías y cordillera 1811-1838, 734877, 252 y 292-296/599 y cofradías y cordilleras 1813-1831, 734869, 486/628. Trens, 1957, p. 254.

352 LDS, San Cristóbal de las Casas, San Cristóbal de las Casas, cofradías y cordilleras 1833-1839, 734856, 560/630.

353 LDS, San Cristóbal de las Casas, San Cristóbal de las Casas, cofradías y cordilleras 1831-1839, 734870, 18-19/600.

354 LDS, San Cristóbal de las Casas, San Cristóbal de las Casas, cofradías y cordilleras 1833-1839, 734856, 283/630.

355 LDS, Tuxtla Gutiérrez, Arquidiócesis de Tuxtla Gutiérrez, testamentos 1833-1834, 733126, 664/710.

356 LDS, San Cristóbal de las Casas, San Cristóbal de las Casas, cofradías y cordilleras 1831-1840, 734770, 24-31/617.

357 LDS, San Cristóbal de las Casas, San Cristóbal de las Casas, cofradías y cordilleras 1833-1839, 734856, 369/630.

358 LDS, San Cristóbal de las Casas, San Cristóbal de las Casas, documentos del Seminario Conciliar 1817-1839, 733208, 296-357/387.

Quesada.[359] Escribió informes y opiniones que no vieron la luz pública. Entre ellos uno sobre la situación del Seminario de Chiapas, extendido el 12/VIII/1838, en respuesta a una excitativa del gobierno central de 9/IV/1838.[360]

Juan de Velasco y Martínez

Provenía de una de las familias más aristocráticas de Ciudad Real. Sus padres fueron José Manuel de Velasco (también Velasco Campo), regidor alguacil mayor de Ciudad Real,[361] y María de los Dolores Martínez. El primero fue hijo de un sujeto de relieve: José Gregorio de Velasco (también Velasco Campo). Éste fue comerciante[362] y correo mayor de Ciudad Real y, a su vez, hijo de José de Velasco y de Teresa de la Unquera. Don José Gregorio contrajo nupcias el 21/XI/1751, con licencia del bachiller Juan de la Unquera, con Bernarda Antonia de la Tovilla y Leyva. La ceremonia se verificó en casa de los padres de la novia, Antonio de la Tovilla y María de Leyva.[363] Los testigos fueron Francisco Javier de la Tovilla, fray Simón de Acuña y Juan de Velasco. La pareja fue velada por el comendador de la Merced, fray Francisco Javier de la Unquera.[364]

La madre de Velasco y Martínez, la referida María de los Dolores Martínez, fue hija de Carlos Martínez y Leyva y de Bárbara de Torres. El primero era deudo cercano de la familia De la Tovilla y ambos estaban ligados por el parentesco de consanguinidad en cuarto grado. Fueron dispensados de éste y de las moniciones canónicas para contraer nupcias, cosa que hicieron en la casa de Mariano de Torres, jurisdicción de la parroquia del Sagrario de

359 LDS, San Cristóbal de las Casas, San Cristóbal de las Casas, documentos del Seminario Conciliar 1817-1839, 733208, 296-357/387.

360 LDS, San Cristóbal de las Casas, San Cristóbal de las Casas, cofradías y cordilleras 1833-1839, 734856, 580-587/630.

361 Lo era en 1812. LDS, Diócesis de Chiapas, San Cristóbal de las Casas, becas y órdenes 1810-1812, 733041, 207/231 y becas y órdenes 1812-1815, 733042, 13/655.

362 Gutiérrez, 2009, p. 132.

363 Estos Tovillas descendían de la distinguida familia Ortés de Velasco, fundada por un conquistador de Chiapas y poseedora de un mayorazgo. Nájera, 1993, pp. 58, 80 y 81.

364 LDS, Diócesis de Chiapas, Sagrario, matrimonios 1737-1804, 725797, 60/335; todos don y doña y españoles.

Ciudad Real, el 11/XI/1759. La boda fue rumbosa porque fue atestiguada "por el vecindario de esta Ciudad Real de Chiapa".[365] Un hijo del matrimonio Martínez-Torres, llamado Manuel Mariano José, previas la información de limpieza y buena conducta vistió la beca y el manto del Seminario de Chiapas (19/XI/1784). Su padre fue natural de Ciudad Real y su madre del pueblo de Quetzaltenango; sus abuelos paternos fueron José Martínez y Rosa de Leyva, naturales de Ciudad Real. Su madre era huérfana de Isabel de Torres. Todos eran difuntos y fueron reputados como españoles distinguidos.[366]

Hay que notar que un tío carnal paterno y homónimo del personaje que motiva esta nota también fue clérigo. En efecto, el bachiller Juan Nepomuceno de Velasco Campo y de la Tovilla, bautizado en el Sagrario de Ciudad Real (26/VII/1761) por su deudo, Francisco de Velasco, con los nombres de Juan José Nepomuceno, recibió la aprobación de sus informaciones de *vita et moribus* para ascender al subdiaconado el 3/IX/1782; se aprobaron las necesarias para recibir el diaconado a título de capellanía el 1/III/1784.[367] Fue ordenado en XI/1784, también a título de capellanía, con dispensa de nueve meses de edad que le faltaban; aprobó por unanimidad su sínodo.[368] Consta que, en IV/1799, era bachiller y servía como vicario perpetuo de San Juan Chamula y capellán del batallón de infantería de milicias provinciales regladas de Ciudad Real. Gozó de una capellanía que había servido el bachiller Juan de la Unquera.[369]

Juan de Velasco y Martínez tuvo, al menos, los hermanos que siguen:

1. María Manuela de Velasco y Martínez. Era española, como todos sus familiares, al menos según los documentos que he visto. Nació en Ciudad

[365] LDS, Diócesis de Chiapas, San Cristóbal de las Casas, matrimonios 1737-1804, 725797, 120-121/335; españoles con don y doña.

[366] LDS, Diócesis de Chiapas, becas y órdenes 1782-1790, 733784, 34-40/658.

[367] LDS, Diócesis de Chiapas, becas y órdenes 1780-1782, 733783, 155-162/164 y becas y órdenes 1782-1790, 733784, 168-173/658.

[368] LDS, Diócesis de Chiapas, becas y órdenes 1782-1790, 733784, 6-13 y 86-96/658.

[369] LDS, San Cristóbal de las Casas, San Cristóbal de las Casas, documentos del Seminario Conciliar 1817-1839, 733208, 259/387.

Real y recibió el bautismo en la parroquia del Sagrario el 2/IV/1785. Su padrino fue el diácono Juan de Velasco.[370]

2. José Mariano Antonio de Velasco y Martínez. Nació en Ciudad Real y recibió el bautismo en la parroquia del Sagrario el 19/IX/1793. Su padrino fue Francisco de Velasco.[371] Usó los nombres de José y José Antonio. Previo el otorgamiento de las dispensas de las moniciones conciliares, del impedimento de pública honestidad –había dado palabra de matrimonio a dos hermanas de su pretensa– y del parentesco en quinto grado igual, contrajo matrimonio con María Narcisa Balboa y Esponda (dispensa de 2/X/1850). Ella provenía de una de las familias más notables de Tuxtla. Fue bautizada el 29/X/1830 en la parroquia de San Marcos de dicha población, hoy capital del estado. Su madrina fue Victoria Balboa. Sus padres fueron Juan María Balboa y Ana de Esponda y González, sus abuelos paternos Juan Balboa y Gertrudis Arrieta y los maternos Sebastián de Esponda y Olaechea –abogado y diputado a las Cortes de España por Chiapas– y Clara González y Murga. El padre de la novia era compadre del personaje que motiva esta ficha y consta que ambos estaban muy al tanto del enlace.[372] Don Juan María, en III/1819, figuraba como subdelegado intendente de Tuxtla; fue diputado local en el primer Congreso Constituyente de Chiapas, su nombre está al calce de la constitución de 1825 y en V/1828 servía como alcalde primero y juez del partido de Tuxtla.[373] José de Velasco y Martínez era, en

[370] LDS, Diócesis de Chiapas, San Cristóbal de las Casas, bautismos 1771-1786, 725792, 450/485.

[371] LDS, Tuxtla Gutiérrez, Arquidiócesis de Tuxtla Gutiérrez, bautismos 1793-1809, 725794, 45/568.

[372] LDS, Diócesis de Chiapas, San Cristóbal de las Casas, información matrimonial 1850-1851, 728737, 620-629/645. Todos con el tratamiento de don/doña. El parentesco provenía de que ambos eran cuartos nietos de José Antonio de la Unquera; ella por la línea de su abuela, Clara González y Murga.
Sobre la historia de los Esponda y sus entroncamientos puede verse el importante y extenso trabajo de Sergio Nicolás Gutiérrez (Gutiérrez, 2009); también Mayagoitia, 2014, pp. 95-112.

[373] LDS, San Cristóbal de las Casas, San Cristóbal de las Casas, cofradías y cordilleras 1811-1838, 734877, 125/599; Tuxtla Gutiérrez, Arquidiócesis de Tuxtla Gutiérrez, testamentos 1833-1834, 733126, 446-447/710; Tuxtla Gutiérrez, San Marcos, bautismos 1818-1826, 729734, 74/627.

XI/1827, vecino y alcalde de San Bartolomé de los Llanos.[374] En X/1850 lo hallo como licenciado.[375]

3. Pedro José de Velasco y Martínez. Declaró, en IV/1807, tener 18 años y ser vecino de Ciudad Real. Entonces levantó una información matrimonial para obtener la dispensa de varios parentescos que lo unían con María Antonia de la Tovilla, doncella natural de Ciudad Real, de 16 años e hija de Pedro de la Tovilla y Velasco y María de Górriz y Magdaleno –quien descendía de la familia De la Tovilla y del conquistador Francisco Ortés de Velasco–.[376] La dispensa se concedió unos días después en atención a que, como decía el dicho don Pedro José, era "muy difícil casarse con una persona de su calidad que no sea pariente".[377] La pareja se veló (23/IV/1807) en el Sagrario de Ciudad Real; atestiguaron este acto José Antonio Girón y Victoria Balboa.[378]

4. Josefa Práxedis de Velasco y Martínez. Nació el 25/IV/1799 en San Juan Chamula. Recibió el bautismo en la parroquia de dicho pueblo el mismo día. Su padrino fue su tío el bachiller Juan Nepomuceno de Velasco Campo –arriba mencionado–. Es de notar que la partida que tengo a la vista, cosa muy rara, identifica a los padres como "vecinos españoles distinguidos de Ciudad Real".[379]

5. Carlos Antonio de Velasco y Martínez. Nació el 3/XI/1800 en Ciudad Real. Recibió el bautismo en el Sagrario de dicha ciudad el 8/XI/1800. Su madrina fue María Dolores Corro.[380]

---

374 LDS, Tuxtla Gutiérrez, Arquidiócesis de Tuxtla Gutiérrez, testamentos 1833-1834, 733126, 483-484/710.

375 LDS, San Cristóbal de las Casas, Sagrario, matrimonios 1833-1853, 316/348.

376 Falla, 1987, p. 504.

377 LDS, Diócesis de Chiapas, San Cristóbal de las Casas, informaciones matrimoniales 1807, 728465, 182-190/287, cita en 183/287.

378 LDS, San Cristóbal de las Casas, Sagrario, matrimonios 1790-1833, 608741, 136/539.

379 LDS, Chamula, San Juan, bautismos 1786-1800, 725900, 429/542.

380 LDS, San Cristóbal de las Casas, Sagrario, bautismos 1801-1803 y 1810-1815, 605731, 67/612.

6. Joaquín Lorenzo de Velasco y Martínez. Nació el 8/VIII/1803 en Ciudad Real. Recibió el bautismo en el Sagrario de dicha ciudad el 10/VIII/1803. Su madrina fue María Antonia de Velasco.[381]

7. Nicolás de Velasco y Martínez, vecino de Ciudad Real y esposo, primero, de María Balcázar, hija de Melchor Balcázar y Domínguez, escribano de Ciudad Real (1782-1783), y de Juana Tobar y Escaray,[382] y luego de Diega del Carpio, hija de Mariano del Carpio y Gervasia Torres. Con ambas tuvo sucesión.[383] Don Nicolás perteneció a la Sociedad Económica de Amigos del País de Chiapas y estuvo a favor del Plan de Jalapa. Fue un "hombre de bien".[384]

8. Francisco de Velasco y Martínez. Ejerció distintas funciones en la parroquia del Sagrario de San Cristóbal: teniente de cura (lo era en IX-X/1826, IV-IX/1827 y V/1828), coadjutor (lo era en XII/1831, III-X/1832 y XII/1836) y cura vicario interino (I/1834-VIII/1834).[385] Se pronunció por el centralismo en 1835.[386] Vivía en VI/1850 en San Cristóbal y servía en la parroquia del Sagrario.[387]

9. Mariano de Velasco y Martínez. Murió en San Cristóbal el 3/IV/1842. Fue sepultado en la catedral. Era soltero.[388]

---

381 LDS, San Cristóbal de las Casas, Sagrario, bautismos 1801-1803 y 1810-1815, 605731, 161/612.

382 Falla, 1987, p. 506.

383 LDS, San Cristóbal de las Casas, Sagrario, bautismos 1815-1823, 605732, 574/671 y bautismos 1831-1837, 605734, 492/584.

384 Torres, 2017, pp. 144 y 164.

385 Véanse estas fechas en LDS, San Cristóbal de las Casas, Sagrario, bautismos.

386 Torres, 2017, pp. 186 y 276,

387 LDS, San Cristóbal de las Casas, Sagrario, defunciones 1826-1850, 608753, 654/666.

388 LDS, San Cristóbal de las Casas, Sagrario, defunciones 1826-1850, 608753, 422/666; con don.

LDS, San Cristóbal de las Casas, San Cristóbal de las Casas, bautismos 1779-1819, 733216, 537/566.

Juan de Velasco y Martínez nació en Ciudad Real. Fue bautizado, como español, en el Sagrario el 27/V/1791 y recibió el nombre de Juan Nepomuceno –a veces lo usó completo–. Su madrina fue María del Corro. Todos los involucrados en el acto fueron, naturalmente, registrados como don o doña.[389]

Su bagaje intelectual no parece extraordinario. Antes de pedir los hábitos ya había estudiado latinidad y moral, en el Seminario de Ciudad Real y con los franciscanos de Ciudad Real, respectivamente. Con los últimos también cursó lógica bajo fray José Antonio Orellana –hasta que éste pasó a la ciudad de Guatemala–. Su maestro de Moral, fray Vicente Vives, decía en IV/1812, que poseía "talento regular".[390] El ilustre fray Matías de Córdova y Ordóñez, quien lo examinó en su proceso de órdenes lo encontró, en V/1812, como "suficiente".[391] Es de notar que en IX/1812 se dijo que Velasco

[389] Sigo la información para vestir hábitos clericales de don Juan, levantada en IX/1811 en Ciudad Real y los documentos sobre sus órdenes. LDS, Diócesis de Chiapas, San Cristóbal de las Casas, becas y órdenes 1810-1812, 733041, 204-230/231 y becas y órdenes 1812-1815, 733042, 5-21/655.

[390] LDS, Diócesis de Chiapas, San Cristóbal de las Casas, becas y órdenes 1810-1812, 733041, 212/231.

[391] LDS, Diócesis de Chiapas, San Cristóbal de las Casas, becas y órdenes 1810-1812, 733041, 216/231.

estuvo en la capital de Guatemala por causa de estudios, de donde regresó a los tres o cuatro años y continuó su carrera en el colegio de esta ciudad [el Seminario]; que posteriormente se ausentó como un año y estuvo al cuidado y enseñanza del bachiller José León Marroquín, quien administraba un pueblo del arzobispado inmediato a Quetzaltenango. Que tres años acá no ha hecho ausencia alguna.[392]

Así que seguramente obtuvo el grado de bachiller que después ostentó en Guatemala antes o en 1809. Para ascender al diaconado fue examinado y hallado "muy suficiente" en moral y latín (IX/1813).[393]

Obtuvo licencia para vestir los hábitos clericales el 23/X/1811;[394] la primera tonsura y las cuatro órdenes menores a título de administración en lengua castellana, porque no conocía ninguna indígena, en V/1812;[395] el subdiaconado el 19/IX/1812;[396] y, el diaconado el 18/IX/1813.[397] Ascendió al presbiterado poco después.

En I/1819 era cura vicario ecónomo del pueblo de San Bartolomé.[398] Con la calidad de provisor, gobernador y vicario capitular interino sede vacante, auxilió al rector del Seminario de Chiapas, Mariano Nicolás Robles Domínguez de Mazariegos, a levantar el inventario de los bienes de dicha institución (22/XII/1825).[399] Entonces también era cura rector del Sagrario de San Cristóbal.[400]

---

392 LDS, Diócesis de Chiapas, San Cristóbal de las Casas, becas y órdenes 1812-1815, 733042, 12-13/655. León Marroquín después fue diputado por Guatemala a las Cortes españolas (1820). En 1844 era vicario provincial de Sololá, arzobispado de Guatemala. Aún era cura y residía en Sololá en 1854.

393 LDS, Diócesis de Chiapas, San Cristóbal de las Casas, becas y órdenes 1812-1815, 733042, 20/655.

394 LDS, Diócesis de Chiapas, San Cristóbal de las Casas, becas y órdenes 1810-1812, 733041, 208/231.

395 LDS, Diócesis de Chiapas, San Cristóbal de las Casas, becas y órdenes 1810-1812, 733041, 212-216/231.

396 LDS, Diócesis de Chiapas, San Cristóbal de las Casas, becas y órdenes 1812-1815, 733042, 18/655.

397 LDS, Diócesis de Chiapas, San Cristóbal de las Casas, becas y órdenes 1812-1815, 733042, 21/655.

398 LDS, San Cristóbal de las Casas, San Cristóbal de las Casas, bautismos 1779-1819, 733216, 542/566.

399 LDS, San Cristóbal de las Casas, San Cristóbal de las Casas, documentos del Seminario Conciliar 1817-1839, 733208, 292-295/387.

400 LDS, Diócesis de Chiapas, San Cristóbal de las Casas, becas y órdenes 1812-1815, 733042, 395-396/655.

Perteneció a la diputación provincial de Chiapas (1822).[401] Como "hombre de bien", apoyó el Plan de Jalapa (XII/1829) en Chiapas mediante, entre otras cosas, oponerse al tercer Congreso local y a los yorkinos en el poder (IV/1830) y participar en la junta general de ciudadanos de San Cristóbal de 28/V/1830.[402] También presidió el Congreso chiapaneco elegido en VI-VII/1830 y que fue disuelto, el 31/VIII/1832, al adherirse Chiapas al Plan de Veracruz lanzado por Santa Anna contra el gobierno de Bustamante.[403] A pesar de su vinculación con el gobierno emanado del Plan de Jalapa fue magistrado del Supremo Tribunal de Chiapas en tiempos de Joaquín Miguel Gutiérrez,[404] esto sin que, aparentemente, hubiera tenido educación o seria experiencia jurídicas. Fue elegido vocal propietario de la Junta Consultiva del estado de Chiapas (4/IV/1835) en el gobierno emanado del Plan de Cuernavaca de V/1834 contra el gobierno de Gómez Farías.[405] En el mismo año de 1835 formó parte de la junta departamental de Chiapas.[406] Se excusó de ocupar una curul propietaria en el Congreso General de VI-XII/1842.[407]

Fue cura vicario rector perpetuo del Sagrario de la catedral de San Cristóbal al menos desde X/1820.[408] Sirvió este destino hasta que ascendió a una canonjía de gracia en el cabildo. Recibió la colación canónica el 9/XI/1831;[409] el 12/XI/1831 fue nombrado un interino para la referida parroquia.[410] Fue propuesto al gobierno local por el cabildo para este destino en primer lugar. En la lista también estaban los siguientes candidatos, todos

401 Trens, 1957, p. 247.

402 Torres, 2017, pp. 96, 106, 107 y 209.

403 LDS, San Cristóbal de las Casas, San Cristóbal de las Casas, cofradías y cordilleras 1831-1839, 734870, 60-61/600.

404 Torres, 2017, p. 209.

405 LDS, San Cristóbal de las Casas, San Cristóbal de las Casas, cofradías y cordilleras 1833-1839, 734856, 313/630. Torres, 2017, pp. 176, 177 y 248, dice que era políticamente "neutral".

406 Torres, 2017, p. 190.

407 Moreno, 1975, p. 922.

408 LDS, Diócesis de Chiapas, San Cristóbal de las Casas, bautismos 1779-1819, 733216, 536/566.

409 LDS, San Cristóbal de las Casas, San Cristóbal de las Casas, cofradías y cordillera 1811-1838, 734877, 283-286/599.

410 LDS, San Cristóbal de las Casas, San Cristóbal de las Casas, cofradías y cordilleras 1831-1839, 734870, 30/600.

curas: Felipe Aguilar, Toribio Corzo, Manuel Everardo y José Marciot y Ortega.[411] Velasco aún era canónigo en XII/1838,[412] 1847,[413] I/1853.[414] Ascendió al arcedianato, al parecer en 1853.[415]

Sirvió como provisor, vicario capitular y gobernador sede vacante de Chiapas (lo era en IV/1835, XII/1838, VI/1839, III/1840 y V/1840).[416] Intentó renunciar al gobierno eclesiástico porque decía estar enfermo. Pero el cabildo no lo permitió, por lo que Velasco solicitó (6/VI/1839) encargar a otro eclesiástico el despacho durante el tiempo de su convalecencia.[417] En I/1853 era apoderado de las monjas de San Cristóbal.[418]

Murió, cuando todavía era arcediano, el 29/II/1856, en Ciudad Real. El vicario general y provisor, bachiller Antonio Sabino Avilés, ordenó que se le sepultara en la catedral, cosa que ocurrió al día siguiente.[419]

Es de notar que a las puertas del arcediano fue expuesto un niño. Éste murió párvulo el 1/II/1829 en Ciudad Real.[420]

411 LDS, San Cristóbal de las Casas, San Cristóbal de las Casas, cofradías y cordilleras 1813-1831, 734869, 488/628. Trens, 1957, p. 254.

412 LDS, San Cristóbal de las Casas, San Cristóbal de las Casas, cofradías y cordilleras 1831-1839, 734870, 595/600.

413 Andrade, 1914, p. 67.

414 LDS, Tuxtla Gutiérrez, Arquidiócesis de Tuxtla Gutiérrez, testamentos 1833-1834, 733126, 617-618/710.

415 Andrade, 1914, p. 67.

416 LDS, San Cristóbal de las Casas, San Cristóbal de las Casas, cofradías y cordilleras 1831-1840, 734770, 588/617; cofradías y cordilleras 1831-1839, 734870, 595/600 y cofradías y cordilleras 1833-1839, 734856, 313 y 560/630.

417 LDS, San Cristóbal de las Casas, San Cristóbal de las Casas, cofradías y cordilleras 1833-1839, 734856, 610-611/630.

418 LDS, Tuxtla Gutiérrez, Arquidiócesis de Tuxtla Gutiérrez, testamentos 1833-1834, 733126, 617-618/710.

419 LDS, San Cristóbal de las Casas, Sagrario, defunciones 1854-1883, 608754, 61/683.

420 LDS, San Cristóbal de las Casas, Sagrario, defunciones 1826-1850, 608753, 87/666.

Referencias

Bibliográficas

ANDRADE, 1907: Vicente de P. Andrade, *Noticias biográficas de los Ilmos. Sres. Obispos de Chiapas*, 2a. edición, México, Imprenta Guadalupana de Reyes Velasco, 1907.

ANDRADE, 1914: Vicente de P. Andrade, *Mi excursión a Chiapas. Relación leída en la Sociedad Mexicana de Geografía y Estadística en las sesiones del 15 de enero y 12 de febrero de 1914*, Guadalupe Hidalgo, Imp. La Hidalguense, 1914.

ARRILLAGA, 1835: Basilio José Arrillaga, *Recopilación de leyes, decretos, bandos, reglamentos, circulares y providencias de los supremos poderes de los Estados Unidos Mexicanos y otras autoridades de la unión, formada de orden del supremo gobierno*, México, Imprenta de J. M. Fernández de Lara, 1835.

ARRILLAGA, 1835-1: Basilio Arrillaga, *Examen crítico de la memoria del Ministerio de Justicia y Negocios Eclesiásticos, leída en las Cámaras de la Unión el año de 1835, en lo referente al segundo de sus ramos, y respuesta a sus argumentos a favor de la actual existencia del Patronato*, México, Imprenta de Galván, 1835.

AYALA, 2007: Luis Ernesto Ayala Benítez, *La Iglesia y la independencia política de Centro América: "El caso de El Estado de El Salvador" (1808-1833)*, Roma, Editrice Pontificia Università Gregoriana, 2007.

BENAVIDES, 2013: Manuel Benavides Barquero, *El canónigo Florencio Castillo. Sus luces en un México independiente y federal*, San José de Costa Rica, [Editorama], 2013.

BERISTAIN, 1947: José Mariano Beristain de Souza, *Biblioteca hispano americana septentrional o catálogo y noticias de los literatos que o nacidos o educados o florecientes en la América septentrional española, han dado a luz algún escrito o la han dejado preparado para la prensa*, 1521-1850, 3a. edición, 1a. completa, México, Ediciones Fuente Cultural, 1947, 2 tomos.

Betancurt, 1808: Pedro de San José Betancurt, *Testamento auténtico del venerable hermano…, hijo profeso de hábito descubierto de la venerable Orden Tercera de Penitencia de N.S.P.S. Francisco de la ciudad de Guatemala. Y fundador del Hospital de Convalecientes, en ella, con el título Belén. A expensas de don Juan José de Barberena prominístro de la misma venerable Orden Tercera; quien lo da a luz con las licencias necesarias*, Guatemala, Imprenta de D. Ignacio Beteta, 1808.

Bravo, 2013: Berenise Bravo Rubio, *La gestión episcopal de Manuel Posada y Garduño. República católica y arzobispado de México 1840-1846*, México, Porrúa, 2013.

Bustamante, 1833: Carlos María de Bustamante, *Resistencia de la corte de España a la provisión de obispados en las Américas*, México, Imprenta de Valdés, 1833.

Colección, 1820: *Colección de los decretos y órdenes que han expedido las Cortes ordinarias desde 25 de septiembre de 1813, día de su instalación, hasta 11 de mayo de 1814, en que fueron disueltas. Mandada publicar de orden de las actuales*, Madrid, Imprenta Nacional, 1820, tomo 5.

Colección, 1833: *Colección de las leyes y decretos expedidos por el Congreso General de los Estados Unidos Mexicanos en los años de 1831 y 1832*, México, Impreso por Juan Ojeda, 1833.

Colección, 1834: *Colección eclesiástica mexicana*, México, Imprenta de Galván, 1834, tomo 3.

Connaughton, 2010-1: Brian Connaughton, "República federal y patronato: el ascenso y descalabro de un proyecto", en *Estudios de Historia Moderna y Contemporánea de México*, núm. 39, México, I-VI/2010, pp. 5-70.

Connaughton, 2010-2: Brian Connaughton, "¿Una república católica dividida? La disputa eclesiológica heredada y el liberalismo ascendente en la independencia de México", en *Historia Mexicana*, vol. LIX, núm. 4, México, IV-VI/2010, pp. 1141-1204.

Cruz, 1976: Francisco Santiago Cruz (ed. y estudio), *Estatutos de la Universidad Literaria y Pontificia de Chiapas, en el año de su fundación de 1826*, México, Tradición, 1976.

Cruz, 1977: Francisco Santiago Cruz, *Breve historia del colegio de la Compañía de Jesús de Ciudad Real de Chiapas 1681-1767*, México, Tradición, 1977.

Cruz, 2013: Óscar Cruz Barney, "Relación Iglesia-Estado en México: el regio patronato indiano y el gobierno mexicano en la primera mitad del siglo xix", en *Revista Mexicana de Historia del Derecho*, núm. 27, 2013, pp. 117-150.

Díaz, 2006: Gabriela Díaz Patiño, "Los debates en torno al patronato eclesiástico a comienzos de la época republicana: el caso de Michoacán", en *Jahrbuch für Geschichte Lateinamerikas*, núm. 43, Weimar-Wien, 2006, pp. 397-414.

Diener, 2017: Pablo Diener, "Jean-Frédéric Waldeck y sus invenciones de Palenque", en *Historia Mexicana*, vol. 67, núm. 2, México, X-XII/2017, pp. 859-905.

Dublán-Lozano, 1876: Manuel Dublán y José María Lozano, *Legislación completa mexicana o colección completa de las disposiciones legislativas expedidas desde la independencia de la República*, México, Imprenta del Comercio, 1876, tomo 2.

El Amigo, 1820: *El amigo de la Patria*, tomo 1 del número 1 (16/X/1820) al número 24 (30/IV/1821); tomo 2 del número 1 (7/III/1821) al número 24 (1/III/1822), y tomo 3 de los números 1-2 (20/III/1822) al número 5 (15/IV/1822), Guatemala, Manuel Arévalo, 1820-1822.

El Patronato, 1833: *El Patronato analizado contra el Patronato embrollado por los novadores, para sacar a la autoridad civil dueña absoluta de lo espiritual*, México, Mariano Arévalo, 1833.

Falla, 1987: Juan José Falla Sánchez, "La familia Velasco, en Chiapas", en *Revista de la Academia Guatemalteca de Estudios Genealógicos, Heráldicos e Históricos*, núm. 9, Nueva Guatemala, 1987, pp. 463-522.

Fenner, 2020: Justus Fenner, "Aciertos y desaciertos de la neutralidad y del asilo político practicado en el Soconusco, Chiapas, 1826-1842", en Justus Fenner, Enriqueta Lerma, Ruth Piedrasanta Herrera y Rosa Torras Conangla, *Vidas transfronterizas: dinámicas y actores en el límite Guatemala/México, siglos* XIX-XXI, México, Centro de Investigaciones Multidisciplinarias sobre Chiapas y la Frontera Sur/Universidad Nacional Autónoma de México, 2020, pp. 27-62.

Flores, 1978: Eduardo Flores Ruiz, *La catedral de San Cristóbal de las Casas, 1528-1978*, [Tuxtla Gutiérrez], Universidad Autónoma de Chiapas, 1978.

Fort, 1879: Carlos Ramón Fort, *De los españoles titulares de iglesias in partibus infidelium o auxiliares en las de España*, Madrid, Imprenta de José Rodríguez Calvario, 1879.

Gallegos, 2003: Rafael Gallegos Vázquez, "Los conceptos 'indio' y 'ladino': construcciones histórico-sociales definidas por sus relaciones", Quetzaltenango, Universidad Rafael Landívar, IX/ 2003, en <http://www.url.edu.gt/PortalURL/Archivos/83/Archivos/Departamento%20de%20Investigaciones%20y%20publicaciones/Articulos%20Doctrinarios/Pol%EDticas/Conceptos%20de%20indio%20y%20ladino.pdf> (consultado XII/2021).

García: José María García León, "Mariano Robles Domínguez de Mazariego (sic)", en *Diccionario Biográfico electrónico de la Real Academia de la Historia*, en <http://dbe.rah.es/biografias/95716/mariano-robles-dominguez-de-mazariego> (consultado en I/2020).

García, 1884: Manuel García y Moyeda, *Episcopado mexicano nacional, pequeña relación por orden cronológico de los Ilmos. Sres. Obispos nacidos en el suelo mexicano que han gobernado la Iglesia en su país y los que fuera de la patria la han gobernado en otras naciones, por…, socio de la "Cruz Roja" en España*, México, Tip. Barbedillo y Comp., 1884.

García, 2010: Marta Eugenia García Ugarte, *Poder político y religioso. México, siglo* XIX, México, LXI Legislatura de la Cámara de Diputados/Universidad Nacional Autónoma de México, Instituto de Investigaciones Sociales/Instituto Mexicano de Doctrina Social Cristiana/Miguel Ángel Porrúa, 2010, 2 tomos.

Guillén, 1834: Francisco Guillén *et alter*, "Exposición del clero de la diócesis de Chiapas al excelentísimo señor presidente con motivo de la expatriación del ilustrísimo señor obispo", en *Colección eclesiástica mexicana*, México, Imprenta de Galván, 1834, t. 3, pp. 134-143.

Guillén, 2018: José Javier Guillén Villafuerte, *Auxilios para el rey de España. Fiscalidad extraordinaria y sociedad en una época de guerras atlánticas. La intendencia de Chiapas, 1780-1821, tesis para obtener la licenciatura en Historia*, Benemérita Universidad Autónoma de Puebla, Facultad de Filosofía y Letras, Colegio de Historia, 2018, en <https://repositorioinstitucional.buap.mx/bitstream/handle/20.500.12371/7754/395718T.pdf?sequence=1> (consultado 3/XI/2021).

Gutiérrez, 2009: Sergio Nicolás Gutiérrez Cruz, *Casa, crisol y altar. De la hidalguía vasco-navarra a la hacienda chiapaneca: los Esponda y Olaechea*, 1731-1821, Tuxtla Gutiérrez, Universidad de Ciencias y Artes de Chiapas, 2009.

Gutiérrez, 2013: Sergio Nicolás Gutiérrez Cruz, "De la intendencia de Ciudad Real al estado federal chiapaneco, 1786-1835", en María Eugenia Claps Arenas y Sergio Nicolás Gutiérrez Cruz (ed.), *Formación y gestión del Estado en Chiapas. Algunas aproximaciones históricas*, Tuxtla Gutiérrez, Universidad de Ciencias y Artes de Chiapas/cesmeca, 2013, pp. 19-45.

Iglesias, 1998: Román Iglesias González (intro. y recop.), *Planes políticos, proclamas, manifiestos y otros documentos de la Independencia al México moderno, 1812-1940*, México, Universidad Nacional Autónoma de México, Instituto de Investigaciones Jurídicas, 1998.

Juarros, 1808: Domingo Juarros, *Compendio de la historia de la ciudad de Guatemala*, Guatemala, Ignacio Beteta, 1808-1818, 2 tomos.

Larrainzar, 1843: Manuel Larrainzar, *Noticia histórica de Soconusco y su incorporación a la República mexicana*, México, Imprenta de J. M. Lara, 1843.

Lista, 1828: "Lista del clero de la diócesis de Guatemala en 1828", en *Asociación para el Fomento de los Estudios Históricos en Centroamérica*, en <https://www.afehc-historia-centroamericana.org/index-php/_action_fi_aff_id_3548.html> (consultado en II/2021).

Luque, 1962: Elisa Luque Alcaide, *La Sociedad Económica de Amigos del País de Guatemala*, Sevilla, Escuela de Estudios Hispano-Americanos de Sevilla, 1962.

Martínez, 2021: Carlos Francisco Martínez Moreno, "Masones en la Soberana Junta Provisional Gubernativa, el Imperio Mejicano de Agustín de Iturbide y el Primer Congreso Mejicano, 1821-1823", en José Luis Soberanes Fernández y Ana Carolina Ibarra (coords.), *El bicentenario de la consumación de la independencia y la conformación del primer constituyente mexicano*, México, Universidad Nacional Autónoma de México, Instituto de Investigaciones Jurídicas, Instituto de Investigaciones Históricas, 2021, pp. 349-410.

Mata, 1948: José Mata Gavidia, *Panorama filosófico de la Universidad de San Carlos al final del siglo* xviii, Guatemala, Universidad de San Carlos de Guatemala, 1948.

Mayagoitia, 2014: Alejandro Mayagoitia y Hagelstein, *Notas sobre una familia francesa en México: los Labat de Burdeos y algunas de sus alianzas*, México, Academia Mexicana de Genealogía y Heráldica/Universidad Santiago del Granado, 2014.

Medina-Valenzuela-Taracena, 1960: José Toribio Medina, Gilberto Valenzuela y Arturo Taracena Flores, *La imprenta en Guatemala*, 2a. edición facsímile de la 1a., Guatemala, Tipografía Nacional de Guatemala, 1960, 2 tomos.

Memoria, 1831: *Memoria del estado actual en que se hallan los ramos de la administración pública de las Chiapas*, San Cristóbal, Imprenta de la Sociedad, 1831.

Mijangos, 2015: Pablo Mijangos y González, *Bishop Clemente de Jesús Munguía and the clerical response to the Mexican liberal Reforma*, Lincoln-Londres, Nebraska University Press, 2015.

Moreno, 1975: Lucina Moreno Valle, *Catálogo de la Colección Lafragua de la Biblioteca Nacional de México 1821-1853*, México, Universidad Nacional Autónoma de México, Instituto de Investigaciones Bibliográficas, 1975.

Nájera, 1993: Martha Ilia Nájera Coronado, *La formación de la oligarquía criolla en Ciudad Real de Chiapa*. El caso de Ortés de Velasco, México, Universidad Nacional Autónoma de México, 1993.

Orozco, 1906: Francisco Orozco y Jiménez, *Colección de documentos inéditos relativos a la iglesia de Chiapas*, San Cristóbal las Casas, Imprenta de la "Sociedad Católica", 1906-1908, tomo 1.

Pareja, 1882: Francisco de Pareja, *Crónica de la provincia de la Visitación de Ntra. Sra. de la Merced Redención de Cautivos de la Nueva España*, México, Imprenta de J. R. Barbedillo, 1882, 2 tomos.

Pérez, 1980: Marco Antonio Pérez de los Reyes, "El Soconusco y su mexicanidad: breves consideraciones", en *Jurídica*, núm. 12, México, 1980, pp. 473-501.

Pineda, 1845: Emeterio Pineda, *Descripción geográfica del departamento de Chiapas y Soconusco*, México, Imprenta de Ignacio Cumplido, 1845, en <https://books.google.com.mx/books?id=UusxAQAAMAAJ&pg=PA138&lpg=PA138&dq=%22francisco+polanco%22+obispo+chiapas&source=bl&ots=sxjtqtQLpo&sig=ACfU3U1UoP47GIL-gu9bpNBRE4dy0dvig8A&hl=es-419&sa=X&ved=2ahUKEwi_v5bwh6H1AhXilGo-FHYhpDDEQ6AF6BAgOEAM#v=onepage&q=%22francisco%20polanco%22%20obispo%20chiapas&f=false> (consultado en XII/2021).

Ramos, 1833: Miguel Ramos Arizpe, *Memoria del Ministerio de Justicia y Negocios Eclesiásticos de la República mexicana. Presentada por el secretario del ramo a las cámaras del Congreso General, en cumplimiento del artículo 120 de la Constitución Federal, y leída en la de Diputados el día 17, y en la de Senadores el día 18 de mayo del año de 1833*, México, Imprenta del Águila, 1833.

Rivas, 2002: José Bernal Rivas Fernández, "En búsqueda de la independencia eclesiástica de Costa Rica", en *Anuario de Historia de la Iglesia*, 11, Pamplona, 2002, pp. 239-278.

Roberts, 2008: J. M. Roberts, *The mythology of the secret societies*, 3a. edición, Londres, Watkins Publishing, 2008.

Robles, 1811: Mariano Nicolás Robles y Domínguez, *Relación de los méritos y ejercicios literarios del bachiller en sagrados cánones don…, presbítero, sacristán mayor propietario de la santa iglesia catedral de Ciudad Real de Chiapa*, s.p.i., [1811].

Rodas, 2004: Isabel Rodas Núñez, *De españoles a ladinos. Cambio social y relaciones de parentesco en el altiplano central colonial guatemalteco*, Guatemala, Ediciones ICAPI, 2004.

Rosas, 2015: Sergio Rosas Salas, *La Iglesia mexicana en tiempos de impiedad: Francisco Pablo Vázquez, 1769-1847*, México, Benemérita Universidad Autónoma de Puebla/El Colegio de Michoacán/Educación y Cultura, 2015.

Ruz, 1989: Mario Humberto Ruz, *Chiapas colonial: dos esbozos documentales*, México, Universidad Nacional Autónoma de México, Instituto de Investigaciones Filológicas, 1989.

Sánchez, 2020: José Enrique Sánchez Lima, "La incorporación política del Soconusco a la República mexicana: una historia multifactorial (1824-1842)", en *Revista Pueblos y Fronteras*, vol. 15, San Cristóbal de las Casas, 2020, en <http://www.scielo.org.mx/scielo.php?script=sci_arttext&pid=S1870-41152020000100110#B29> (consultado en XII/2021).

Sánchez de Haedo, 1826: Julián Sánchez de Haedo, *Guía del estado eclesiástico seglar y regular, de España en particular, y de toda la Iglesia católica en general, para el año de 1826*, Madrid, Imprenta de Sancha, 1826.

Sánchez de Haedo, 1828: Julián Sánchez de Haedo, *Guía del estado eclesiástico seglar y regular, de España en particular, y de toda la Iglesia católica en general, para el año de 1828*, Madrid, Imprenta de Sancha, 1828.

Sedano, 1880: Francisco Sedano, *Noticias de México recogidas por don…, vecino de esta ciudad desde el año de 1756, coordinadas, escritas de nuevo y puestas por orden alfabético en 1800*, México, Imprenta de J. R. Barbedillo, 1880, 2 tomos.

Sociedad, 1819: Sociedad Económica de Chiapa, *Acta de instalación de la Sociedad Económica de Amigos del País de la provincia de Chiapa, celebrada el día 1° de abril de 1819*, Guatemala, por Beteta, sin año.

Torres, 2017: Amanda Úrsula Torres Freyermuth, *Los hombres de bien. Un estudio de la elite política en Chiapas (1825-1835)*, México, Universidad Nacional Autónoma de México/Centro de Investigaciones Multidisciplinarias sobre Chiapas y la Frontera Sur, 2017.

Torres, 2018: Amanda Úrsula Torres Freyermuth, "Élites, ayuntamientos, elecciones y pronunciamiento. El caso del Plan de Jalapa en Chiapas, 1830", en *Anuario de Estudios Centroamericanos*, núm. 44, I-XII/2018, en <https://www.redalyc.org/journal/152/15262283011/15262283011.pdf> (consultado I/2022).

Trens, 1942: Manuel B. Trens, *Historia de Chiapas, desde los tiempos más remotos hasta el gobierno del general Carlos A. Vidal (¿…1927)*, México, [Imp. Turanzas del Valle], 1942.

Trens, 1957: Manuel B. Trens, *Bosquejos históricos de San Cristóbal las Casas*, México, s. p. i., 1957.

Valverde, 1949: Emeterio Valverde Téllez, *Bio-bibliografía eclesiástica mexicana (1821-1943)*, México, Jus, 1949, 3 tomos.

Valladares, 1971: Manuel Valladares Rubio, *Sucesos precursores de la Independencia, Guatemala*, Editorial del Ejército, 1971.

Valle, 1820: José Cecilio del Valle, "América", en *El amigo de la Patria*, tomo 2, núms. 18-19, Guatemala, 30/XI/1821, pp. 139-154.

Vázquez, 1834: Francisco Pablo Vázquez, "Exposición del ilustrísimo señor don Francisco Pablo Vázquez, obispo de la Puebla, al señor presidente de los Estados Unidos Mexicanos, sobre la ley del patronato dada por el Congreso General de la Unión", en *Colección eclesiástica mexicana*, México, Imprenta de Galván, 1834, tomo 3, pp. 4-26.

Velázquez, 2004: Carmela Velázquez Bonilla, "La diócesis de Nicaragua y Costa Rica: su conformación y sus conflictos, 1531-1850", en *Revista Historia*, núms. 49-50, Heredia, C. R., I-XII/2004, pp. 245-286.

Viqueira, 2011: Juan Pedro Viqueira, "Indios y ladinos, arraigados y migrantes en Chiapas: un esbozo de historia demográfica de larga duración", en <https://juanpedroviqueira.colmex.mx/images/historia-de-chiapas/demografia-historica/desplazamiento-y-conservacion-de-lenguas-mesoamericanas/articulos/indios-y-ladinos> (consultado en X/2019).

Zebadúa, 1832: Marcial Zebadúa, *Manifestación pública del ciudadano... sobre su misión diplomática cerca de Su Majestad Británica*, Guatemala, Imprenta de la Unión, 1832.

Zilbermann, 1987: Cristina Zilbermann de Luján, *Aspectos socioeconómicos del traslado de la ciudad de Guatemala (1773-1783)*, Guatemala, Academia de Geografía e Historia de Guatemala, 1987.

Archivos electrónicos

Archivo Histórico de Centro América, fichero Pardo: <http://www.ficheropardo.agcadocs.org/index.aspx>.

Asociación para el Fomento de los Estudios Históricos en Centroamérica: <https://www.afehc-historia-centroamericana.org/index_php/>.

Catholic Hierarchy: <http://www.catholic-hierarchy.org/bishop/bgarcgu.html>.

LDS, Family Search, Utah Genealogical Association, The Church of Jesus Christ of Latter-day Saints: <https://www.familysearch.org/es/>.

Fray Luis García y Guillén (*1763-1834*)
se imprimió en la Ciudad de México,
el 4 de diciembre de 2022,
san Anón de Colonia,
en Litográfica Ingramex, S.A. de C.V.
Centeno 162-1, Granjas Esmeralda, Iztapalapa,
C.P. 09810, Ciudad de México, México

www.ingramcontent.com/pod-product-compliance
Lightning Source LLC
LaVergne TN
LVHW091251190726
843491LV00001B/216

* 9 7 8 6 0 7 5 9 3 1 0 5 0 *